Kamasutra für Frauen

ECON Sachbuch

## Zum Buch

Durch dieses Buch können Frauen lernen, zu innerer Ausgeglichenheit und geistiger Stärke zu kommen. Sich selbst kennen, mit sich und seiner Umwelt im Einklang sein bringt Lebensfreude. Nur wer sich des Lebens freut, kann intensiv erleben. Sexualität ist die schönste Möglichkeit seine sinnlichen und geistigen Fähigkeiten voll auszuschöpfen.
In gut erklärten Lehrsätzen (sutren) mit genauen Anleitungen für die Übungen begleitet das Buch die Leserin Stück für Stück zu einem neuen Selbstverständnis. Gewinnen Sie Selbstbewußtsein und innere Stärke. Begegnen Sie dem Mann nicht als gleich aber als gleichwertig, denn nur so ergänzen Sie sich – auch in der Sexualität – zu einem vollständigen Ganzen.

## Über die Autorin

Vinod Verma, geboren 1947, promovierte an der Pandschab-Universität in Zellbiologie und in Paris in Neurobiologie. Sie war an internationalen Forschungsinstituten wie z. B. dem National Institute of Health in den USA und am Max-Planck-Institut für medizinische Forschung in Freiburg im Breisgau tätig. Heute leitet sie ein ayurvedisches Gesundheitszentrum in Nordindien. Sie ist Autorin mehrerer Bücher über Ayurveda und Yoga.

Vinod Verma

# *Kamasutra für Frauen*

Körperbewußtsein,
Sinnlichkeit und Erfüllung
Der weibliche Weg

ECON Taschenbuch Verlag

Erklärung

Die Informationen, die in diesem Buch gegeben werden, sollen nicht die Hilfe eines Arztes ersetzen. Dieses Buch bezweckt, die Leserin zur Gesundheitsvorsorge und Selbsthilfe bei alltäglichen Beschwerden anzuleiten. Die Autorin und der Verlag sind nicht verantwortlich für irgendwelche medizinischen Forderungen, die sich auf das präsentierte Material beziehen.

Die Verwendung der Kräuter- oder anderer Heilmittelrezepte zum Zwecke der kommerziellen Herstellung oder Vermarktung bedarf der Zustimmung der Autorin und des Verlags. Rechtsverletzungen werden gerichtlich verfolgt.

Veröffentlicht im ECON Taschenbuch Verlag,
ECON Verlag GmbH, Düsseldorf 1996
Lizenzausgabe

Einzig berechtigte Übersetzung aus dem Englischen von Michael Gagern
Umschlaggestaltung: Gerhart Noltkämper
Titelabbildung: Bildagentur Image Bank, Zürich
Druck und Bindearbeiten: Ebner Ulm
Printed in Germany
ISBN 3-612-26228-9

# *Inhalt*

*Für alle Männer,*
*die das Ewigweibliche in sich annehmen*
*und die Frauen*
*als ihre Mütter, Schwestern, Gefährtinnen*
*und Töchter lieben und respektieren.*

*Auch ein sehr heftiger Mann*
*sollte zu einer Frau nicht barsch sein,*
*eingedenk,*
*daß von der Frau die Freude der sinnlichen Liebe abhängt,*
*sowie ihr Genuß und ihre Vollkommenheit.*
*Die Frau ist das heilige Feld,*
*aus dem das Selbst hervorgeht.*
*Nicht einmal die Weisen haben die Macht,*
*sich ohne sie fortzupflanzen.*

Mahābhārata

# *Vorwort*

Vor nicht ganz zweitausend Jahren schrieb in dem Land, das heute Indien heißt, der weise Mallanāga Vātsyāyana ein großartiges Werk über *kāma:* die sinnliche Liebe. Die Abhandlung war in Form von Aphorismen *(sūtras)* abgefaßt und hieß deshalb *Kamasutra*. Für die Hindus, die das Leben auf eine ganzheitliche Weise begreifen, lassen sich die sexuelle Beziehung und die Liebe zwischen Mann und Frau nicht von deren sozialem, psychologischem und spirituellem Kontext trennen. Im Universum ist alles miteinander verbunden und voneinander abhängig, und so sind auch in dieser Abhandlung über die Liebe viele Dimensionen des menschlichen Daseins in die Betrachtung mit einbezogen. Unsere Lebensart, Gesundheit, Lebensumstände, Glaubenshaltungen, Rituale und Bräuche stehen in einer direkten Beziehung zu unserer Sexualität, und die Ausdrucksformen dieser Sexualität haben einen unmittelbaren Einfluß auf unser inneres Gleichgewicht und Wohlbefinden. Der Verfasser des *Kamasutra* hat dies alles berücksichtigt.

Aus Gründen der Vereinfachung übersetzen wir *kāma* hier mit «Sexualität», aber man versteht darunter natürlich das ganze Spektrum der Sinnlichkeit. Das heißt, daß alle fünf Sinne an Ausdruck und Genuß der Sexualität beteiligt sind. Die Sinne wiederum werden von unserem Denkvermögen gesteuert, und das Denken seinerseits ist einem ständigen Wandel unterworfen, weil es durch die Sinne mit der Welt verbunden ist. In diesem durch die Sinne vermittelten Zustand der Veränderung macht unser Verstand andauernd sinnliche Erfahrungen. Wir sind aber, dank unseres Verstandes, auch in der Lage, Erfahrungen jenseits der Sinnlichkeit zu machen. Der Verstand kann das Denkvermögen derart unter seine Kontrolle bringen, daß es durch entsprechende Übungen in einen Ruhezustand versetzt wird, in dem es von Sinneswahrnehmungen frei und keinen Veränderungen mehr unterworfen ist. In diesem Zustand ist die menschliche Erfahrung nicht mehr sinnlich, sondern geistig. Warum? Weil der Verstand im Zustand der Veränderungslosigkeit mit der Seele oder dem Geist eins wird. Der Geist aber verändert sich nicht. Wie ein Spiegel reflektiert er die Verstandestätigkeit und bewirkt so die Entstehung von Bewußtsein.[1] Das Verlangen nach weltlichen Genüssen entsteht zwar durch die Sinne. So leitet sich von der Wurzel *kāma* der Begriff *kāmanā* ab – «Verlangen». Wenn wir aber von Kāma sprechen, meinen wir sehr viel mehr als Sexualität oder sexuelle Vergnügungen. Mit anderen Worten: Kāma ist Sexualität in einem ganzheitlichen Sinne. Vielleicht kann man sagen, daß Sexualität die äußerste Grenze der Sinnlichkeit ist. In der Umgangssprache wird Sinnlichkeit allerdings häufig mit Sexualität gleichgesetzt.

Da die Sexualität nur eine sinnliche Erfahrung unter Millionen anderer ist, kann man sie nicht isoliert von diesen betrachten. Im alten Indien taucht das Thema deshalb auch in allen Arten des Schrifttums und in allen künstlerischen Ausdrucksformen auf. «Im Indien der Hindus ist die gesamte Literatur – die religiöse wie die weltliche – voll von sexuellen Anspielungen, voller sexueller Symbolik und stellenweise freimütiger Erotik... In der Literatur und Kunst des alten Indien kommt die Befangenheit der Menschen in erotischen Phantasiebildern sehr deutlich in der Literatur und Kunst zum Ausdruck.»[2]

Im Unterschied zu westlichen Wissenschaftlern wie Basham vertrete ich allerdings die Ansicht, daß die alten Inder nicht erotisch «befangen» waren, sondern die Sexualität vielmehr wie alle anderen sinnlichen Erfahrungen als Teil ihres Lebens, als etwas ganz Selbstverständliches also, akzeptierten. Sie erfuhr keine Sonderbehandlung, losgelöst von den anderen Lebensbereichen, und war nicht verbunden mit Heimlichtuerei. Das leuchtet auch sofort ein, wenn man einmal verstanden hat, wie sich die alten Inder die kosmische Ordnung vorstellten: als ein vollkommen organisiertes, immer in Bewegung befindliches und in Veränderung begriffenes Ganzes, in dem nichts ohne Grund oder zufällig geschieht; alle Teile sind miteinander verbunden, aufeinander bezogen und voneinander abhängig.[3]

Die ältesten indischen Bücher sind die vier Vedas, die «Bücher der Weisheit». Sie wurden vor mehr als dreitausendfünfhundert Jahren geschrieben. Im *Atharvaveda* wird die Sinneslust folgendermaßen gepriesen:

> Die Lust ist die Erstgeborene. Weder Götter noch Ahnen, noch Menschen kommen ihr gleich. Oh, Lust! du bist unermeßlich, denn du wohnst in allen Lebewesen. Ich verneige mich vor dir. Du bist eine höhere Gottheit als Sonne, Mond, Wind und Feuer. Du bist in allen Dingen anwesend und deshalb für immer groß, ich verneige mich vor dir.[4]

Die Vereinigung von Männlichem und Weiblichen hat in der indischen Tradition eine sehr tiefe, ja heilige Bedeutung. Sie symbolisiert die Verbindung und Auflösung zweier grundlegender kosmischer Energien und der beiden einander ergänzenden Kräfte, deren Zusammenwirken eine einzigartige Empfindung von Seligkeit hervorruft. Durch die Verbindung von *purusha* (die Seele des Universums) und *prakriti* (die kosmische Substanz) entsteht die Erscheinungswelt, und durch ihr vollständiges Sichineinanderauflösen eröffnet sich der Weg zu letzter Freiheit und Unsterblichkeit. Der kurze körperliche Genuß kann zu einer geistigen und kosmischen Erfahrung verlängert und erweitert werden. Das setzt allerdings eine ganzheitliche Weltsicht voraus, die die kosmische Ordnung und unseren Platz darin als Beziehungssystem versteht.

Angesichts des vorliegenden Buches stellen sich zwei grundsätzliche Fragen: Warum eigentlich noch einmal Kamasutra?

Und warum ausschließlich für Frauen? Als der ehrwürdige Vātsyāyana seine Schrift verfaßte, war unsere reduktionistische Lebensweise noch unbekannt. Das heißt, in jener Zeit wurden die körperlichen, seelischen, sozialen, wirtschaftlichen, sexuellen und geistigen Belange nicht, wie heute, voneinander getrennt. So entstand auch das Buch in einem – darin gewissermaßen vorausgesetzten – Kontext, den es in der Gegenwart nicht mehr gibt. Wir brauchen ein Kamasutra, das unseren Lebensumständen und Gewohnheiten entspricht. Auf die zweite Frage antworte ich: Der Autor des Kamasutra war ein Mann, und er schrieb sein Buch in erster Linie für Männer. Es enthält zwar Passagen über die Frau, aber sie sind aus der Perspektive des Außenstehenden verfaßt. Nötig ist eine detaillierte Darstellung der speziellen Probleme, denen sich die Frau im Zusammenhang mit der Sexualität gegenübersieht.

Es gibt also zwei wichtige Gründe dafür, dieses Thema noch einmal zu behandeln. Erstens soll dadurch in den Menschen von heute der Sinn für eine ganzheitliche Lebensweise geweckt werden. Sie sollen sehen, daß die Sexualität nicht nur ein Teilbereich ihrer Existenz ist, sondern daß sie mit allen anderen Aspekten ihres Lebens eng verbunden ist. Zweitens geht es in diesem Buch um Dinge, die ausschließlich die Frau und ihre Beziehung zur Sexualität betreffen. Im Leben einer Frau gibt es einschneidende physiologische und psychische Veränderungen, die jeweils in direktem Bezug zu ihrem sozialen und sexuellen Verhalten stehen. Anfang und Ende der Menstruation, Schwangerschaft, die Geburt eines Kindes und die Beschwerden nach der Entbindung sind gravierende physiologische Ereignisse, die sowohl ihre körperlichen als auch ihre psychischen Reaktionen verändern und so auch ihr sexuelles Vermögen beeinflussen. Sie muß lernen, mit den verschiedenen Aspekten ihrer Weiblichkeit so umzugehen, daß ihre Sexualität sich ungestört entfalten und ihre sexuelle Energie ungehindert fließen kann. Das vorliegende Buch möchte ihr in dieser Hinsicht Rat und Anleitung geben.

Die alte medizinische Literatur wie auch die in Indien noch immer lebendige Tradition enthalten ein reiches Wissen über die verschiedenen Aspekte des Weiblichen. Leider ist es nirgendwo zusammengefaßt, und die mündliche Überlieferung geht im Zeitalter der elektronischen Medien allmählich verloren. Es ist also ein Gebot der Stunde, dieses Wissen konzentriert darzubieten – zum Wohle der Frauen und damit nicht zuletzt auch zum Nutzen der Männer.

Ich habe mich nicht deshalb dafür entschieden, dieses Buch in Form von Aphorismen oder Sūtras zu schreiben, weil Vātsyāyana es so gemacht hat, sondern weil ich von dieser alten Ausdrucksform zutiefst geprägt bin. Das Buch, das mich am stärksten beeinflußt hat, ist das *Yoga-Sūtra* von Patañjali, das ich übersetzt und kommentiert habe (siehe Anmerkung 1). Ich denke, daß sich die Form des Aphorismus sehr gut für die Vermittlung praktischen Wissens eignet.[5]

Lebensfreude, Glück und die Intensität aller Erlebnisse hängen davon ab, ob man sich körperlich wohl fühlt, und dies wiederum ist dadurch bedingt, inwieweit wir sowohl mit uns selbst als auch mit unserer Umwelt in Einklang sind. In dem vorliegenden Buch werden alle diese grundlegenden Voraussetzungen für wahre Gesundheit ausführlich behandelt. Es soll Ihnen helfen, Ihre Lebensenergie und Ihr sexuelles Vermögen zu erhalten, um daraus körperliche Erfüllung und geistige Erfahrung zu gewinnen.

Die Frau ist der Mittelpunkt der Familie und trägt somit eine größere Verantwortung als ihr Partner. Sie braucht aber auch mehr Fürsorge, Aufmerksamkeit, Verständnis und Nachsicht von seiten des anderen Geschlechts, denn sowohl ihr physischer wie auch ihr psychischer Zustand unterliegt häufigen Schwankungen; hinzu kommt die Verantwortung der Mutterschaft. Dieses Buch ist daher nicht zuletzt auch für den seiner selbst bewußten Mann gedacht: Es soll ihm die verschiedenen Dimensionen eines Frauenlebens näherbringen und auf diese Weise ausgeglichene, harmonische und erfüllende Beziehungen zwischen Männern und Frauen ermöglichen. Während sich die ersten fünf Kapitel vorrangig mit Themen befassen, die ausschließlich Frauen betreffen, sind die darauffolgenden sechs Kapitel, in denen es um die sexuelle Beziehung geht, für Männer und Frauen gleich wichtig.

Dieses Buch will Frauen helfen, selbstbewußt und stark zu sein. Sie sind weder lediglich passive Gesellschafterinnen und Begleiterinnen ihrer Männer, noch sind sie diesen in irgendeiner Weise sexuell untergeordnet. Sie sind den Männern nicht gleich, so wie die Männer den Frauen nicht gleich sind. Die Geschlechter sind verschieden und ergänzen einander. Sowohl das Männliche als auch das Weibliche ist integraler Bestandteil des jeweils anderen Geschlechts, und erst zusammen bilden sie ein vollständiges Ganzes. Unterdrückung und Ausbeutung von Frauen ist daher vor allem ein Gesellschaftssystem, das auf falschen Grundsätzen basiert und dem der Gedanke des Ausgleichs fehlt. Um das – zum Wohle von Männern und Frauen – zu ändern, müssen wir eine andere Sicht der Dinge entwickeln.

Mein Standpunkt ist auf diesem Gebiet der gleiche wie bei Fragen der Gesundheit. Es gibt immer Ansteckungsgefahren und Krankheiten um uns herum. Die beste Art der Gesundheitsvorsorge wäre es, widerstandsfähiger zu werden, indem wir lernten, unsere körperlichen und geistigen Energien im Gleichgewicht zu halten. Auf diese Weise können wir uns vor endogenen Gesundheitsstörungen schützen und die Angriffe von außen abwehren. Ich denke, daß Frauen sich in jeder Hinsicht stark machen müssen. Wir, das heißt Männer, Frauen, soziale Gruppen oder Nationen, müssen uns darüber klarwerden, daß wir auch deshalb ausgebeutet werden, weil wir uns ausbeuten lassen. Bäume, die tiefere Wurzeln haben als andere, fallen im Sturm nicht so leicht um.

Dieses Buch will die Botschaft eines ganzheitlichen Lebens weitergeben, eines Lebens in Harmonie mit unserer Umgebung und den Kräften des Kosmos. Immer wieder in der Geschichte haben Frauen die wichtige Rolle der Bewahrerinnen uralter Werte übernommen und dadurch wesentlich zur (Wieder-)Herstellung von Frieden und Harmonie auf unserem Globus beigetragen. Ich bitte alle Frauen der Welt, ihren ganzen Mut zusammenzunehmen und ihre Aufmerksamkeit auf die Kräfte zu richten, die an unserer Zerstörung arbeiten, indem sie uns ein fragmentiertes Leben aufzwingen. Frauen können diese Aufgabe leichter angehen als Männer – schließlich beginnt deren Dasein in einem weiblichen Körper.

# *I Seiner selbst gewahr werden*

*Was ist das, was ein Dichter nicht bemerken kann?*
*Was ist das, was eine Frau nicht tun kann?*
*Was ist das, was ein Betrunkener nicht sagen kann?*
*Was ist das, was eine Krähe nicht essen kann?*

Chānakyā

1. Dieses Buch wurde geschrieben, damit Männer und Frauen ihr Wohlbefinden vergrößern und ihr soziales Umfeld harmonischer gestalten können.

Das ist das erste Sūtra dieses Buches – sein Leitmotiv sozusagen. Es will Frauen *und* Männer über die zahlreichen Aspekte eines Frauenlebens und die verschiedenen Dimensionen der weiblichen Sexualität aufklären. Eine Frau muß sich kennen und die biologischen Veränderungen verstehen, denen sie im Laufe ihres Lebens unterworfen ist und die ihren Gemütszustand beeinflussen. Wenn sie so einschneidende Ereignisse wie Schwangerschaft, Geburt, Stillzeit usw. nicht versteht und mit ihrem sonstigen Leben nicht in Einklang bringen kann, wirkt sich das negativ aus auf ihre Gesundheit, sie fühlt sich frustriert, und ihre sexuelle Energie ist ernsthaft geschwächt. Was ihr soziales Umfeld angeht, so ist zunächst ihr Partner zu nennen. Auch er muß wissen, was in Körper und Kopf einer Frau vorgeht und welche Bedürfnisse sie hat. Wenn ihm dieses allgemeine Verständnis fehlt, kann er auch *seine* Frau nicht begreifen. Dann kommt es zu vielen Mißverständnissen und damit auch zu Unstimmigkeiten im sexuellen Bereich. Ein solcher Mangel an Harmonie zwischen den Eltern bleibt nicht ohne Folgen für die Kinder, die unter atmosphärischen Störungen «in der kleinsten gesellschaftlichen

Einheit», der Familie, oftmals besonders zu leiden haben. Wenn viele dieser Einheiten gestört sind, resultiert daraus eine kranke Gesellschaft. Deshalb richtet sich dieses Buch an Frauen und Männer gleichermaßen und nicht nur an erstere, wie man dem Titel vielleicht entnehmen könnte.

2. Die Frau ist das Zentrum der kleinsten gesellschaftlichen Einheit, und wenn es ihr nicht gutgeht, kommt es zu Verwirrung und Chaos in Gegenwart und Zukunft.

Bei der Erläuterung des vorangegangenen Sūtra wurde bereits betont, wie wichtig es für Harmonie und Gleichgewicht in einer Gesellschaft ist, daß sowohl die Frau als auch der Mann die verschiedenen Phasen im Leben einer Frau begreift. Das zweite Sūtra erklärt, was passiert, wenn dieses fundamentale Verständnis fehlt. Die Frau ist das Zentrum bzw. die lenkende Kraft der Familie, der «kleinsten gesellschaftlichen Einheit». Diese Rolle kommt ihr in der Regel aufgrund der Mutterschaft zu, des exklusiven Charakters ihrer Mutterrolle. Die Kinder sind von ihr abhängig und fühlen sich bei ihr geborgen. Die Frau symbolisiert die Erde, die Nahrung und Sicherheit gewährt. Sie ist wie ein großer Baum, in dessen Schatten es sich die Kinder und deren Vater bequem machen können. Sie schenkt ohne Einschränkung und ohne Ende. Das ist ihre *prakriti* oder ihre Natur.[1]

Natürlich bedeutet das nicht, daß die Menschen um sie herum sie ausnutzen und nur von ihr nehmen dürften. Die Beziehung zu einer Frau ist wie unsere Beziehung zur Erde. In den alten Zivilisationen wurden die Erde und natürliche Formationen wie Flüsse, Seen, Berge, Bäume und Gräser verehrt. Die Menschen bezeugten ihre Dankbarkeit in verschiedensten Zeremonien, und bei Naturkatastrophen sollten bestimmte Rituale besänftigend wirken. Im Zuge der Industrialisierung dagegen wurde die Erde rücksichtslos ausgebeutet, und es wurden schier irreparable Schäden an der Umwelt verursacht. Nachdem dieser Prozeß mehrere Jahrhunderte lang anhielt, sind die Menschen nun endlich aufgewacht, und sie kommen zusammen (wie kürzlich in Rio de Janeiro), um die geschlagenen Wunden wenn schon nicht zu heilen, so doch wenigstens notdürftig zu versorgen. Dabei wird zuweilen die Meinung vertreten, daß die Ausbeutung der Natur und die der Frau historisch parallel verlaufen seien und daß die Väter der modernen Naturwissenschaft die theoretische Rechtfertigung für diese Ausbeutung geliefert hätten.[2] Wenn die ihr Nahestehenden die Großzügigkeit der Frau ausnutzen und ihr weder Dankbarkeit noch Respekt entgegenbringen, wird sie krank werden wie Mutter Erde.

Das Sūtra stellt außerdem fest, daß Chaos und Verwirrung herrschen, wenn es den Frauen, also dem Zentrum der Familie, nicht gutgeht. Und zwar gilt dies nicht nur für die Gegenwart, sondern auch für die Zukunft. Ein mangelhafter Gesundheitszustand und eine unglückliche Gemütsverfassung einer Frau wirken sich nicht zuletzt auf ihr noch nicht geborenes Kind negativ aus. Das heißt, ihr psychischer Zustand während der Schwangerschaft ist für die geistige und körperliche Entwicklung des Kindes mit verantwortlich. (Wir gehen weiter unten näher darauf ein.) Frustrierte Mütter, die während der Schwangerschaft rauchen und trinken, schaden der Gesundheit ihrer Kinder und damit auch ihrer weiteren Nachkommenschaft. Ähnliches gilt für die Erziehung. Vernachlässigte Kinder unglücklicher Mütter kommen häufig vom rechten Wege ab. Wir sehen also, daß es nicht nur für die Gegenwart, sondern auch für die Zukunft aller männlichen und weiblichen Wesen wichtig ist, daß die Frauen möglichst gesund und glücklich sind.

3. Der Harmonie und dem Gleichgewicht im Kosmos zuliebe muß die Frau lernen, sich selbst zu schützen und für ihr Wohlbefinden zu sorgen.

Wir sagten schon, daß das Gleichgewicht in der Gesellschaft vom Wohlbefinden der Frauen abhängt. Jetzt stellen wir fest, daß die Frau die Verantwortung hierfür selbst übernehmen muß und nicht erwarten kann, daß andere ihr dabei helfen. Als Zentrum der kleinsten gesellschaftlichen Einheit ist sie in der Lage, günstige Rahmenbedingungen zu schaffen, die sowohl zu ihrem eigenen Wohlbefinden beitragen als auch das der Menschen in ihrer Umgebung fördern.

Vor allem sollte es in der Beziehung zu ihrem Partner keine Unklarheiten geben, und sie sollte ihn nicht abhängig machen von sich – weder emotional noch in Fragen, die den Haushalt betreffen. Manche Frauen machen sich für ihren Partner unentbehrlich. Sie empfinden dabei Lust und Stolz, es befriedigt ihr Ego. Andere bemühen sich wer weiß wie, um die Aufmerksamkeit und Liebe ihres Partners zu gewinnen. Indem sie das tun, fügen sie sich selber großen Schaden zu, was sie oft aber erst nach vielen Jahren merken. In jungen Jahren sind sie noch voller Energie. Mit zunehmendem Alter jedoch, wenn Kinder da sind und überhaupt mit der Zeit wächst die Verantwortung, während Kraft und Stehvermögen abnehmen. Die Folge sind Unzufriedenheit und Gereiztheit, und es kommt der Moment, da die Belastung zu groß wird. Deshalb leiden viele Frauen von Mitte Vierzig unter körperlichen und psychischen Störungen. Die in dieser Lebensphase stattfindenden physiologischen Veränderungen machen sie unsicher und führen zu einem «Ich kann nicht mehr»-Gefühl. Probleme, die im Zusammenhang mit der Menopause auftreten, werden weiter unten ausführlich behandelt. Hier soll nur betont werden, daß man «Glucken»-Gewohnheiten nicht pflegen darf, weil sie sich langfristig als schädlich erweisen.

Auch wenn die Frau nicht berufstätig ist, sondern sich in traditioneller Weise um den Haushalt kümmert, sollte sie ihren Partner nicht gänzlich von sich abhängig machen. Sie trägt dann selbstverständlich die Hauptverantwortung für den Haushalt, aber sie braucht auch Freiräume für sich selber. Sie täte gut daran, irgendwelchen Hobbys nachzugehen und sich im sozialen Bereich zu engagieren, statt 24 Stunden für die Familie zur Verfügung zu stehen. Dadurch wird den Menschen um sie herum bewußt, daß sie nicht nur dazu da ist, ihnen zu helfen und sie zu bedienen. Wenn sie ihre gesamte körperliche und geistige Energie allein für ihre Familie einsetzt, wird sie in fortgeschrittenem Alter eher unter Krankheiten leiden, erst recht, wenn die Kinder das Haus verlassen haben und der Partner nicht mehr zur Arbeit geht. In dieser Zeit fühlt sie in sich und um sich eine Leere – der erste Schritt zu ernsthaften psychischen Problemen. Körperlich und seelisch geschwächt wird sie zu einer Belastung für alle in ihrer Umgebung und natürlich leidet dabei am meisten die Beziehung zu ihrem Partner. Alle diese Dinge sollte man vorausschauend bedenken, um sich vor negativen Folgen im späteren Leben zu schützen.

Eine Frau, die aus lauter Großzügigkeit und Liebe den Menschen, die ihr nahestehen, zuviel abnimmt, macht sie in allen kleinen Dingen des Lebens von sich abhängig, womit sie nicht nur sich selbst, sondern auch den anderen schadet. Ein erwachsener Mann, der nicht weiß, wo seine Sachen sind oder wie man seinen Koffer packt, der nicht in der Lage ist, sich etwas zu essen zu machen oder etwas zu besorgen, ist eine beklagenswerte Erscheinung. Ein solcher Mann, der aus irgendwelchen Gründen plötzlich auf sich selbst gestellt ist, fühlt sich vollkommen verloren. Wenn seine Partnerin ihn verläßt oder stirbt, ist er ganz und gar hilflos und geht schließlich aus Not irgendeine neue Beziehung ein, die meist unter keinem guten Stern steht. Frauen sollten sich also zurückhalten und für die Ihren nicht zu viel tun, ihnen vielmehr eine gewisse Eigenständigkeit lassen und sie bewußt dazu anhalten. Das ist für unser aller Gegenwart und Zukunft das beste.

Kinder, deren Mütter alles für sie erledigen, werden nie selbständig. Ihre Persönlichkeit entwickelt sich nicht richtig, sie lernen nicht, selbst zu entscheiden, sind unsicher und leicht zu beeinflussen. Die Jungen, die unter solchen Umständen aufwachsen, werden meist zu einer Last für ihre Partnerinnen, während die Mädchen dazu neigen, diese schlechte Tradition fortzuführen. Am Ende leiden alle – besonders aber die Frauen.

Die Frau darf sich nicht zur stummen Dienerin ihrer Familie machen lassen. Sie muß den anderen auf diplomatische Weise beibringen, welche Pflichten und Verantwortlichkeiten sie haben. Dabei sollte sie, schon im eigenen Interesse, vorsichtig und liebenswürdig vorgehen und niemanden durch abrupte, schroffe «Befreiungsversuche» vor den Kopf stoßen. Das führt nur zu einer unguten Atmosphäre.

In vielen alten Gesellschaften wurden die Frauen durch bestimmte Bräuche und Riten geschützt. In Indien zum Beispiel zog sich die Frau während ihrer Monatsblutung zurück und machte keine Hausarbeit. Man sagte, sie sei an diesen Tagen «unrein». Das klingt zwar nicht sehr freundlich, befreite sie aber für ein paar Tage von der täglichen Routine. Die Menstruation macht nun einmal etwas müde und schwach, und so hatte die Inderin Gelegenheit, sich ein wenig zu pflegen. Ähnliche Verhaltensvorschriften und Zeremonien gab es für schwangere Frauen. Nach der Geburt wurden ebenfalls rituelle Handlungen vorgenommen, und eigentlich sollte die Frau vierzig Tage lang keine körperliche Arbeit verrichten, um ihre Kraft zurückzugewinnen. Heute müssen wir neue Rituale finden, um die Stellung der Frau innerhalb der Familie zu schützen und abzusichern. So sollten jene Frauen, die regelmäßig für die Ihren kochen, einführen, daß wenigstens einmal die Woche der Partner oder ein älteres Kind diese Aufgabe übernimmt. An dem Tag sollte die Frau der Küche auch wirklich fernbleiben und sich nicht einmischen, selbst wenn zunächst mal nicht alles so perfekt gelingt. Und bei Tisch soll sie genauso bedient werden wie sonst die anderen von ihr.

Dieser Vorschlag richtet sich an Frauen, die nicht berufstätig sind. Berufstätige sollten sich die Aufgaben im Haushalt mit allen Erwachsenen in der Familie teilen. Eine Frau, die acht Stunden am Tag außer Haus arbeitet und dann noch die volle Verantwortung für den Haushalt zu tragen hat, wird bald müde und verbraucht sein – und sexuell passiv werden.

Es kommt sehr häufig vor, daß ein Mann sich fragt, wieso seine Partnerin alle Freude am Sex verloren hat, und das, obwohl es dafür vor der Gründung eines gemeinsamen Hausstandes keine Anzeichen gegeben hatte.[3] Er merkt nicht, daß sie einfach müde ist und für sexuelle Aktivität keine körperlichen Energien mehr übrig hat.

Aber nicht nur die traditionell weiblichen Aufgaben im Haushalt sollten mit Mann und Kindern geteilt werden – auch die üblicherweise dem Mann vorbehaltenen Verantwortlichkeiten müssen, damit das Ganze nicht einseitig bleibt, gerecht verteilt werden. Als Beispiele nenne ich Bau und Renovierung des Hauses, Wartung und Reparatur von Haushaltsgeräten, das Tätigen größerer Anschaffungen wie Wohnung, Auto, Möbel usw. Manche Frauen zeigen sich völlig desinteressiert an diesen Dingen und überlassen die gesamte Verantwortung dafür dem Mann.

Ein anderer wichtiger Punkt ist, daß die Frau lernen muß, sich an ihrem Arbeitsplatz selbst zu schützen und zu behaupten. Viele Frauen aus den verschiedensten Berufssparten berichten, daß ihre Kollegen von ihnen bestimmte kleine, für typisch weiblich gehaltene Handreichungen erwarten wie Kaffeekochen und Für-Ordnung-Sorgen in Büro oder Werkstatt. Ich erinnere mich, daß es in dem Forschungslabor in den USA, in dem ich früher mal gearbeitet habe, zwei Techniker gab: einen Mann und eine Frau. Der Mann betrachtete es als selbstverständlich, daß seine Kollegin sich um den Abwasch und die Sauberkeit im Labor kümmerte. Frauen sollten darauf achten, daß die zu erledigende Arbeit gerecht aufgeteilt wird, und es gar nicht erst so weit kommen lassen, daß die anderen glauben, sie ungefragt in Anspruch nehmen zu können.

Auf der anderen Seite leisten manche Frauen einem solchen Verhalten am Arbeitsplatz selber Vorschub, indem sie wenig bereit sind, sich mit Dingen zu beschäftigen, die sie für «Männersache» halten. Sie sollten sich für Ihre Arbeit in umfassendem Sinn verantwortlich fühlen und sich bemühen, alles, was zu Ihrem Beruf gehört, so gut wie möglich zu beherrschen. Eine hilflose Person kann nicht selbstbewußt und stark sein. Denken Sie nie, Sie könnten «bestimmte Dinge» nicht.[4] Nehmen Sie alles voll konzentriert in Angriff, und Sie werden mit Sicherheit Erfolg haben. Für eine Frau ist es wichtig, ihre eigene Schwäche zu bekämpfen. Sie muß erst selbstbestimmt und unabhängig werden, bevor sie selbstbewußt sein kann. Und Frauen müssen selbstbewußt sein, um sich schützen und ihre Rechte wahren zu können, egal ob es sich um ihr berufliches Fortkommen handelt oder um ausschließlich weibliche Angelegenheiten.

Diese Sūtra enthält die Botschaft, daß Frauen lernen können, sich auf verschiedene Weise zu schützen und dafür zu sorgen, daß sie zu innerem Gleichgewicht gelangen. Ihr Wohlbefinden und ihr seelischer Frieden sind die Basis für ein harmonisches Familienleben. Wenn aber ihre Psyche gestört und sie unglücklich ist, ist das auch von Übel für die nächste(n) Generation(en). Ihre Frustration überträgt sich auf den Partner und andere ihr nahestehende Menschen – die Beziehungen geraten mehr und mehr aus der Balance, und es kommt schließlich zu einer Störung der Harmonie im ganzen Kosmos.

4. Eine Frau fühlt sich in dem Maße wohl, in dem es ihr gelingt, innere Stärke zu entwickeln.

Dieses Sūtra knüpft an die Feststellung an, daß das Wohlbefinden der Frau von entscheidender Bedeutung für ein harmonisches Zusammenleben auf unserem Planeten ist. Es besagt, daß die Frau die innere Stärke, die sie für ihr Wohlbefinden braucht, selbst entwickeln muß. Sie soll für ihre geistige oder körperliche Schwäche weder die Gesellschaft noch ihre Eltern oder ihre Kultur verantwortlich machen. Dies führt höchstens dazu, daß sie bitter und mürrisch wird. Eine negative Geisteshaltung aber schwächt die Gesundheit und leistet einer destruktiven Lebenseinstellung Vorschub. Das darf allerdings nicht heißen, daß sie sich die Umstände, die ihr Leben prägen und geprägt haben, nicht klar vor Augen halten sollte. Vielmehr kann eine solche Erkenntnis ihr helfen, zukünftigen Generationen zuliebe negative Dinge zu vermeiden. Eine Frau sollte konstruktiv denken und wissen, daß es für einen Neuanfang nie zu spät ist. Anstatt über Vergangenes nachzugrübeln, sollte man die Relikte der Zerstörung sorgfältig analysieren, nutzen, was davon zu gebrauchen ist, und dann auf der Basis von Wahrhaftigkeit, Güte, Demut und Großzügigkeit von vorn beginnen. In diesem Buch werden verschiedene praktische Ansätze für die Entwicklung von innerer Stärke aufgezeigt.

5. Stärke hat drei Aspekte: einen körperlichen, einen geistigen und einen spirituellen.

Dieses Sūtra dient als zusätzliche Erläuterung des vorigen, indem es die drei Dimensionen der Stärke nennt, und zwar in ihrer Rangfolge. Zuerst muß man physische Stärke gewinnen, denn ohne diese fehlt die Voraussetzung für den Erwerb von Wohlstand.[5] Die Sicherung des Lebensunterhalts ist das wichtigste für den Menschen. Erst wenn dieses Bedürfnis befriedigt ist, kann er geistige Stärke entwickeln. Geistige Stärke wiederum ist die Voraussetzung für den spirituellen Weg, denn jede spirituelle Erfahrung setzt die Kontrolle über den Denkprozeß voraus. Der Verstand kontrolliert das Denken, und nur durch die Anstrengungen des Verstandes läßt sich die körperliche Welt transzendieren und das Reich des Spirituellen erfahren.

6. Stärke gewinnt die Frau durch eigene Anstrengung.

Um die Entwicklung der oben beschriebenen drei Formen von Stärke muß sich jeder Mensch selbst bemühen. Es ist klar, daß wir unter verschiedenen Umständen geboren wurden und aufgewachsen sind. Manche sind privilegiert, andere müssen um die einfachsten Dinge des Lebens hart kämpfen. Nach der Tradition der Hindu hängen Ort und Bedingungen unserer Geburt von unseren früheren Taten oder unserem *karma* ab (siehe Anhang 1). Mit unserem gegenwärtigen Karma (das heißt mit dem, was wir in diesem Leben tun) können wir unsere Privilegien zerstören oder aber auf Ruinen ein wunderschönes Gebäude errichten. Deshalb ist das gegenwärtige Karma bzw. der persönliche Einsatz außerordentlich wichtig.

7. Der persönliche Einsatz ist in jedem Fall von entscheidender Bedeutung, auch für all jene, die von Geburt an reich und schön sind.

Stellen Sie sich eine Frau vor, die von Natur aus schön ist, sich aber vernachlässigt: Sie wird dick oder bekommt eine schlechte Verdauung und infolgedessen eine unreine Haut usw. Ihre Schönheit kann auch schwinden, weil sie ständig gereizt und aggressiv ist oder andere unangenehme Charakterzüge hat. So verliert sie durch ihr gegenwärtiges Karma, was sie durch ihr vergangenes Karma angesammelt hatte. Dagegen kann eine Frau, die nur mäßig hübsch ist, durchaus an Charme und Attraktivität gewinnen, wenn sie auf ihre Gesundheit achtet und angenehme Charaktereigenschaften ausbildet.

Ohne persönlichen Einsatz kann keine Frau die für ihr Wohlbefinden unabdingbare Stärke entwickeln. (Weiter unten finden Sie entsprechende Anleitungen dafür.)

8. Die wirkliche Schönheit einer Frau liegt in ihrer Stärke und nicht in ihrer äußeren Erscheinung.

Daß die wahre Schönheit der Frau nicht auf ihrer physischen Erscheinung beruht, ist eine ganz grundlegende Feststellung, die den Mann bei der Wahl seiner Partnerin leiten sollte. Ein hübsches Gesicht ohne innere Stärke, Selbstvertrauen und die Fähigkeit, sich selbst zu erkennen, nutzt sich bald ab und ist keine gute Basis für eine sexuelle Gemeinschaft. Äußere, körperliche Schönheit und Sexualität sind zwar im allgemeinen eng miteinander verbunden, aber wenn die Stärke des Geistes fehlt, wird sich keine sexuelle Erfüllung einstellen.

Weiter oben wurde bereits die – zu große – Abhängigkeit des Mannes und der Kinder von der Frau erörtert und welche Folgen dies haben kann. Jetzt geht es um den umgekehrten Fall. Eine Frau, der die innere Stärke fehlt, wird für die Menschen in ihrer Umgebung zum Parasiten. Eine Frau muß also, wenn sie ein erfülltes Leben führen will – auch auf sexuellem Gebiet – Stärke entwickeln. Das verleiht ihr eine positive Ausstrahlung *(tejas)* und läßt sie rundum attraktiv wirken. Will man die sinnlichen Freuden der Sexualität steigern, muß man bestrebt sein, seine Sinneskräfte zu entfalten. Das geht nur mit einem starken Willen und viel Durchhaltevermögen. Eine schwache Person gibt ihre Bemühungen bald auf und wird nie zu einem intensiven Erleben fähig sein. Aber nur über die Intensivierung der sinnlichen Erfahrung ist sexuelles Glück erlebbar.

Manche Frauen versuchen mit allen möglichen Hilfsmitteln wie Make-up, Haarefärben und dergleichen, die Aufmerksamkeit der Männer auf sich zu ziehen und einen Partner zu finden. Doch Beziehungen, die auf solchen künstlichen Voraussetzungen basieren, finden meist ein rasches und unerfreuliches Ende.

9. Stärke und Flexibilität – sowohl die körperliche als auch die geistige – sind Fähigkeiten, die man gleichzeitig erwirbt.

In den vorangegangenen Sūtras war von der Entwicklung innerer Stärke die Rede. Jetzt geht es darum, daß Stärke und Flexibilität gemeinsam erworben werden und daß dies sowohl für den Körper als auch für den Geist gilt. Wir beziehen uns in diesem Zusammenhang auf verschiedene Yoga-Methoden, die geeignet sind, sowohl den Körper als auch den Geist geschmeidig zu machen. Sie wissen ja, daß Yoga mehr ist als eine Reihe von Körperübungen. Während der Körper sich langsam bewegt, konzentriert der Geist sich mit Hilfe des alles koordinierenden Atems auf die Bewegung. Einatmen und Ausatmen verweisen auf unsere Verbindung mit dem Kosmos. Durch regelmäßige Yoga-Praxis entspannt man Geist und Körper. Der Körper wird beweglich und der Geist friedlich. Darüber hinaus kann man, mittels der zum Yoga gehörenden Konzentrationsübungen, einen von Gedanken freien Geist entwickeln.

An anderer Stelle habe ich eine Einführung in die verschiedenen Yoga-Praktiken gegeben.[6] In Anhang 2 dieses Buches finden Sie einige Yoga-Übungen, die speziell für Frauen bestimmt sind (Schwangerschaftsübungen sowie Übungen zur Steigerung der sexuellen Erlebnisfähigkeit).

10. Das Abschalten der Gedankentätigkeit schärft die Konzentration und führt zu geistiger Klarheit.

Wenn der Verstand über längere Zeit von Gedanken frei und still ist, dann wird er eins mit der Seele. Normalerweise ist der Verstand durch die Sinne mit der Welt verbunden und produziert eine nicht abreißende Kette von Gedanken. Die Seele ist von Natur aus still. Aus ihr entspringt das Bewußtsein. Tritt nun aufgrund persönlicher Bemühung ein gedankenfreier Geisteszustand ein, dann zieht der Verstand sich von der sinnlichen Erfahrung zurück und wird eins mit der Seele.

11. Geistige Klarheit ist eine wesentliche Voraussetzung dafür, daß sexuelle Erlebnisse zu einer erfüllenden sinnlichen und geistigen Erfahrung werden können.

Dieses Buch handelt nicht ausschließlich von der sinnlichen Erfahrung der Sexualität, sondern ebenso von der geistigen Erfahrung. Soll die sexuelle Vereinigung auch ein geistiges Erlebnis sein, muß man die Konzentrationsfähigkeit derart entwickeln, daß sie den Verstand still werden läßt. Die sinnliche Lust läßt sich durch einen geschmeidigen Körper, hohe Konzentration und richtiges Atmen steigern. An der sexuellen Vereinigung sind alle fünf Sinne voll beteiligt. Durch bessere Konzentration wird die Sinnlichkeit bis zu dem Punkt getrieben, wo sie sich verflüchtigt und der Verstand den Zustand der Stille erreicht. Darüber hinaus ist es das Ziel der geistigen Erfahrung, diese momentane Stille und dieses Glückserlebnis noch zu erweitern. Wer sein Konzentrationsvermögen mit Hilfe von *prānāyāma* (Atemübungen im Yoga) bereits entwickelt hat, kann es nutzen, um durch die sexuelle Erfahrung mit der Seele eins zu werden.

Damit endet Kapitel I des Kamasutra für Frauen. Es handelte vom Selbst-Gewahrsein und diente dazu, in das Thema des Buches einzuführen.

# II Der Einklang von männlichen und weiblichen Prinzipien

*Die Natur (Prakriti oder kosmische Substanz), die aus den fünf Elementen besteht, ist die Vulva, die den Licht-Phallus empfängt: Repräsentation der Erleuchtung der Unermeßlichkeit. Wenn es heißt: die Herrin der Berge (die Göttin Parvati) nahm die Form der Vulva an, um diesen Phallus einzufangen, dann ist damit gemeint, daß die fünf Urelemente Wirklichkeit werden (das heißt die Welt der Erscheinungen nimmt ihren Anfang). Deshalb wird sie durch die Zahl 5 dargestellt.*
*Die Vulva, der Bogen und die Zahl 5 gelten als gleichwertig. Das Wort «Bogen» ist ein symbolischer Ausdruck für die Zahl Fünf und steht für Kama, den Gott der Lust, weil seine fünf Pfeile die fünf Sinne sind, für Shiva wegen seiner fünf Gesichter, für seine Liebste wegen der fünf Elemente. Wenn die Energiemasse (der Licht-Phallus) in den Schoß der Erde und des Wassers eindringt, stabilisiert sie sich. Andernfalls verbrennt sie alles zu Asche.*
Svāmi Hariharānanda Sarasvatī

1. Ihrer Natur nach sind Mann und Frau grundsätzlich verschieden, weil das Verhältnis von männlichen und weiblichen Prinzipien in ihnen stark differiert.

In allen zivilisierten Gesellschaften wird über den Unterschied zwischen Mann und Frau diskutiert. In vielen Kulturen werden beiden Geschlechtern bestimmte feststehende Merkmale zugeordnet. Dadurch gehen Zartheit und Flexibilität in den Beziehungen verloren. Männer stehen unter einem ungeheuren psychischen Druck: Sie werden darauf getrimmt, hart gegen sich selbst zu sein und ihre Gefühle zu unterdrücken. Häufig führt das zu Krankheiten wie Magengeschwüren, Hämorrhoiden, Durchfall etc. In ähnlicher Weise werden die Frauen zu aufopferungsvoll sorgenden Müttern und Ehefrauen erzogen. Von geistig anspruchsvolleren Tätigkeiten hält man sie lieber fern. In den alten Kulturen und Stammesgesellschaften hat es diese Art von Isolierung nie gegeben. Die tiefe Bedeutung von Trennung und Einssein der Geschlechter wurde und wird dort besser begriffen als in den modernen, technisch hochentwickelten Gesellschaften.

In Mann und Frau sind die männlichen und die weiblichen Prinzipien zugegen, allerdings in unterschiedlichem «Mischungsverhältnis». Auch Angehörige desselben Geschlechts unterscheiden sich durch die jeweils individuelle Mischung dieser Prinzipien. In vielen Sprachen ist es durchaus üblich, von einem «femininen Mann» oder einer «maskulinen Frau» zu sprechen. Diese Ausdrücke dienen der Beschreibung von Menschen, bei denen die Mischung der beiden Prinzipien nach der einen oder anderen Seite hin die «normale» Grenze überschritten zu haben scheint. Damit dies noch klarer wird, will ich versuchen, es in Zahlen auszudrücken. Angenommen, die in einer bestimmten Gesellschaft als ideal geltende Frau sollte zu 80 Prozent «weibliche» und zu 20 Prozent «männliche» Anteile aufweisen. Dann würde man sie als «sehr weiblich» betrachten. Verschiebt sich nun der prozentuale Anteil der männlichen Züge hin zu etwa 35 Prozent, würde diese Frau wohl als «maskulin» eingestuft werden. Mit dem gleichen Zahlenbeispiel unter umgekehrten Vorzeichen könnten wir zur Definition des «femininen Mannes» kommen. Dazwischen gibt es natürlich unzählige mögliche Zusammensetzungen von männlichem und weiblichem Prinzip und entsprechend unterschiedliche Charaktere. Wenn wir von männlichen und weiblichen Prinzipien sprechen, dann bezeichnen wir damit eine Form von Energie oder eine Kraft und nichts Konkretes. Es sollte klar sein, daß bei unseren nur der Erläuterung dienenden Zahlenbeispielen nicht nur die äußerlichen weiblichen oder männlichen Charakteristika gemeint waren. Vielmehr handelt es sich um die den Geschlechtern ureigenen Eigenschaften und angeborenen Qualitäten, um die es in den nachfolgenden Sūtras gehen wird.

2. Beide, die weiblichen und die männlichen Prinzipien, haben drei Eigenschaften, und die jeweilige Mischung dieser drei Eigenschaften macht den charakteristischen Unterschied aus.

Die drei Eigenschaften, von denen hier die Rede ist, sind *sattva, rajas* und *tamas.* Sattva ist das Wahre, Schöne und Gute, ist Tugend und Gleichgewicht. Rajas ist Stärke, Antrieb und Tatkraft. Tamas ist Einschränkung von Bewegung. Sattva ist die Qualität des Lichts und der Erkenntnis, Rajas ist Bewegung und Aktivität, und Tamas ist dunkel und steht für Bewegungslosigkeit. Diese drei Eigenschaften sind wie die drei Seiten eines Dreiecks: Wenn sich die eine Seite verändert, wirkt sich das auf die beiden anderen aus. Sie sind aufeinander bezogen und beeinflussen sich gegenseitig.[1]

In den weiblichen Prinzipien ist mehr Sattva und Tamas enthalten und weniger Rajas. In den männlichen Prinzipien ist Rajas vorherrschend und weniger Sattva und Tamas vorhanden. In diesem Mischungsverhältnis der drei Eigenschaften liegt der Unterschied zwischen männlich und weiblich.

3. Der Unterschied im Mischungsverhältnis der drei Eigenschaften ist dafür verantwortlich, daß Männer und Frauen sich in ihrer ureigensten Natur voneinander unterscheiden.

Bei der Erklärung des ersten Sūtra wurde das unterschiedliche Mischungsverhältnis der männlichen und weiblichen Prinzipien in Männern und Frauen thematisiert. Das zweite Sūtra klärt uns über eine Besonderheit der männlichen und weiblichen Prinzipien auf, nämlich darüber, daß sie von der verschieden starken Ausprägung der drei Eigenschaften abhängen. In diesem Sūtra nun kommen wir zu dem Schluß, daß Männer und Frauen sich auf charakteristische Weise voneinander unterscheiden, weil das Mischungsverhältnis der drei Eigenschaften unterschiedlich ist.

Versuchen wir doch einmal, diesen Zusammenhang mit Hilfe des weiter oben gegebenen Zahlenbeispiels zu verdeutlichen. Nehmen wir an, das männliche Prinzip bestünde zu 50 Prozent aus Rajas und zu jeweils 25 Prozent aus Sattva und Tamas. Weiterhin, daß im weiblichen Prinzip Sattva und Tamas mit jeweils 40 Prozent vertreten sind und Rajas mit 20 Prozent. Eine Frau, die im Verhältnis von 20 zu 80 männliche und weibliche Prinzipien verkörpert, hätte dann 26 Prozent Rajas und jeweils 37 Prozent Sattva und Tamas. Ein Mann mit 80 Prozent männlichen und 20 Prozent weiblichen Prinzipien verfügte danach über 44 Prozent Rajas und 28 Prozent Tamas und Sattva. Entsprechend den Veränderungen im Verhältnis zwischen männlichen und weiblichen Prinzipien gibt es zahlreiche Kombinationsmöglichkeiten, die eine Erklärung für die Verschiedenartigkeit der Menschen hinsichtlich ihres sexuellen Verhaltens und ihrer Ausdrucksformen geben können. Wie bereits gesagt, sollen diese Zahlen nur zur Veranschaulichung des Dargelegten dienen. Sie sagen nichts über die tatsächlichen Verhältnisse aus.

Die angeborenen Geschlechtsmerkmale von Frauen und Männern ergeben sich aus der unterschiedlichen Mischung der drei Eigenschaften. Die männlichen Attribute haben mehr mit Aktivität, Handeln und Bewegung zu tun. Die weiblichen sind Stille, Spiritualität, Schöpfung und Erhaltung. Diese Charakteristika kann man bei Kindern sehr gut beobachten. Kleine Mädchen sind meistens friedlicher, ausgeglichener und ruhiger als kleine Buben, die herumspringen und ständig in Bewegung sind. Mädchen spielen häufig mit Puppen, versorgen sie und legen sie schlafen. Das mag, wie manche behaupten, durch eine den gesellschaftlichen Normen entsprechende Erziehung bedingt sein. Mir scheint diese Erklärung allerdings zu kurz zu greifen.

4. Mütterlichkeit ist ein der Frau angeborener Charakterzug – auch wenn sie keine Kinder hat.

Dieses Sūtra vertieft das vorige, indem es auf eines der hervorstechendsten weiblichen Merkmale hinweist. Die Leser erinnern sich, daß mit dem Wort «weiblich» nicht unbedingt «Frau» gemeint ist, da Weibliches wie Männliches sowohl in den Männern als auch in den Frauen vorhanden ist, wobei der Unterschied zwischen beiden Geschlechtern auf dem jeweiligen Mischungsverhältnis der beiden Prinzipien beruht. Ein weiterer wichtiger Faktor ist die Mannigfaltigkeit der femininen bzw. maskulinen Merkmale sowie ihre charakteristischen Ausdrucksformen. Eine besonders attraktiv aussehende Frau mag das weibliche Merkmal der Mütterlichkeit weniger deutlich signalisieren als eine, die nicht so anziehend wirkt.

Die natürliche Begabung zur Mütterlichkeit wird im allgemeinen ausschließlich den Frauen zugesprochen – aufgrund ihrer Fähigkeit, Leben zu schenken. Mütterlichkeit ist aber in unterschiedlichem Maße in jedem von uns vorhanden und bezeichnet die Fähigkeit, Schutz und Fürsorge zu gewähren, Zärtlichkeit und Zuneigung auszudrücken. Es ist eine Sattva zugeordnete Eigenschaft. Es ist die Eigenschaft von *karunā* oder Mitleid. Infolge der unterschiedlichen Mischung der drei Grundeigenschaften besitzen Frauen sie im Überfluß. Männer haben sie auch, aber weniger stark ausgeprägt. In manchen Gesellschaften wird diese Eigenschaft in den Männern unterdrückt, was oft zu geistigen und körperlichen Störungen führt.

Im Interesse der Gesundheit aller, Männer, Frauen und der Gesellschaft insgesamt, ist es daher wichtig, daß diese grundlegende menschliche Qualität sich frei entfalten kann. Wir besitzen diese Eigenschaft nicht nur, um Kinder großzuziehen, auch in der sexuellen Beziehung spielt sie eine nicht zu unterschätzende Rolle. Die Frau sollte dafür sorgen, daß diese Qualität auch bei den Männern um sie herum zum Ausdruck kommen kann. Sie darf nicht zulassen, daß ihren Söhnen in dieser Hinsicht falsche Werte und Normen vermittelt werden.

5. Der Schlüssel zur Befreiung der Frau oder der Überlegenheit des Mannes liegt nicht in der Verleugnung der Mütterlichkeit.

In manchen Gesellschaften wird eine strikte Rollentrennung zwischen Männern und Frauen vorgenommen, und es werden ihnen jeweils bestimmte Pflichten zugeordnet: Der Mann zieht hinaus ins feindliche Leben, die Frau bleibt brav zu Hause. Die Männer entfernen sich auf diese Weise innerlich von ihren Familien, während die Frauen ihres Hausfrauendaseins überdrüssig werden. Wenn Männer und Frauen ihre angeborenen Qualitäten längere Zeit verleugnen, gerät die Balance zwischen den drei fundamentalen Eigenschaften ins Wanken. Frauen beginnen dann, unter einem Überschuß an Tamas zu leiden, werden reizbar und neigen zu Depressionen oder Wutanfällen. Tamas ist auch der Grund dafür, daß sich in Teilen des Körpers zu viel *kapha* ansammelt, was ernsthafte Krankheiten zur Folge haben kann, weil der Fluß der Lebensenergie im Körper blockiert wird (Näheres dazu siehe Anhang 1). Die Männer dagegen leiden eher unter einem Übermaß an Rajas, wodurch die *Vāta*-Energie im Körper zerstört wird und Spannungszustände, Nervosität, Schlafstörungen usw. auftreten. Das Wohlbefinden von Männern und Frauen – und damit der Gesellschaft – hängt davon ab, daß es uns gelingt, ein Gleichgewicht herzustellen, bei dem unsere angeborenen Qualitäten nicht unterdrückt, sondern als Teil von uns betrachtet werden.

Dieses Sūtra spielt auf die in manchen Gesellschaften übliche Männerrolle einerseits und das als Reaktion darauf entstehende Aufbegehren der Frauen andererseits an. Wie wir bereits bemerkten, werden die Jungen dazu erzogen, hart und zäh zu sein und die Gefühle, die ihnen von Natur aus mitgegeben sind, zu unterdrücken («ein Mann weint nicht»). Dazu gehört auch die Leugnung des inneren Dranges nach Mütterlichkeit. Daraus entstehen viele Störungen und Blockaden des freien Flusses lebenspendender Energie und damit zuweilen kapha-bedingte Gesundheitsprobleme. Aber auch hier gilt, daß das Ausmaß der Störung davon abhängt, wie groß der Anteil des weiblichen Prinzips bei dem jeweiligen Mann ist.

Männer mit einem relativ hohen femininen Anteil leiden in Gesellschaften, in denen sie dem ständigen Druck ausgesetzt sind, «männlich» sein zu müssen, oft erheblich. Ihr Verhalten entspricht nicht dem, was für einen Mann als normal gilt. Sie versuchen häufig, entgegen ihrer Natur, die Erwartungen der Gesellschaft und besonders der Frauen zu erfüllen. Das bleibt nicht ohne negative Folgen für ihr Gefühlsleben und kann zu einer ganzen Reihe recht komplexer psychischer Probleme führen. Deshalb ist es wichtig, die unterschiedlich starken Anteile von Weiblichkeit bei Männern zu akzeptieren und jeden sich seiner Individualität entsprechend frei entfalten zu lassen. Die Frau sollte ihren Partner zu Tätigkeiten ermutigen, die seine Mütterlichkeit fordern. Sie sollte ihn auch an der Erziehung der Kinder beteiligen (auf diesen Punkt wird später noch ausführlicher eingegangen). Wichtig ist, daß sowohl Männer als auch Frauen sich nicht um Normen scheren, die der Trennung von Mann und Frau Vorschub leisten. Die Frauen sollten weise, verständnisvoll und geduldig darangehen, diese Mißlichkeit aus der Welt zu schaffen. Vor allem sollten sie ihre Kinder nicht entsprechend einem undifferenzierten Männlich-weiblich-Raster erziehen, sondern ihnen die Vielseitigkeit und Flexibilität menschlicher Existenz nahebringen.

Häufig leiden Frauen, weil sie nicht wissen, daß die männlichen und weiblichen Prinzipien sich in ihnen auf die unterschiedlichste Weise mischen können. Meistens werden sie in die Rolle der Mutter und Ehefrau gedrängt – zu Lasten ihrer anderen Bedürfnisse. Diese Zwänge haben in der jüngsten Vergangenheit zu heftigen Reaktionen und manchmal zu dem (Fehl-)Schluß geführt, die Befreiung der Frau hänge davon ab, die Fesseln der Mutterschaft abzustreifen. Irgendwie hat sich bei vielen Frauen der Gedanke festgesetzt, sie müßten, wenn sie frei sein wollten, werden wie die Männer. Sie versuchen, alle Eigenschaften zu unterdrücken, die bei den Männern nicht oder nur in abgeschwächter Form vorhanden sind. Anstatt danach zu trachten, die Männer flexibler und gefühlsbetonter zu machen, versuchen solche Frauen, selber hart und kompromißlos zu sein. Sie wollen keine Kinder und versagen sich den Luxus, zartbesaitet, teilnahmsvoll und emotional zu sein. Die Freiheit der Frau liegt aber nicht auf diesem Weg, sondern in der Entwicklung ihrer körperlichen, geistigen und spirituellen Stärke. Durch die Leugnung des ursprünglich sehr starken mütterlichen Zuges handelt die Frau gegen die Prinzipien ihrer Natur. Mit anderen Worten, sie handelt gegen sich selbst. Sie sollte besser ihren Mann und ihre Kinder mit ihren Qualitäten positiv beeinflussen und dazu beitragen, Gleichgewicht und Harmonie in der Gesellschaft und im Kosmos aufrechtzuerhalten, und nicht durch zusätzliche Spannung und Gereiztheit alle unglücklich machen: die Kinder, den Mann und sich selbst.

Freiheit und Befreiung der Frau liegen in der Entwicklung ihrer inneren Stärke und darin, Kindern und Männern mittels dieser Kraft zu helfen. Um die Wunden zu heilen, die der ewigen Mutter (das ist die Mutter Erde und das weibliche Prinzip) zugefügt worden sind, müssen wir mit den Männern zuammenarbeiten. Das weibliche Prinzip in den Männern hat auch gelitten durch die heftigen Reaktionen der Frauen in der jüngsten Vergangenheit. Wir dürfen auch die Kinder nicht vergessen, die in diesen Kampf zwischen Mann und Frau mit einbezogen sind und darunter leiden.

Da wir gerade von den Kindern sprechen, sollte noch auf einen äußerst widersinnigen Aspekt dieses Kampfes für die Freiheit der Frau hingewiesen werden. Manche Frauen streiten ihr Leben lang mit ihren Männern (Vater, Bruder, Ehemann usw.) um ihre Rechte und tun in dieser Sache nichts für ihre Söhne, die sie tatsächlich in der gewünschten Richtung beeinflussen könnten. Wie bereits erwähnt, hat die Frau als Mittelpunkt der Familie keine geringe Macht. Sie könnte diese Macht auf eine konstruktive Art und Weise nutzen, um die Gesellschaft zu verändern und eine harmonische Atmosphäre zu schaffen, in der alle frei sind.

6. Im gesamten Kosmos sind ein und dieselben Grundeigenschaften bestimmend, und ihr Mischungsverhältnis ändert sich ständig.

Wir haben bisher über die männlichen und weiblichen Prinzipien und ihr Hervorgehen aus den drei Grundeigenschaften der Natur gesprochen. Wir sollten nicht vergessen, daß das Universum sich als ein sich ununterbrochen veränderndes dynamisches Ganzes darstellt, in dem nichts statisch und alles aufeinander bezogen und miteinander verwoben ist. Dieser ständige Wechsel in der Erscheinungswelt ist durch die fortwährende Veränderung der drei Grundeigenschaften bedingt. Die Grundeigenschaften ändern sich infolge von Tätigkeit oder Karma. Das heißt, daß wir durch unser derzeitiges Karma (also durch das, was wir in diesem Leben tun) das Mischungsverhältnis dieser Grundeigenschaften verändern können. Es sollte klar sein, daß diese Eigenschaften allen Phänomenen zukommen. Was wir essen, wie wir leben, wie wir schlafen, wie wir uns verhalten: Alles hat einen Einfluß auf diese Eigenschaften. Wenn wir eine

Nahrung zu uns nehmen, die von einer der Eigenschaften dominiert wird, dann wird diese unser Denken beeinflussen und damit unser Tun bzw. unser Karma. Deshalb sollte ein Yoga-Schüler nur sattva-reiche Nahrung zu sich nehmen. Menschen, die weltliche Freuden und sinnliche Genüsse suchen, essen besser rajas-haltige Nahrung. Tamas-haltige Speisen wirken beruhigend und machen eher passiv. Ein weltoffener Mensch sollte, um Ausgeglichenheit und Harmonie zu fördern, Nahrung zu sich nehmen, die in ausgewogenem Maße alle drei Eigenschaften enthält. Diese drei verschiedenen Arten der Ernährung wirken auf die drei Humoren («Stimmungen» oder «Säfte») des Körpers (Sattva wirkt auf Piṭta, Rajas auf Vāta und Tamas auf Kapha).[2] Wenn wir unser sexuelles Leben harmonisch gestalten wollen, müssen wir lernen, mit den Grundeigenschaften der Natur in Harmonie zu leben.

Von den Veränderungen des Mischungsverhältnisses dieser Eigenschaften im Laufe des Lebens sind Frauen aufgrund physiologischer Gegebenheiten wie Menstruation, Schwangerschaft, Geburt und Wechseljahre in besonderem Maße betroffen. An dieser Stelle mag es genügen, darauf hinzuweisen, daß die Aufrechterhaltung der Harmonie zwischen den drei Eigenschaften geistige und körperliche Anstrengung erfordert.

7. Willenskraft und Besonnenheit sollten dafür eingesetzt werden, ein Gleichgewicht zwischen den drei Eigenschaften herzustellen.

Bei der Erklärung des vorangegangenen Sūtra wurde bereits betont, daß die menschlichen Handlungen die Grundeigenschaften (und ihr Verhältnis zueinander) beeinflussen. Für die Bewahrung von Frieden und Harmonie ist das Gleichgewicht zwischen den drei Eigenschaften ganz wesentlich. Dieses Sūtra empfiehlt uns, ein Karma zu erzeugen, das die Balance zwischen diesen Qualitäten herstellt und dadurch zu einem harmonischen Leben führt. Wenn man zum Beispiel eine tamas-dominierte Zeit durchlebt (wie die Tage vor der Menstruation), sollte man kräftige, leuchtende Farben tragen, um Dunkelheit und Trübsinn zu vertreiben, man sollte dann außerdem rajas-reiche Speisen zu sich nehmen und im übrigen seine Willenskraft üben. Wichtig ist, die Qualität der eigenen Handlungen und ihrer Wirkungen sorgfältig zu beobachten und sich dann für solche Handlungen zu entscheiden, die den Mangel der einen oder den Überschuß der anderen Eigenschaft ausgleichen. Dieser Gedanke wird im folgenden Sūtra noch deutlicher werden.

8. Für die kosmische Harmonie ist ganz wesentlich, daß Männer und Frauen ihr Einssein verwirklichen und nicht in getrennten Bereichen verharren.

Dieses Sūtra betont noch einmal, wie wichtig es ist, daß Männer und Frauen verstehen, daß sie die männlichen und die weiblichen Prinzipien auf unterschiedliche Weise in sich tragen und daß ihre Verschiedenheit aus den unterschiedlichen Mischungsverhältnissen dieser Eigenschaften resultiert. Jede Frau hat einen Mann in sich und jeder Mann eine Frau. Beide sind ineinander verwoben, sie ergänzen einander, und ihre Vereinigung führt zur Harmonie im Kosmos. Trennung und Abschottung dagegen haben einen Wertekonflikt zur Folge, verhindern das gemeinsame Tragen von Verantwortung und schaffen Autoritätsprobleme. Indem Frauen und Männer ihr Einssein begreifen, werden ihre Beziehungen flexibler und sie lernen, Geduld miteinander zu haben. Anstatt dem anderen bestimmte Bedürfnisse abzustreiten, sollten wir diese Bedürfnisse in uns selbst entdecken, um den andern besser zu verstehen.

Hier ein paar Beispiele, damit dieser Gedanke etwas anschaulicher wird. Nach der Geburt eines Kindes beschäftigt die Frau sich normalerweise sehr viel mit ihrem Baby. Auch wenn sie einem Beruf nachgeht, hat sie sich schon während der Schwangerschaft um Entwicklung und Wohlbefinden des Kleinen gekümmert. Daraus entsteht ein natürliches Gleichgewicht zwischen ihren beruflichen Aufgaben und ihrem Leben als Mutter. Der Vater dagegen fühlt sich nach der Geburt eines Kindes oft irgendwie beraubt und meint, er würde von seiner Frau nicht mehr genügend beachtet. Das liegt daran, daß er das Mütterliche in sich unterdrückt. Er bemüht sich nicht um eine Beziehung zu seinem Kind. Viele Männer glauben, daß diese Beziehung sich erst später, wenn das Kind zur Schule geht, entwickelt. Diese Vorstellung ist aber verkehrt. Die neunmonatige enge Verbindung vor der Geburt ist das ausschließliche Privileg der Mutter, aber gleich nach der Geburt sollten Fürsorge und Schutz Aufgabe beider Elternteile sein. Pflichten und Beziehungen sind zwei verschiedene Dinge. Wahrscheinlich gehört es zu den Pflichten des Vaters, für den materiellen Unterhalt zu sorgen. Aber indem er seine mütterlichen Gefühle zeigt, stellt er eine Beziehung zu seinem Kind her und schafft Abstand zu seiner dominanten Rajas-Eigenschaft. Auch wenn er müde ist, wird es ihm sogar eher Kraft verleihen, sich mit seinem Kind zu befassen, weil auf diese Weise seine verschiedenen Eigenschaften ins Gleichgewicht kommen. Die sexuelle Beziehung zur Mutter seines Kindes wird sich ebenfalls erneuern. Für die Frau kommt es darauf an, daß sie ihre Mutterschaft großzügig und verständnisvoll mit ihrem Partner teilt. Wenn sie besitzergreifend ist und denkt, sie sei die einzige, die für das Kind sorgen könne, wird sie nicht nur ihren Mann verärgern, sondern wahrscheinlich auch selbst darunter leiden. Sie wird sich allzusehr auf das Baby einlassen und sich von ihrem Partner entfernen. Unfrieden ist dann fast immer die Folge.

Das Kochen ist ein anderes gutes Beispiel zur Verdeutlichung der gegenseitigen Abschottung von Frauen und Männern. Frauen sollten ihre Männer von dieser Tätigkeit nicht ausschließen.

Manche Frauen werfen ihren Männern vor, sich an der Essensvorbereitung und anderen Aufgaben im Haushalt nicht zu beteiligen. Tatsächlich gibt es aber auch viele Frauen, die an den traditionellen Rollenbildern festhalten und die Küche als ihren Herrschaftsbereich betrachten. Sie fühlen sich bedroht und verunsichert, wenn die Männer ihr Territorium betreten. Doch die wechselseitigen Vorurteile in dieser Hinsicht lassen sich nicht von heute auf morgen abbauen. Da wird noch so einige Erziehungsarbeit – am besten gleich in jungen Jahren – nötig sein. Denn manchem Mann mag es schwerfallen, sich plötzlich als Partner einer «befreiten» Frau zu bewähren, wenn er selbst eine ganz in Haushalt und Familie aufgehende Frau zur Mutter hatte.

Es gibt gewisse Formen der Arbeitsteilung zwischen Mann und Frau, die vor hundert Jahren vielleicht sinnvoll waren, die aber in unseren modernen, technologisch fortgeschrittenen Gesellschaften keine Bedeutung mehr haben (sollten). So verfügte man früher über weniger technische Hilfsmittel, und einen guten Haushalt zu führen erforderte «die ganze Frau». In unserer Zeit der Maschinen und effizienten Kommunikationssysteme haben aber Arbeit und Zeit einen anderen Stellenwert bekommen. Der technischen Entwicklung, die sich hier vollzogen hat, hinkt die Entwicklung im mentalen Bereich allerdings oft noch beträchtlich nach. Wenn eine Frau heute in die Rolle der Nur-Hausfrau gezwungen wird, dann oft nur aufgrund männlicher Bequemlichkeit – und mit der Konsequenz psychischer oder körperlicher Leiden. Eine frustrierte Ehefrau jedoch, die ihren Pflichten nur noch widerwillig nachkommt, treibt Mann und Kinder aus dem Haus. Aufgrund der wachsenden wirtschaftlichen Unabhängigkeit der Frauen hat auch die Ehe als Versorgungseinrichtung ausgedient – die hohe Scheidungsrate in allen Industrieländern ist ein Indiz dafür. Auch früher waren die Ehen keineswegs immer glücklich, aber aufgrund der wirtschaftlichen Zwänge blieben die Paare eben zusammen – sie waren ganz einfach aufeinander angewiesen. Kein Wunder also, daß auch heutzutage nur in den reichen, technisch weit fortgeschrittenen Gesellschaften die Scheidungsrate so hoch liegt. Mann und Frau bleiben nur noch beieinander, wenn sie wollen, denn fürs reine Überleben müssen sie es nicht mehr.

Mit diesem Wandel der Bedürfnisse müssen sich auch die Bedingungen der Mann-Frau-Beziehung ändern, die Aufgaben von Mann und Frau neu definiert und überkommene Vorstellungen revidiert werden. Das kann nur gelingen, wenn sich beide, Männer wie Frauen, auf allen Ebenen beständig darum bemühen. Gesellschaftliche Veränderungen sind eine langfristige und mühsame Sache. Nur wenn wir die Probleme wirklich verstehen und ihren universellen Zusammenhang begreifen, werden wir in der Lage sein, zwischen Männern und Frauen Harmonie herzustellen und unsere Verbindung zum Kosmos zu entdecken.

9. Wenn der Mann seine Dominanz zu sehr betont, überwiegt Rajas. Dadurch entfernt er sich von Frau und Kindern, was wiederum zu Kummer und Krankheit führen kann, weil das humorale Gleichgewicht gestört ist.

Manche Männer gehen völlig in ihrem Beruf auf: Sie sind davon überzeugt, daß sie ihre Rolle als Mann nur dann optimal erfüllen, wenn sie Erfolg haben und viel Geld nach Hause bringen. Aus dem Bedürfnis heraus «voranzukommen» kümmern sie sich nur noch um ihre Arbeit, sind ständig unterwegs und stehen immer unter Dampf: Ihr Rajas-Pegel ist bedenklich hoch. Solche Menschen haben keine Zeit, sich mal hinzusetzen und zu entspannen, mit ihren Kindern zu spielen oder einfach ein paar ruhige Augenblicke zu genießen. Übermäßiges Rajas kann zu Schlaflosigkeit führen, zu Ruhelosigkeit, nervösen Störungen und extremen Spannungszuständen. Außerdem entfremdet ein derart umtriebiger Mann sich seiner Familie, weil er kaum mehr zu Hause ist. Mit anderen Worten: Er unterdrückt die Frau in sich und läßt es zu einem Ungleichgewicht in seinem Leben kommen, was schädliche Folgen hat für Leib und Seele. Deshalb sollte ein Mann auf jeden Fall darauf achten und bewußt dafür sorgen, nicht zuviel Rajas zu produzieren. Er sollte lernen, Zeit zu finden für seine Kinder und seine Freunde, für eine ruhige Stunde zu Hause, für einen entspannenden Konzertbesuch oder ein interessantes Buch. Es ist auch wichtig, daß er regelmäßig (täglich) Atem- und Konzentrationsübungen macht.

10. Für die Frau gilt das gleiche mit umgekehrten Vorzeichen.

Frauen haben mehr Tamas und Sattva und weniger Rajas. Tamas ist die Eigenschaft, die uns häuslich sein läßt. Die Verbindung von Rajas und Tamas erzeugt das Bedürfnis, eine Familie zu haben. Sattva fördert Eigenschaften wie Güte, Großzügigkeit, Mitleid, Freundlichkeit, Frömmigkeit und die Suche nach innerem Frieden und Stille. Weil Sattva in den Frauen überwiegt, findet man in Yoga-Meditationsgruppen und in anderen spirituellen Kursen relativ viele Frauen. In Indien ist es auch weitgehend den Frauen zu verdanken, daß die alten Traditionen bis heute überlebt haben. Um ihre eigene innere Harmonie sicherzustellen, muß die Frau sich bemühen, die drei Grundeigenschaften im Gleichgewicht zu halten. Manche Frauen lassen sich allzusehr von spirituellen Interessen vereinnahmen und vernachlässigen den materiellen Teil des Lebens. Andere wiederum verstärken ihr Tamas, indem sie zu viel zu Hause bleiben und zu viel schlafen. Das kann zu Trägheit führen, kann Depressionen oder andere kapha-bedingte Störungen hervorrufen. Vor allem Frauen, die nicht berufstätig sind, müssen sich davor in acht nehmen, daß das in ihnen sowieso schon unterrepräsentierte Rajas nicht ganz verkümmert. Gerade die Nichtberufstätigen sollten sich aktiv am gesellschaftlichen Leben beteiligen und vielleicht eine ehrenamtliche Aufgabe übernehmen, um auf diese Weise Körper und Geist in Schwung zu halten. Allerdings sollte man die Aushäusigkeit auch nicht übertreiben, sonst sammelt sich zuviel Rajas an und schafft ein Ungleichgewicht – mit dem gleichen Resultat, wie es im vorangegangenen Sūtra für die Männer beschrieben wurde. Ziel allen Denkens und Handelns sollte daher stets sein, die drei Grundeigenschaften ins Gleichgewicht zu bringen. Extreme Reaktionen sollten vermieden werden.

11. Voraussetzung für sexuelle Erfüllung und wahre Partnerschaft zwischen Mann und Frau sind die freie Äußerung der eigenen Qualitäten sowie das Verständnis für die Qualitäten des anderen.

Es wurde bereits ausführlich dargelegt, inwiefern sich die typisch männlichen und typisch weiblichen Eigenschaften unterscheiden bzw. ähneln, je nachdem, in welchem Mischungsverhältnis sie vorhanden sind. In diesem Sūtra geht es darum, daß Frauen und Männer ihre natürlichen Qualitäten frei ausdrücken und einander hinsichtlich ihrer jeweiligen Verschiedenheit bzw. Ähnlichkeit Verständnis entgegenbringen sollten. Eine Frau sollte beispielsweise nicht immer und überall dominieren wollen, sondern dem Mann die Chance geben, seine Rajas-Qualitäten zu entfalten – zum Beispiel im Sport oder durch andere Aktivitäten. Frauen sollten verständnisvoll und großmütig genug sein, um ihren Männern in der einen oder anderen Form die Äußerung ihres Rajas zu ermöglichen. Wo diese Eigenschaft aber überhand nimmt, muß die Frau auf behutsame Weise versuchen, sie zu dämpfen, indem sie den Mann vielleicht mehr ins familiäre Leben einbindet. Der Mann wiederum sollte ihre häuslichen Bedürfnisse begreifen und akzeptieren. Frauen haben in der Regel sowieso weniger Rajas, und der Mann sollte diese Eigenschaft in ihr nicht unterdrücken, sondern sie vielmehr darin bestärken, an Aktivitäten außerhalb des Hauses teilzunehmen. Wenn Rajas in der Frau unterdrückt wird, wächst Tamas und führt zu Ängsten, Depressionen und manchmal auch zu Wutausbrüchen. Er muß auch verstehen, daß in ihr die Eigenschaft der Mütterlichkeit stärker ausgeprägt ist, und darf sich nicht darüber ärgern, wenn sie mit den Kindern nachsichtig ist. Nur gegenseitiges Verständnis, Geduld und Großmut lassen Männer und Frauen in Harmonie miteinander leben.

Damit endet Kapitel II des Kamasutra für Frauen, in dem die männlichen und weiblichen Prinzipien beschrieben wurden sowie die drei Grundeigenschaften, aus denen sie hervorgehen.

# III Menstruation, Menopause und Sexualität

*Bronze wird mit Säure gereinigt, der Strom reinigt sich durch seinen eigenen kraftvollen Fluß und die Frau durch die Monatsblutung.*

Chānakyā

1. Frauen sollten den Vorgang der Menstruation und deren Ursachen organisch genau verstehen, damit sie sich selbst besser verstehen und ihr Leben besser in den Griff kriegen.

Frauen erreichen die Geschlechtsreife im Alter zwischen zwölf und vierzehn Jahren, was sich bemerkbar macht durch die jeweils drei bis fünf Tage dauernde Monatsblutung, eine Folge der Abstoßung der Gebärmutterschleimhaut. Im unteren Teil des Unterleibs befinden sich zwei Eierstöcke, die ungefähr 2,5 bis 5 Zentimeter lang, 1,5 bis 3 Zentimeter breit und 0,6 bis 1,5 Zentimeter dick sind. Beide Eierstöcke sind durch den Eileiter, eine etwa 15 Zentimeter lange, dem Eitransport dienende Röhre mit dem Uterus – der Gebärmutter – verbunden. Der Uterus ist ein birnenförmiges Organ, das innen hohl und außen von einem dicken Muskelring umgeben ist. Im nichtschwangeren Zustand ist der Uterus ungefähr 6,5 Zentimeter lang, 3,5 Zentimeter breit und 2,5 Zentimeter dick. In der Höhlung des Uterus findet das befruchtete Ei Schutz. Es verpflanzt sich selbst in die Uteruswand und wächst zu einem Embryo heran. Wir gehen im Moment aber nicht weiter auf das Wachstum des Embryos ein, weil wir uns zunächst mit der Menstruation beschäftigen wollen.

Die innere Schicht der Uteruswand heißt Endometrium – die Schleimhaut des Gebärmutterkörpers. Das Endometrium bereitet sich jeden Monat darauf vor, ein befruchtetes Ei zu empfangen. Seine Zellen vermehren sich und bilden ein weiches Lager, aber wenn das Ei nicht befruchtet wird, werden diese Zellen am Ende des vierwöchigen Zyklus wieder abgestoßen. Die zyklischen Veränderungen im Endometrium finden statt, weil an verschiedenen Stellen im Körper die beiden Hormone Östrogen und Progesteron ausgeschüttet werden. Der Vorgang läßt sich in zwei Phasen unterteilen. Nach der Monatsblutung kommt zunächst eine fruchtbare Phase zwischen dem 5. und dem 14. Tag. Sie steht unter dem Einfluß des Östrogens. Während dieser Zeit schwillt die Gebärmutterschleimhaut um 1 bis 5 Millimeter. Danach erfolgt die Verbindung von Östrogen und Progesteron, wodurch das Endometrium noch einmal 3 bis 8 Millimeter zulegt. Vom 15. bis zum 28. Tag schließlich kommt es zur Ausscheidungsphase. Sie heißt so, weil sich in dieser Zeit Glykogen bildet und ausgeschieden wird (im Glykogen speichert die Zelle ihren Zucker). All dies gehört zur Vorbereitung der Verpflanzung des befruchteten Eies. Im letzten Abschnitt der Ausscheidungsphase lockern sich die Zellen des Endometriums mehr und mehr, weil sich dort viel von außerhalb der Zellen kommende Flüssigkeit und Schleim ansammeln. Die Zellen sind während dieser letzten Phase vollgesaugt mit Wasser. Schließlich ziehen die Arterien sich zusammen, wodurch der Fluß des Blutes gebremst wird. Dadurch bildet sich ein Teil der Gebärmutterschleimhaut zurück. Die zusammengezogenen Arterien brechen, es kommt zu einer Art Blutsturz und ein Teil der Zellwand des Endometriums wird abgestoßen. Von dem anderen Teil geht der Prozeß der Regeneration aus, und der nächste Zyklus beginnt.[1]

Soweit die kurze Beschreibung von Ursachen und Ablauf der Menstruation. Es ist wichtig zu wissen, daß es sich bei den Vorgängen, die sich in der Gebärmutter abspielen, nicht nur um irgendwelche lokalen physiologischen Prozesse handelt, denn ihre Auslöser, die Hormone, werden an anderer Stelle im Körper ausgeschüttet und deren verändernde Wirkung erstreckt sich auf sämtliche Körperfunktionen. Im Laufe eines jeden Zyklus verändern sich die körperlichen Humore. Man muß sich deshalb ausdrücklich darum bemühen, einen harmonischen inneren Zustand aufrechtzuerhalten, um gesund und sexuell leistungsfähig zu bleiben. Damit wollen wir uns im folgenden näher beschäftigen.

2. Im Laufe eines Zyklus unterliegt die Frau einem ständigen physischen und mentalen Wandel; deshalb sollte sie alles daransetzen, ihr inneres Gleichgewicht zu erlangen und aufrechtzuerhalten.

Der Menstruationszyklus übt einen großen Einfluß auf das Leben einer Frau aus. In den verschiedenen Phasen des Zyklus hat sie unterschiedliche Empfindungen, und dieses emotionale Wechselbad beeinflußt ihren gesamten Lebensrhythmus. Sie muß lernen, in Harmonie mit diesem immer wiederkehrenden Wandel zu leben, damit sie gesund bleibt und ihre Sexualität optimal entfalten kann. Die verschiedenen Phasen des Zyklus werden von verschiedenen Humoren beherrscht, und es ist wichtig, diese gut zu verstehen und stets für ein sogenanntes humorales Gleichgewicht zu sorgen.

Bei der Erklärung des vorangegangenen Sūtra haben wir bereits zwei wesentliche Phasen der physiologischen Veränderungen kennengelernt. Dabei ist das Ende der Ausscheidungsphase durch degenerative Veränderungen gekennzeichnet und unterscheidet sich daher vom vorangegangenen Abschnitt der Ausscheidungsphase. Wir können den Menstruationszyklus also in drei Hauptkategorien unterteilen. In Anwendung der āyurvedischen Prinzipien können wir sagen, daß die erste Zeit nach der Menstruation leicht vāta-dominiert ist. Die Frauen fühlen sich beschwingt und sind emotional und körperlich ausdrucksstärker und aktiver. Im Laufe der zweiten Woche beginnt Pitta zu dominieren, und nach 15 Tagen hat Pitta die Herrschaft übernommen. Dieser Zustand dauert eine Woche oder etwas länger. Die Frau verfügt in dieser Zeit über besonders viel Kraft und Energie. In der dritten Woche geht der Einfluß von Pitta langsam zurück, und Kapha wird stärker. In der vierten Woche oder ein paar Tage vor der Menstruation dominiert Kapha, was zu übermäßigem Schlafbedürfnis und zu Depressionen führen kann. In der Zeit unmittelbar vor bzw. während der Menstruation werden die drei Humore in unterschiedlichem Maße beeinträchtigt, so daß die Frauen unter Unwohlsein und allen möglichen kleineren Gesundheitsstörungen leiden. Nach der Menstruation und der damit verbundenen physischen Entlastung sind sie auch davon wieder frei.

Fragen wir nun, inwieweit diese Klassifizierung, vom Standpunkt des Āyurveda aus gesehen, gerechtfertigt ist. Wenn Sie Anhang 1 gründlich studiert haben oder sonst Kenntnisse des Āyurveda haben, dann wissen Sie, daß Vāta von den Elementen Äther und Luft abgeleitet ist und ebenso wie diese Elemente hell, fein, beweglich, kalt, rauh und durchdringend ist. Wenn die Gebärmutterschleimhaut abgestoßen ist, fühlt die Frau sich nicht nur deshalb leichter, weil sie einige Zellen losgeworden ist, sondern es ist ein Prozeß, der den gesamten Körper und den Geist betrifft. Es ist wie bei jedem anderen Wandlungszyklus in der Natur ein Prozeß, der einen Anfang hat, fortschreitet, einen Höhepunkt erreicht und einen Abschluß findet. Alles fängt wieder von vorne an mit dem Beginn des neuen Zyklus. Deshalb fühlt die Frau sich erleichtert, heller, aktiver und voller Enthusiasmus. In dieser Zeit kann sie den sexuellen Verkehr auch länger ausdehnen als gegen Ende des Zyklus. In der zweiten Woche wird Pitta stärker, das für die Ausschüttung und den Transport der Hormone zuständig ist. Sie erinnern sich, daß Pitta vom Feuer stammt und abgesehen von einigen anderen Aufgaben für die sexuelle Kraft verantwortlich ist. Im Prinzip ist diese Zeit die sexuell erfüllteste für eine Frau. Doch hängt das natürlich von der individuellen Verfassung der Betreffenden und ihrem allgemeinen Gesundheitszustand ab sowie vor allem davon, inwieweit die Humore im Gleichgewicht sind.

In der dritten Woche schwächt sich die Vorherrschaft von Pitta langsam wieder ab, und Kapha gewinnt, dank des intensiven Regenerationsprozesses im Endometrium, die Oberhand. Sie erinnern sich vielleicht, daß Kapha die Funktion hat, die festen Strukturen des Körpers zu bilden. In der letzten Woche des Zyklus dominiert Kapha, und das Endometrium zieht Wasser – sind doch die Ursprungselemente von Kapha Erde und Wasser. Die Phase vor der Menstruation ist auch dadurch gekennzeichnet, daß der Körper Wasser speichert. Zuviel Kapha fördert pessimistische Gedanken, Depressionen und Schlafbedürfnis. Die Frau ist in dieser Zeit oft sexuell weniger aktiv, das heißt sowohl weniger ausdauernd als auch weniger kraftvoll. Die Phase unmittelbar vor und während der Menstruation ist meist eine störanfällige Zeit. Die Humore sind unausgeglichen, weil die Zellen des Endometriums im Ungleichgewicht sind und die Arterien aufgrund der Blutung sich zusammenziehen und schließlich reißen. Auch die Vāta-Kräfte werden durch einen Überschuß an Kapha geschwächt, weil sie nicht mehr fließen können, was eventuell trockene Haut, Bauchschmerzen, Verstopfung, Nervosität, Schlafstörungen oder sonstige vāta-bezogene Unordnungen zur Folge haben kann. Der Blutverlust während der Menstruation kann Schwäche und Müdigkeit hervorruft und die Humore noch mehr beeinträchtigen. Aufgrund der Kapha-Dominanz kann Pitta allzusehr unterdrückt werden (Wasser und Erde können Feuer löschen), und es mag demzufolge zu Verdauungsstörungen kommen. Aufgrund der unausgeglichenen Humore kurz vor der Menstruation sind Vitalität und Immunabwehrsystem *(ojas)* der Frau geschwächt; sie ist daher anfälliger für die verschiedensten Infektionskrankheiten. Wenn Sie sich selbst genau beobachten, werden Sie feststellen, wie empfindlich Sie in dieser Zeit sind, und sich erinnern, in diesen Tagen immer mal wieder von einer kleineren Krankheit heimgesucht worden zu sein. Auch chronische Krankheiten können in dieser Zeit deutlicher in Erscheinung treten.

Wir wissen nun, daß die Humore einer Frau einem ständigen Wandel unterworfen sind, der aber natürlich individuell unterschiedlich abläuft. Es ist klar, daß die zyklischen Veränderungen dem jeweils dominierenden Humor entsprechen. Grundsätzlich sollten wir alle (Männer, Frauen und Kinder) versuchen, so gut wie möglich ein humorales Gleichgewicht herzustellen, indem wir unserer Zeit, unserer Umgebung und unserer Konstitution entsprechend leben. Diesen zusätzlich zum Menstruationszyklus zu bedenkenden Faktor sollte die Frau, solange sie im gebärfähigen Alter ist, nie außer acht lassen. Wenn Sie zum Beispiel eine vāta-beherrschte Person sind, dann sollten Sie während der Vāta-Phase der Menstruation versuchen, alles zu vermeiden, was die Vāta-Kräfte verstärkt. Entsprechendes gilt für kapha-dominierte Menschen, die während der vormenstrualen Phase oft besonders leiden, zum Beispiel unter Verdauungsstörungen und Depressionen. Pitta-beherrschte Menschen haben in der zweiten und dritten Woche häufig Probleme mit der Verdauung, die von der Leber oder vom Magen herrühren können. Man sollte diesen Problemen durch richtige Ernährung und andere wirksame Maßnahmen begegnen.[2]

Wassereinlagerung im Gewebe ist ein Problem, das alle Frauen betrifft. Gebratenes, zuviel Salz und überhaupt alles, was durstig macht, sollten in den Tagen vor der Menstruation oder sogar zwei Wochen lang vorher vermieden werden – je nachdem, wie groß das individuelle Problem damit ist. In dieser Zeit sollte man leichte Speisen, vorwiegend Früchte, Gemüse und saftige Dinge bevorzugen. So ist zum Beispiel eine Mahlzeit, die aus Suppe, Salat und Früchten besteht, besser als ein Rindersteak oder ein Schweinebraten mit Pommes frites und Kuchen. In dieser Zeit sollten Sie viel Mineralwasser und frische Fruchtsäfte trinken.

Damit während der zyklischen Veränderungen das psychophysische Gleichgewicht aufrechterhalten bleibt, müssen die Hormone rechtzeitig und in der richtigen Menge ausgeschüttet werden. Um die inneren Organe entsprechend anzuregen, empfehle ich Yoga-Übungen. Zuwenig körperliche Bewegung ist für eine Reihe von Problemen in dieser Richtung verantwortlich. Der Uterus ist der Ursprungsort der Monatsblutung – ein sensibler Teil des weiblichen Organismus also; deshalb sollte die Frau von Zeit zu Zeit etwas für seine Regeneration tun (siehe Anhang 2 und 3). Verstopfung sollte, besonders in der Phase vor der Menstruation, um jeden Preis verhindert werden. Gleich beim ersten Anzeichen sollte man Gegenmaßnahmen ergreifen – zum Beispiel gleich nach dem Aufstehen am Morgen einen halben Liter warmes Wasser trinken oder einen Einlauf mit dem warmen Absud aus vāta-senkenden Pflanzen machen. Ein Klistier in der vormenstrualen Phase ist äußerst empfehlenswert, zumal es Menstruationsschmerzen lindert.

3. Das sexuelle Begehren, sein Ausdruck und seine Stärke verändern sich im Laufe der verschiedenen Zyklusphasen entsprechend den Veränderungen der Humore.

Aus den Erläuterungen des vorangegangenen Sūtra geht klar hervor, daß das sexuelle Verhalten der Frau sich während des Zyklus verändert. Unmittelbar vor der Menstruation fühlt sie sich schwer, leidet vielleicht unter Verstopfung oder hartem Stuhl. Sie ist weniger aktiv, ermüdet rascher und hat gemeinhin weniger Lust auf Sex. Wenn sie diesen Problemen jedoch mit den angemessenen Mitteln begegnet – mit Yoga-Übungen, erhöhter Flüssigkeitsaufnahme, Einläufen –, wird das sexuelle Begehren auch in dieser Phase angeregt. Nach der Menstruation ist die Frau aktiv und ausdauernder beim sexuellen Verkehr. Frauen, die heftig bluten und starke Schmerzen haben, fühlen sich direkt nach der Menstruation meist schwach und brauchen etwa eine Woche, bevor das sexuelle Verlangen wiedererwacht. In der zweiten Woche nach der Menstruation, wenn auch Pitta langsam wieder zunimmt, sind die Frauen im allgemeinen in ihrer besten Form. Das ist auch die Zeit der Empfängnisbereitschaft (in āyurvedischen Texten *ritukala* genannt). Je nach Alter und individuellen Gegebenheiten ist diese Phase kürzer oder länger. In der dritten Woche, wenn Kapha wieder stärker wird, sind zwar die sexuellen Sekrete im Überfluß vorhanden, aber die sexuelle Aktivität kann trotzdem erlahmen. Diese Faktoren hängen allerdings vom Gesundheitszustand der Frau ab und davon, ob sie Probleme hat mit der Hormonausschüttung.

Diese Beschreibung des sexuellen Verlangens, seiner Kraft und Ausdauer, bedeutet nicht, daß das sexuelle Empfinden und Verhalten während dieser Phasen nach einem starren Schema abläuft. Es kommt immer darauf an, wie flexibel der einzelne bzw. beide Partner sind und wie intensiv sie sich umeinander bemühen.

4. Alle zyklischen Veränderungen sollten vom Partner gut verstanden werden, und beide sollten in der jeweiligen Situation sensibel reagieren.

Dieses Sūtra vertieft das vorige und fügt hinzu, daß der Mann das sexuelle Verhalten seiner Partnerin wirklich verstehen sollte, damit er jeweils adäquat reagieren, das heißt sein sexuelles Verhalten den zyklischen Veränderungen, die in ihr vorgehen, anpassen kann. Die Frau sollte alles tun, um ihre Humore im Gleichgewicht zu halten, damit ihr sexuelles Verlangen in der vormenstrualen Phase nicht vollständig zum Erliegen kommt. Der Mann, der mit seiner Frau in der Zeit, in der ihre sexuelle Energie schwächer ist, schlafen will, sollte seine Wünsche nicht zu fordernd äußern. Die latente sexuelle Energie kann auch in dieser Phase geweckt werden, aber dafür braucht es ein wenig Fingerspitzengefühl von seiten des Mannes und ein wenig Entgegenkommen von seiten der Frau. In der vormenstrualen, eher inaktiven Phase der Frau sollte der Mann sich ihr behutsam nähern, mit zärtlichen Worten oder ein paar Streicheleinheiten. Er sollte nichts abrupt oder plötzlich tun, damit sie nicht gleich auf Distanz geht.

5. Man sagt, während der Menstruation müsse der Koitus vermieden werden; wichtig sind Behutsamkeit und die Berücksichtigung der individuellen Verfassung.

In vielen alten Texten wird vom Koitus während der Menstruation abgeraten. Das ist einerseits vernünftig, weil die Vagina in dieser Zeit aufgrund der Blutungen sehr empfindlich ist. Außerdem ist, wie weiter oben bereits gesagt, die Immunabwehr vor und während der Menstruation geschwächt. Doch auch hier gibt es individuelle Unterschiede, und Frauen, die eine robuste Gesundheit und starke Antriebskräfte *(ojas)* besitzen, haben manchmal gerade während der Menstruation ein intensives Bedürfnis nach Geschlechtsverkehr. Frauen, die ausdrucksstark und extrovertiert sind, fröhlich und freundlich, gesund und in einer Pitta-Verfassung, die ihre Mahlzeiten wirklich zu genießen wissen, gut beobachten und stets intelligent, wißbegierig und lernwillig auf neue Erfahrungen und Menschen zugehen, haben oft auch während der Menstruation Lust auf Geschlechtsverkehr. Sie sollten beim Koitus allerdings zurückhaltend sein und anstrengende Positionen vermeiden. Außerdem sollten sie in ihren Bewegungen nicht allzu heftig sein, denn der Gebärmuttermund und die Vagina sind während dieser Zeit besonders empfindlich.

Beim Koitus während der Menstruation kommt der Blutfluß zwischenzeitlich zum Stocken, und die Vagina produziert ihr übliches schleimiges Sekret. Wenn die Frau zum Orgasmus kommt und das sexuelle Beisammensein genießt, entspannen sich die Arterien und das Blut kann wieder fließen. Wenn sie den sexuellen Akt allerdings irgendwie widerwillig vollzieht und sich dabei nicht wohl fühlt, dann ist es durchaus möglich, daß die Blutung danach nicht wieder einsetzt. Das hat langfristig schädliche Auswirkungen auf ihre Gesundheit. Frauen sollten niemals gegen ihren Willen Geschlechtsverkehr haben, erst recht nicht während der Menstruation. Sie sollten sich auch nie selbst dazu zwingen – etwa ihrem Partner zuliebe. Machen Sie sich nicht zur Märtyrerin, die späteren gesundheitlichen Folgen können gravierend sein.

6. Frauen sollten menstruationsbedingte gesundheitliche Störungen selbst beheben, indem sie ihre Probleme genauestens analysieren und alles tun, um sich davon zu befreien.

Viele Frauen haben Menstruationsprobleme. Manchmal ist dies auf pure Unwissenheit zurückzuführen, das heißt, sie haben keine Ahnung, daß eine ganze Reihe dieser Schwierigkeiten mit dem Menstruationszyklus und den Hormonen, die den ganzen Körper beeinflussen, zusammenhängt. Wenn man sich nicht um das humorale Gleichgewicht bemüht und wenn das Gleichgewicht zwischen Körper und Geist nicht durch die passenden Übungen, die richtige Ernährung und andere Maßnahmen aufrechterhalten bzw. hergestellt wird, dann ist allen endogenen Störungen Tür und Tor geöffnet. Endogen nennt man sie, weil sie eine Folge mangelnder innerer Harmonie sind und sich nicht auf äußere Ursachen zurückführen lassen. Man muß die Veränderungen im eigenen Körper und die kleinen Probleme, unter denen man leidet, sorgfältig beobachten und sie mit den oben beschriebenen zyklischen Veränderungen in Verbindung bringen. Sie sollten über Ihre zyklusbedingten Probleme mit einem

Arzt Ihres Vertrauens sprechen, der Ihnen gewiß einen Rat geben kann. Viele dieser Probleme können Sie selber beheben, indem Sie in Harmonie mit sich selbst – mit Ihrer physischen und psychischen Konstitution – und Ihrer Umwelt leben. Denken Sie daran, daß Sie immer etwas mehr als die Männer auf Ihre «individuelle» Zeit achten müssen, weil Ihr Körper und Ihr Geist im Rahmen des Zyklus ständigen Veränderungen unterworfen sind. Über die Möglichkeiten, Menstruationsbeschwerden zu beheben, habe ich mich bereits in einem früheren Buch geäußert (siehe Anmerkung 2). Ich möchte hier nur noch einmal betonen, daß die Grundübel falsche Ernährung und zu wenig Bewegung sind. Notwendige Übungen werden nicht gemacht und Probleme wie Verstopfung und Verdauungsstörungen nicht beachtet. Während der Mahlzeiten wird der Bauch mit zu viel Hartem und Flüssigem vollgestopft, die zyklischen Veränderungen werden einfach ignoriert, und es fehlt an der während dieser Tage so nötigen Ruhe.

Um keine Mißverständnisse aufkommen zu lassen: Wenn ich von Ruhe spreche, denke ich natürlich nicht an eine Bettruhe während der Menstruation. Sie sollten aber während der drei bis vier oder auch mehr Tage, wenn Sie sich müde oder schwach fühlen, Ihr Tempo etwas drosseln. Sie sollten ausreichend schlafen und abends nicht zu lange aufbleiben. Hektik, Nervosität und Streß schaden Ihnen und wirkten sich negativ auf Ihren Zyklus aus. Das kann zu hormonell bedingten Kopfschmerzen führen. Viele Frauen leiden auch unter Migräne, die häufig mit der Menstruation zusammenhängt. Sie sollten Atem- und Yoga-Übungen lernen, um Körper und Geist zu entspannen und ruhig werden zu lassen. Berufstätige Frauen mit Kindern sind nicht selten im Dauerstreß und leiden unter verschiedenen menstruationsbedingten Krankheiten. Sie haben keine Zeit, diesen Empfehlungen zu folgen. Sie geraten in einen Teufelskreis, wo ein Problem das nächste verursacht, und ihr sexuelles Leben leidet darunter. Es kommt zu Spannungen innerhalb der Familie und manchmal sogar zur Scheidung. Die Frau sollte deshalb weitsichtig genug sein, diesen Zustand der Erschöpfung gar nicht erst eintreten zu lassen, und so selbstbewußt, daß sie die Haushalts- und Erziehungspflichten von Anfang an mit ihrem Partner teilt.

Bei einer Mahlzeit sollte man seinen Magen nicht mehr als zu Dreiviertel füllen – wobei es nicht um die Anzahl der Kalorien, sondern nur um die schiere Menge an Essen und Trinken geht. Auch mit Reis und Wasser kann man seinen Magen überfüllen. Wenn der Magen zu voll ist, dann ist da kein Platz mehr für die drei Humore, die bei Nahrungsaufnahme und Verdauung helfen. Ein überfüllter Magen verdrängt die Humore und schwächt ihre Wirkung, was zu allerlei Störungen im Körper führt. Eine Frau, die mit der Verdauung bereits gewisse zyklusbedingte Probleme hat, wird auf diese Weise noch größere Schwierigkeiten bekommen. Deshalb müssen Sie sehr darauf achten, was, wieviel und wann Sie essen.

7. Alle krankhaften Veränderungen im Laufe der Menstruation sollten genau beobachtet und nach gründlicher Untersuchung durch einen klugen Arzt umgehend behandelt werden.

Jede Infektion der Vagina, verstärkte Schleimabsonderung, Zwischenblutungen, übermäßig starke Blutungen, verlängerte Blutungsperioden, anhaltende Schmerzen im unteren Rückenbereich usw. sollten nicht ignoriert, sondern nach eingehender Beratung mit einem zuständigen Arzt behandelt werden. Mit «zuständig» oder «klug» ist ein Arzt gemeint, der einen ganzheitlichen therapeutischen Ansatz hat und Sie nicht wie eine Maschine behandelt. Der Arzt oder die Ärztin soll Ihren Körper als eine Einheit betrachten und Ihre Eßgewohnheiten ebenso berücksichtigen wie Ihre geistige Verfassung, die familiäre und berufliche Situation und andere soziale Faktoren, die direkt oder indirekt in Beziehung zu Ihrer Krankheit stehen. Ihr Arzt sollte höflich, freundlich und interessiert sein und stets genügend Zeit für Sie haben. Wenn es um ein ernstes Problem oder einen chirurgischen Eingriff geht, ist es ratsam, noch ein oder zwei weitere Ärzte zu konsultieren, bevor Sie sich für diese oder jene Behandlung entscheiden.

Wer kleine Probleme unbeachtet läßt, wird über kurz oder lang größere Probleme haben, und oft kommt es dann zu irreparablen Schäden. Deshalb ist es so wichtig, rechtzeitig zu handeln. Wir sagten bereits, daß viele Frauen nur deshalb krank werden, weil sie nicht genug auf sich achtgeben. Sie denken nur an das Wohlergehen von Mann und Kindern und kommen selbst zu kurz dabei. Vergessen Sie nicht, daß Sie das Zentrum, der Kern der Familie sind und daß ein ungesunder Kern im allgemeinen zum Absterben der Zelle führt. Wenn Sie Ihrer Familie also Gutes tun wollen, bleiben Sie gesund und geben Sie klare Richtlinien vor. Ich meine damit nicht, daß Sie egoistisch werden sollen, aber nehmen Sie sich ein bißchen Zeit nur für sich selber, das fördert Ihr Wohlbefinden und damit auch das Ihrer Familie.

8. Gesundes Menstruationsblut ist rot, macht keine dauerhaften Flecken und hat keinen unangenehmen Geruch.

Es gibt Methoden, den Gesundheitszustand einer Frau anhand ihres Menstruationsblutes zu diagnostizieren. Normalerweise sollte die Farbe des Blutes rot sein und nicht schwärzlich. Wenn Sie gesund sind, hinterläßt das Blut keine dauerhaften Flecken in der Wäsche. Das gesunde Blut riecht auch nicht. Schwärzliches Blut zeigt einen Überschuß an Vāta an. Blut, das Flecken hinterläßt, weist auf einen Kapha-Überschuß hin, und Geruch ist ein Zeichen für zuviel Pitta im Körper. Was von diesen Dingen auch immer der Fall ist, man muß etwas tun, um den gestörten Humor zu beruhigen.

9. Verhütung liegt in der Verantwortung von Mann *und* Frau. Die Frau sollte die sexuelle Vereinigung ohne geeignete Verhütungsmittel vermeiden, wenn sie keine Kinder will.

Wir sagten bereits, daß es innerhalb des Zyklus eine bestimmte Phase der Empfängnisbereitschaft gibt, und wenn in dieser Zeit Geschlechtsverkehr stattfindet, kann die Frau schwanger werden. Ich werde hier nicht detailliert auf die verschiedenen Methoden zur Empfängnisverhütung eingehen, dies würde den Rahmen des Buches sprengen. In unserem Zusammenhang geht es lediglich um die Feststellung, daß Mann und Frau gemeinsam und gleichermaßen die Verantwortung dafür tragen, daß eine unerwünschte Schwangerschaft vermieden wird. Da sich der Embryo in der Frau bildet, glauben viele Leute, Verhütung sei allein ihre Sache. Frauen sollten da nicht klein beigeben und ganz klarmachen, daß das ihre Partner ebenso angeht. Niemals sollte eine Frau mit einem Mann schlafen, wenn sie dabei Angst vor einer unerwünschten Schwangerschaft haben muß. Schmerzen, Verspannungen und Verstopfung können die Folge sein. Sie sollte sich nicht mit der unverantwortlichen Beschwichtigung, daß «schon nichts passieren werde», zum Verkehr überreden lassen. In solchen Momenten muß sie ihre ganze Willenskraft und innere Stärke einsetzen und immer daran denken, daß schließlich sie die Leidtragende ist, wenn es zu einer unerwünschten Schwangerschaft kommt. Eine Abtreibung ist eine äußerst unselige Erfahrung für eine Frau. Ihr Körper erleidet einen Schock, sie verliert viel Blut und leidet psychisch. Man sollte eine solche Situation, die so viel Kummer hervorruft und die Sexualität so negativ beeinflußt, nicht mutwillig heraufbeschwören. Diese negative Erfahrung kann zur Folge haben, daß die Frau von nun an Angst vor jedem Geschlechtsverkehr hat. Deshalb sollte sie in dieser Hinsicht wirklich standhaft bleiben.

10. Die Menstruation setzt im allgemeinen zwischen dem fünfundvierzigsten und dem fünfundfünfzigsten Lebensjahr aus. Es kann aber auch sein, daß die Vāta-Kräfte schon früher schwächer werden.

Das Ende der Menstruation – die sogenannte Menopause – ist auch das Ende der Gebärfähigkeit der Frau. Das bedeutet, daß die oben beschriebenen zyklischen Prozesse nicht mehr stattfinden. Es kommt nicht mehr zum Eisprung, und die Gebärmutter bereitet sich auch nicht mehr darauf vor, das befruchtete Ei zu empfangen. Deshalb bildet sich die dafür notwendige Schleimschicht innerhalb des Endometriums nicht mehr und wird natürlich auch nicht abgestoßen. Da es also zu keiner Schwangerschaft mehr kommen kann, braucht die Frau auch keine Verhütungsmittel mehr. Die Menopause bedeutet aber *nicht* das Ende des Sexuallebens einer Frau.

All dies klingt sehr einfach, wenn man es so beschreibt, aber es handelt sich um einen sehr komplexen Vorgang. Die Menopause ist nicht etwas, das ganz plötzlich kommt. Sie hängt damit zusammen, daß die Eiproduktion aufhört und keine weiblichen Hormone mehr ausgeschüttet werden. In der Phase vor der Menopause, die mehrere Jahre dauern kann, werden die Hormone in geringerem Umfang ausgeschüttet, was zu verschiedenen psychischen und physischen Veränderungen führt, die allerdings von Frau zu Frau differieren. Ihre Intensität hängt vom allgemeinen Gesundheitszustand und dem individuellen Lebensstil der Betreffenden ab. Man kann diese Veränderungen deshalb auch nicht eindeutig definieren, denn es gibt Frauen, die, manchmal jahrelang, mit den verschiedensten Problemen zu kämpfen haben. Wir können daher hier nur die verbreitetsten Beschwerden und die Möglichkeiten ihrer Behandlung ansprechen.

Die Reduzierung der Hormonproduktion zeigt sich durch das Ausbleiben der üblichen physiologischen Veränderungen während des Zyklus. Die Menstruationsblutungen werden schwächer, die Länge der Zyklen schwankt, und andere Veränderungen, wie das Prallwerden der Brüste während der dritten Woche, sind eventuell weniger ausgeprägt als früher. Ein anderes, sehr häufig auftretendes Merkmal ist ein Steifwerden der Gliedmaßen sowie Entzündungen und Schmerzen in den Gelenken. Bei manchen Frauen treten diese Symptome nur an bestimmten Stellen und nicht am ganzen Körper auf. Ein großer Teil der Frauen, die wir untersucht haben, klagte über Schmerzen in den Knien oder in der Nackengegend oder im unteren Bereich des Rückens. Bei manchen Frauen kommt es während der Menopause zu einer Arteriosklerose (Arterienverkalkung) in der Nackenregion. Die obere Nackenregion und der untere Kopfbereich tun ihnen weh, viele durchzuckt immer wieder ein stechender Schmerz. Unabhängig von der gerade herrschenden Außentemperatur wird der ganze Körper plötzlich glühendheiß – die sogenannten Hitzewallungen. Sie dauern oft nur Sekunden und können sich häufig wiederholen, aber auch nur selten vorkommen. Manche Frauen finden, daß sie plötzlich richtig alt aussehen. Das kann an der jetzt trockener und rauher gewordenen Haut liegen.

Zunehmende Nervosität und Depressionen sind ebenfalls häufig auftretende Symptome in der Prä-Menopause. Manche Frauen werden ausgesprochen hektisch, reden plötzlich zu viel und zu schnell oder machen sich übermäßig viele Gedanken über andere Menschen oder sorgen sich um Belanglosigkeiten. Sie leiden unter Schlafstörungen, verlieren ihre Begeisterungsfähigkeit und finden überhaupt alles menschliche Streben sinn- und bedeutungslos. In den Wechseljahren – wie man diese Zeit auch nennt – haben manche Frauen das Gefühl, sich selbst nicht mehr richtig zu kennen. Darunter leiden nicht nur sie selbst, vielmehr sind alle um sie herum von ihrem veränderten Verhalten betroffen.

Versuchen wir, dieses Problem einmal in einem ganzheitlichen Zusammenhang zu sehen und die Logik dieser Veränderungen zu verstehen, um dann in der Lage zu sein, die einzelnen Schritte zu diskutieren, mit deren Hilfe die Frau ihren Problemen während dieser Zeit begegnen kann.

In den verschiedenen Phasen des Lebens dominiert je einer der Humore: in der Kindheit Kapha, in der Jugend Pitta und im Alter Vāta. Die Menopause ist die Lebensphase, in der sich die Dominanz der Pitta-Kräfte abschwächt und man in das Alter eintritt, in dem Vāta vorherrscht. Eine Rolle spielt auch, daß im Laufe der durch die Menopause verursachten Veränderungen sämtliche Humore an Kraft verlieren und verschiedene endogene Störungen sich bemerkbar machen können, wenn man nicht sehr sorgfältig mit sich umgeht. Viele Probleme, die während der Menopause entstehen, sind Vāta-Probleme: Nervosität, Schlafstörungen, trockene Haut, arthritische Schmerzen, ein hektischer Lebensstil, übermäßige Sorgen, all dies sind Symptome von Vāta-Schwächung. Hitzewallungen rühren von einer Verschlechterung der Vāta-Pitta-Kombination her. Vāta ist das mobile Element und dient als Verteilungs- und Kommunikationssystem des Körpers. Funktioniert es nicht richtig, kann das auch dazu führen, daß Pitta sich ansammelt. Außerdem verläuft die Hormonausschüttung, die zum Aufgabenbereich von Pitta-Kapha gehört, in der Zeit vor der Menopause sehr unregelmäßig. Aufgrund dieser Unregelmäßigkeit kommt es zu einem humoralen Ungleichgewicht, was wiederum zu extremer Körperhitze, besonders in der Kopfgegend, und zu Depressionen führen kann.

In früheren Zeiten kannten die traditionellen Gesellschaften die verschiedensten psychotherapeutischen Mittel zur Behandlung von Problemen, die mit der Menopause zusammenhängen. Sie waren mit einer Reihe von Zeremonien verbunden, zu denen auch das Einnehmen von gewissen natürlichen Heilmitteln und die Befolgung bestimmter Verhaltensmaßregeln gehörten. Mittels dieser Zeremonien kümmerten sich die Frauen umeinander und halfen sich gegenseitig. In unserer modernen, technisierten

Zeit, in der Hektik zum Lebensstil gehört und unsere Art zu handeln und uns zu ernähren zur Verstärkung von Vāta führt, haben die mit der Menopause verbundenen Probleme zugenommen. Dazu kommt noch, daß die Schulmedizin eine Domäne der Männer ist, und natürlich kann ein Mann die Schwierigkeiten, mit denen eine Frau zu kämpfen hat, nur sehr bedingt begreifen. Im Grunde hat die moderne Medizin nichts anzubieten, womit die Menopause besser bewältigt werden könnte als früher, und so leiden die Frauen weiter.

Im Āyurveda gibt es Methoden, mit deren Hilfe die Frau immer wieder einmal und besonders nach der Geburt eines Kindes etwas zur Regeneration des Uterus tun kann. Er kennt auch Übungen, mit denen sich die Frau auf die Menopause vorbereiten kann, damit die physischen und psychischen Veränderungen, denen sie in dieser Zeit unterworfen ist, ihr nicht unnötig viel Kummer machen. Wir können von diesem Wissen profitieren, indem wir einigen dieser āyurvedischen Anleitungen folgen (siehe Anhang 3).

Homöopathische Heilmittel haben sich bei der Behandlung von Problemen, die mit der Menopause in Zusammenhang stehen, bestens bewährt. Sie müssen Ihre Symptome sehr sorgfältig beobachten, sie sich notieren und dann einen homöopathischen Arzt aufsuchen und sie ihm schildern. Sie sollten nicht zögern, auch von den Symptomen zu berichten, die Sie für ganz und gar subjektiv halten. Wenn bestimmte Schmerzen auftreten, Gelenke steif werden, ein allgemeines Unwohlsein und Depressionen sich einstellen und Sie zwischen 40 und 50 Jahre alt sind, dann kündigt sich höchstwahrscheinlich die Menopause an. Sie sollten diese ersten Anzeichen ernst nehmen und für entsprechende Heilungsmaßnahmen sorgen. Wenn Sie nicht rechtzeitig darauf reagieren, kann ein langer Leidensweg daraus werden.

11. Das Ende der Menstruation hat keinen Einfluß auf die Sexualität der Frau. Die in der Zeit vor der Menopause auftretenden psycho-physischen Veränderungen belasten die Frau allerdings oft sehr und erfordern eine angemessene Behandlung.

Für viele Frauen ist der Beginn der Menopause ein zutiefst deprimierendes Ereignis. Sie verbinden damit den Beginn des Alters und das Ende ihres Sexuallebens. Sie sollten das nicht so sehen. Die Menopause markiert das Ende eines weiblichen Privilegs: der Fähigkeit, Leben zu schenken, aber sie bedeutet nicht das Ende der Sexualität. Wenn mit den im Zuge der Menopause auftretenden Problemen aber nicht richtig umgegangen wird, kann die Freude am Sex empfindliche Einbußen erleiden. So werden Depressionen und Schmerzen nur noch schlimmer, wenn Sie keine sinnvollen Gegenmaßnahmen ergreifen, und schließlich ist Ihr Sexualleben wirklich auf dem Nullpunkt angelangt. Manche Frauen fangen in dieser Zeit auch an, Beruhigungsmittel (Tranquilizer) zu nehmen, um ihre Depressionen und Schlafstörungen zu kurieren. Die Probleme werden dadurch aber keineswegs behoben – im Gegenteil, es kommt ein neues hinzu: Tablettenabhängigkeit. Außerdem wirken fast alle diese Medikamente libidodämpfend und sind damit Gift für ein erfülltes Sexualleben.

Denken Sie daran, daß der Körper, ebenso wie der Geist, nichts vergißt. Es ist daher wichtig, schon in jungen Jahren achtzugeben auf die eigene Gesundheit und in Harmonic mit der Umwelt zu leben. Kommt es hier zu Versäumnissen, wird sich das später ganz bestimmt rächen, möglicherweise gerade in der Zeit vor und während der Menopause. Ich schlage Ihnen vor, abgesehen von den speziellen Methoden des «Menopausen-Managements» auch andere in diesem Buch vorgeschlagene Vorsorgemaßnahmen zu ergreifen.

Es ist ratsam, sich langfristig auf die Menopause vorzubereiten, damit es nicht zu Störungen kommt und Ihnen Ihr sexuelles

Ausdrucksvermögen und Ihre Energie erhalten bleiben. Folgende Anregungen sollten Sie spätestens ab 40 Jahren beachten:

1. Machen Sie regelmäßig bestimmte Yoga-Übungen, besonders solche, die der Regeneration des Uterus dienen.
2. Versuchen Sie, vāta-reduzierende Maßnahmen zu ergreifen – zum Beispiel Massagen, warme Bäder und eine Ernährung, die dazu beiträgt, diesen Humor abzuschwächen.
3. Behalten Sie die Kontrolle über Ihr Pitta und Kapha. Essen Sie keine Speisen, die zu scharf mit Chili gewürzt sind; essen Sie nicht soviel Fleisch – vor allem wenig gebratenes – und dafür mehr Milchprodukte, frisches Gemüse und Obst. Den Genuß von Kaffee, Tee und Tabak sollten Sie einschränken.
4. Achten Sie auf Ihr Gewicht. Manche Frauen nehmen in der Zeit vor der Menopause kräftig zu, weil ihre Humore aus dem Gleichgewicht geraten sind und der Körper nun dazu tendiert, Flüssigkeit zu speichern. Wenn Sie zunehmen, sollten Sie nicht mit radikalen Diäten gegensteuern, weil Ihr Körper die Nahrung braucht, um mit den anstehenden physischen Veränderungen fertigzuwerden. Essen Sie etwas weniger und etwas gesünder (siehe Punkt 3), und versuchen Sie, mit Hilfe von Yoga-Übungen Ihr Gewicht unter Kontrolle zu halten.
5. Wichtig sind auch regelmäßige Atem- und Konzentrationsübungen. Dadurch lernen Sie, Ihre Gedanken zu kontrollieren. Das ist besonders in der Zeit der Menopause wichtig, weil es Ihnen hilft, eventuell auftretenden Depressionen und negativen Empfindungen entgegenzuwirken. Außerdem können die Konzentrationsübungen dazu dienen, Ihre Nervosität zu bekämpfen und Schlafstörungen zu überwinden.
6. Während der Menopause kann es auch zu Disharmonien auf der Ebene der subtilen oder «feinstofflichen» Energien kommen – entsprechend den verschiedenen Veränderungen auf physischer Ebene. Auch dieses Ungleichgewicht sollte durch die erwähnten Übungen ausbalanciert werden.

Wenn Sie die Konzentrationsübungen, verbunden mit den Atem- und Bewegungsübungen, beherrschen, sollten Sie beginnen, sich auf die Hauptenergiepunkte zu konzentrieren – die Chakras (siehe Kapitel VIII, Sūtra 9). Nachdem die Hauptkanäle mittels Prāṇāyāma gereinigt sind, sollten Sie sich mit Hilfe der Wiederholung des entsprechenden Mantras in der nächsten Vollmondnacht auf das Mūlādhāra-Chakra konzentrieren. Konzentrieren Sie sich auch auf sein Element, die Erde, und den Geruchssinn, der zu diesem Energiepunkt gehört. Versuchen Sie, ganz langsam, sich nur auf den Klang des Mantras zu konzentrieren und dabei seinen Inhalt ganz zu vergessen. Führen Sie diese Übung täglich morgens und abends jeweils ein paar Minuten lang aus – bis zum nächsten Vollmond. Am Abend dieses Vollmonds gehen Sie dann zum nächsten Chakra über. Sie sollten jedesmal, bevor Sie mit der Übung beginnen, die Mantras mehrmals wiederholen, angefangen vom ersten Chakra aufwärts bis zu dem Mantra, bei dem Sie mittlerweile angelangt sind. Das tun Sie, bis Sie zum sechsten Chakra kommen. Nach dem sechsten Chakra fangen Sie wieder mit dem ersten an. Diese Übung sollte in der Zeit der Menopause zu einem Teil Ihres Lebensrhythmus werden.

Damit endet Kapitel III des Kamasutra für Frauen, in dem die Beziehung zwischen Menstruation und Sexualität beschrieben wurde.

[illegible]

[illegible]

# *IV Schwangerschaft, Geburt und Sexualität*

*Oh, du Glückliche! Möge die Milch aus deinen Brüsten fließen wie die vier Meere und dem Wachstum des kleinen Wesens dienen.*
*Oh, du Glückliche! Wie die Götter Unsterblichkeit erlangen, wenn sie den Nektar trinken, so soll dein Baby lange leben, weil es deine nektargleiche Milch trinkt.*

## 1. Schwangerschaft und Geburt sind zentrale Ereignisse im Leben einer Frau und stehen in direkter Beziehung zur Sexualität.

Die Zeit unmittelbar vor, während und direkt nach der Schwangerschaft beeinflußt die Sexualität der Frau in entscheidendem Maße. Wenn mit den in diesen Phasen möglicherweise auftretenden Problemen nicht richtig umgegangen wird, kann sich das negativ auf das sexuelle Beisammensein auswirken. Die Frau braucht jetzt besonders die volle Kooperation ihres Partners, denn schließlich ist die Schwangerschaft das Ergebnis ihrer gemeinsamen Aktivitäten, und alle Konsequenzen daraus sollten daher auch gemeinsam getragen werden. Nachdem die Frau mit dem Austragen des Kindes den physischen Teil dieses Schöpfungsaktes erfüllt hat, sollte der Mann ihr jetzt psychologische Unterstützung, Trost und Sicherheit geben. Schauen wir uns nun die Besonderheiten der verschiedenen Phasen rund um die Schwangerschaft näher an.

*Die Zeit vor der Schwangerschaft:* Diese Zeit sollte sowohl der physischen als auch der geistigen Vorbereitung auf ein Kind gewidmet sein. Es ist sehr wichtig, daß das Paar sich wirklich darüber klar wird, was es bedeutet, ein Kind zu haben, das heißt, wie die Verantwortlichkeiten und die Arbeit, die ein Kind bei allem Glück, das es bereitet, nun mal auch mit sich bringt, verteilt werden sollen. Viele vermeiden es, rechtzeitig über diese Dinge zu reden, und die Frau steht schließlich mit aller Last alleine da. Das führt zu physischer und psychischer Erschöpfung und schließlich zu einem Nachlassen ihrer Libido. Daraus können sich ernsthafte Schwierigkeiten ergeben, manchmal endet es sogar in einem Zerwürfnis zwischen Mann und Frau. Deshalb ist es so wichtig, daß über all das geredet wird, *bevor* es überhaupt zu einer Schwangerschaft kommt.

Wir haben bereits festgestellt, daß bei manchen Frauen die Eigenschaft der Mütterlichkeit sehr ausgeprägt ist (siehe Kapitel II, Sūtra 4), und diese Frauen sehnen sich oft sehr nach Kindern. Sie reagieren nur emotional und kümmern sich wenig um die praktischen Aspekte und die Verantwortung, die mit dem Aufziehen eines Kindes verbunden sind. Sie sollten sich aber nicht nur vorstellen, wie schön es ist, ein Kind zu haben, sondern ebenso bedenken, daß Sie auch Ihrem Partner gegenüber eine Verantwortung tragen – er soll ja alle Lasten der Erziehung mit Ihnen teilen.

Ganz wichtig für jede Frau, die schwanger werden will, ist auch, daß sie alles in ihrer Kraft Stehende tut, um ihren Körper gesund zu erhalten. Uterus und Vagina sollten frei sein von Entzündungen. Einige Yoga-Übungen, vor der Empfängnis praktiziert, tragen zur Vitalisierung der Gebärmutter bei (siehe Anhang 2). Ihr Leben und damit auch Ihre Sexualität wären empfindlich davon betroffen, wenn ein nicht ganz gesundes Baby geboren werden würde, nur weil Sie sich nicht richtig auf die Empfängnis vorbereitet haben.

*Die Zeit der Schwangerschaft:* Während der Schwangerschaft sollte die Frau ganz besonders auf sich achtgeben, denn ihre Gewohnheiten, ihr Verhalten, ihr Lebensstil, ja ihre Gedanken haben eine direkte Auswirkung auf das Kind. Sie sollte alles tun, damit ihr Baby körperlich und geistig gesund geboren wird. Während der Schwangerschaft bilden der Embryo und sie eine körperliche Einheit, deshalb kann sie ihn in verschiedenster Hinsicht positiv beeinflussen. Ein friedliches, gesundes Baby wird ihr das Leben leichter machen als ein nervöses Kind, das während der Nacht immer wieder aufwacht, ständig kränkelt und die ganze Energie der Mutter beansprucht. Deren sexuelles Verlangen wird dann natürlich ebenso nachlassen wie ihre sexuelle Kraft.

*Geburt:* In den neun Monaten der Schwangerschaft hat die Frau Zeit genug, sich auf die Ankunft des Babys und ihr Muttersein vorzubereiten. Sie lernt in diesen Wochen, mit dem Wesen, das sich in ihr entwickelt, zu leben, und wartet mehr oder weniger geduldig auf den großen Moment der Geburt. Manche Frauen sehen dem Ereignis voller Ungeduld und Freude entgegen, während andere sich eher davor fürchten. Eine Frau sollte immer versuchen, ihr inneres Gleichgewicht zu behalten, und aufkommende Ängste bekämpfen. Sie sollte regelmäßig Atem- und Konzentrationsübungen machen (siehe Anhang 2), um psychisch stabil zu werden und auch in dieser Hinsicht gut auf das kommende Ereignis vorbereitet zu sein.

*Die Zeit nach der Geburt:* Dies ist eine besonders schwierige Phase im Leben einer Frau. Durch die Entbindung noch geschwächt und anfällig, spürt sie in wachsendem Maße ihre Verantwortung für das Baby, das ja vollkommen auf sie angewiesen ist. Gleichzeitig stellt auch ihr Partner Forderungen – vor allem auf sexuellem Gebiet. Das alles mag ihr zuviel werden. Wahrscheinlich beschränkt sie sich auf das, was unbedingt getan werden muß (wie die Versorgung und das Stillen des Kindes), und ignoriert ihre Sexualität. Sie kann sogar eine Abneigung sexuellen Aktivitäten gegenüber entwickeln, wenn es ihr nicht gelingt, diese Streßphase nach der Geburt in den Griff zu bekommen.

Soviel zu den verschiedenen Phasen rund um die Schwangerschaft. Von den damit verbundenen Problemen und der Art und

Weise, wie sie zu bewältigen sind, wird in den folgenden Sūtras die Rede sein.

2. Während der Zeit, die der Schwangerschaft vorausgeht, ist es unbedingt notwendig, gesund zu leben und regelmäßig Yoga-Übungen zu machen, damit der Uterus intakt bleibt, die Gelenke locker werden und der Geist stark.

Dieses Sūtra empfiehlt, gerade vor der Empfängnis darauf zu achten, daß der Körper sich in einer guten Verfassung befindet. Gesund zu leben bedeutet in diesem Zusammenhang, die Humore im Gleichgewicht zu halten, indem man bei allem, was man tut, stets die augenblickliche eigene Verfassung bedenkt. Wenn sich die Humore verschlechtern, muß man dies durch geeignete Maßnahmen beheben. Sehr zu empfehlen sind fünf verschiedene Formen der inneren Reinigung des Körpers. Diese Methoden habe ich an anderer Stelle detailliert beschrieben.[1] Wichtig ist vor allem eine ausgeglichene, abwechslungsreiche Ernährung, bei der keine Geschmacksrichtung überwiegt – sie sollte also weder betont süß oder sauer noch scharf oder bitter sein. Es ist wichtig, vor der Empfängnis gesund zu sein, weil die hormonellen Veränderungen unmittelbar nach der Empfängnis zeitweilige humorale Störungen mit sich bringen, die zum Beispiel zu Problemen mit der Verdauung führen können. Wenn die Humore vor der Empfängnis im Gleichgewicht sind, dann sind die Ojas stark, und es tauchen weniger Schwierigkeiten während der Schwangerschaft auf.

In Anhang 2 sind verschiedene Yoga-Methoden beschrieben, mit deren Hilfe Körper und Geist gestärkt werden können. Sie sollten diesen Anleitungen folgen, und zwar zumindest während der letzten drei Monate vor der Empfängnis, wobei es wichtig ist, die Übungen *regelmäßig* durchzuführen. Die Übungen, die eigens für den Uterus gedacht sind, sorgen für die Gesundheit dieses Organs, denn schließlich wird das neue Wesen die ersten neun Monate seines Lebens dort verbringen. Die Yoga-Haltungen werden die Frau ganz allgemein kräftigen und ihr helfen, die Gelenke zu lockern und damit die Voraussetzung für eine sanfte Entbindung zu schaffen.

Es ist äußerst wichtig, vor der Empfängnis geistige Kraft und Stabilität zu entwickeln. Zunächst braucht man sie, um die Entwicklung des Babys und seines Verhaltens positiv zu beeinflussen. Dann ist sie erforderlich, um die Geburt möglichst gut durchzustehen. Und schließlich fördert hohe Konzentrationsfähigkeit einen sanften Fluß der Milch und trägt infolgedessen bei zu einem wohlgenährten und friedlichen Baby.

3. Nach der Empfängnis sind im Körper der Frau zwei Seelen, die sich gegenseitig beeinflussen: Sie sollten ihre geistige Stärke dazu benutzen, zu dem Wesen in sich eine harmonische Beziehung aufzubauen.

In der alten indischen Tradition des Āyurveda, der Wissenschaft vom Leben, geht man davon aus, daß der Embryo vom Selbst geschaffen ist – von *jīva*, der Quelle des Lebens. Jīva ist die Ursache des Bewußtseins. «Indem Jīva in den Uterus einfließt und sich mit dem Sperma und dem Ei verbindet, bringt es sich selbst in der Form des Embryos hervor… Ein und derselbe Fötus erreicht im Zuge seiner Entwicklung nacheinander den Zustand der Kindheit, der Jugend und des Alters… Der Embryo kann nicht gezeugt werden ohne Jīva, so wie der Sproß nicht ohne Samen treiben kann.»[2]

Ist die Seele die Ursache des Bewußtseins, so ist der Körper sein Träger. Im Augenblick der Empfängnis ist die Seele da, aber der Körper muß erst noch gebildet werden. Deshalb heißt es in diesem Sūtra, daß in der Frau nach der Empfängnis zwei Seelen wohnen.

Die gesundheitliche Verfassung eines Babys und die Umstände seiner Geburt, seine positiven und negativen Eigenschaften sowie seine Grundkonstitution, seine angeborene Persönlichkeit sind ein Ergebnis seines vergangenen Karma. Aber ein Embryo ist noch nicht in der Lage, sein gegenwärtiges Karma zu wirken, denn der Träger seines Bewußtseins (Körper) ist noch nicht entwickelt. Dennoch beeinflußt die Prägung durch seine früheren Taten *(samskāra)* auch die Mutter. Umgekehrt beeinflußt das Karma der Mutter die Entwicklung des Kindes. Die Mutter ist in der Lage, ihr gegenwärtiges Karma zu kontrollieren, wenn sie Klugheit und Willenskraft besitzt. Sie sollte sich bemühen, so gut wie möglich alle entsprechenden Anweisungen zu befolgen, um eine leichte Geburt zu haben und ein gesundes und friedliches Baby zu bekommen.

Jeder weiß, daß schwangere Frauen bestimmte charakteristische Züge entwickeln. Die moderne Medizin führt dies auf hormonelle Veränderungen zurück. In den meisten traditionellen Gesellschaften glaubt man allerdings, daß diese charakteristischen Merkmale der Frau die Persönlichkeit ihres zukünftigen Kindes widerspiegeln. Wenn sie also friedlich und ruhig wirkt, besitzt der Embryo in ihr diese Samskāras. Ist sie wütend und aggressiv, zeigt sich auch darin das Samskāra ihres zukünftigen Kindes. Und so gibt es noch sehr viele andere charakteristische Merkmale, die eine Frau während der Schwangerschaft entwikkeln kann. Eine rationale Erklärung für diese plötzliche Veränderung in ihren Emotionen, ihren Vorlieben und Abneigungen kann sie nicht finden. Manche Frauen zum Beispiel sind plötzlich ganz lernbegierig oder an einem speziellen Thema interessiert und merken, daß ihre Gedanken jetzt immer in eine bestimmte Richtung gehen. Manche werden freundlich und hilfsbereit, andere wiederum sind leicht reizbar, aufbrausend oder unfreundlich, oder sie spüren den bisher nie gekannten Wunsch, etwas zu stehlen oder etwas kaputtzumachen. Bei manchen Frauen kommen seltsame Ängste hoch, sie werden unsicher oder mißtrauisch. Im allgemeinen verwirrt es die Frauen, wenn sie während der Schwangerschaft diese seltsamen Gefühle bei sich feststellen, zumal sie in ihrem Umfeld damit häufig auf Unverständnis stoßen. Andere Frauen wiederum fühlen sich während der Schwangerschaft oft ausgesprochen wohl und sind völlig eins mit sich. Viele haben mir erzählt, daß sie ihre Schwangerschaft als die glücklichste und schönste Zeit ihres Lebens empfunden haben.

Der Grund dafür, daß ich auf all diese Dinge hier so ausführlich eingehe, ist der Wunsch, Ihnen klarzumachen, daß es da eine andere Seele in Ihnen gibt, die Sie während der Schwangerschaft beeinflußt. Dieses Wissen und dieses Bewußtsein werden Ihnen helfen, sich selbst besser zu verstehen und Ihr Denken so zu kontrollieren, daß Sie Ihren Gedanken und Ihren Handlungen eine positive Richtung geben können. Es kostet nämlich einige geistige Anstrengung, wenn Sie Ihre Gefühle und Ihre Gedanken von den negativen Empfindungen ablenken wollen, die Sie in dieser ganz speziellen Zeit oft beherrschen. Der Verstand kontrolliert den Verstand, und diese Verstandeskontrolle kann nur durch permanente Übung gewonnen werden. Wenn Sie sich gut auf die Schwangerschaft vorbereitet haben, wird Ihnen das leichter gelingen.

Wenn Sie während der Schwangerschaft negativen Gefühlen zuviel Raum lassen, kann das zu einer ganzen Reihe von Problemen führen. Die plötzliche Veränderung in Ihrem Verhalten wird die Menschen um Sie herum irritieren, besonders Ihren Partner, und damit auch Ihr Sexualleben beeinträchtigen. Negative Empfindungen haben weitere negative Empfindungen zur Folge, und es entsteht eine rundum ungute Atmosphäre. Wenn das der Fall ist, werden Sie eine sehr unerfreuliche Schwangerschaft erleben, ja mehr noch: Wenn die Atmosphäre gespannt ist, nehmen Ihre Toleranz und Ihre Geduld noch weiter ab. Ihre ständige Reizbarkeit wird sich nicht nur auf den Fötus auswirken, sondern kann auch eine schwierige Geburt zur Folge haben und das Stillen beeinträchtigen. Wenn Sie sich gut auf Ihre Schwangerschaft vorbereitet haben, sind Sie in der Lage zu verstehen, warum Ihr Verhalten sich so verändert hat. Sie sind dann eher fähig, die Kontrolle über sich selber zu behalten.

Gleich zu Beginn Ihrer Schwangerschaft sollte Ihnen klar sein, daß da tatsächlich eine weitere Seele in Ihnen existiert. Denken Sie daran, Ihre Gefühle auf das Wohlbefinden dieses Wesens zu richten. Von den fünf Grundelementen sind vor allem der Äther und die Luft für die Entwicklung des Embryos verantwortlich. Eine schwangere Frau sollte sich auf diese beiden Elemente konzentrieren und dabei hoffen, daß sie ein gesundes und ausgeglichenes Baby bekommt. Zu diesem Zweck können Sie Ihre eigenen Texte oder Mantras formulieren, zum Beispiel so:

«O mächtiger Äther und mächtige Luft, die ihr alles durchdringt. Zusammen mit dem Feuer, dem Wasser und der Erde seid ihr verantwortlich für alles, was wir fühlen, berühren, hören, sehen und riechen. Ich konzentriere mich auf euch und bitte euch um eine harmonische Entwicklung meines Kindes. Helft, daß das Baby richtig ernährt wird, sich ungestört entwickelt und neun Monate lang in der Dunkelheit meines Leibes gut aufgehoben ist. Wenn diese Zeit vorüber und seine Entwicklung abgeschlossen ist, soll es sanft und schmerzlos seinen Weg in die Welt des Lichtes finden.»[3]

Versuchen Sie, die Körperteile des Embryos in allen Details zu visualisieren, und beten Sie jeden Tag in dem oben beschriebenen Sinn für deren gesunde Entwicklung. Richten Sie Ihre Gedanken und Ihre Energien auch auf die Entwicklung der positiven Persönlichkeitsmerkmale Ihres Kindes. Immer, wenn Sie sich angespannt fühlen oder verwirrt, oder wenn Sie merken, daß das kleine Wesen in Ihnen unruhig zu sein scheint, sollten Sie einen ruhigen Platz aufsuchen und ein paar Prānāyāma-Übungen machen. Übertragen Sie die Kraft Ihres Prāna auf Ihren Embryo, und konzentrieren Sie sich ganz auf ihn. Sagen Sie ihm, daß er sich beruhigen möge, trösten Sie ihn und streicheln Sie ihn zärtlich, indem Sie Ihre Hand sanft auf Ihren Unterleib legen. Wenn Sie merken, daß Sie sehr ärgerlich sind, aggressiv oder von anderen Emotionen überwältigt, dann sagen Sie sich, daß das nicht gut ist für Ihr Baby, und versuchen Sie, Ihren Gedanken eine positivere Wendung zu geben und sich selbst zu beruhigen. Auf diese Weise können Sie dazu beitragen, daß Ihr ungeborenes Kind sich wohl fühlt.

Während der Schwangerschaft müssen Sie sich also, kurz gesagt, selber genau beobachten und ihre geistige Kraft dazu benutzen, Empfindungen keine Chance zu geben, die eine schädliche Wirkung auf Ihr Kind und auf Ihre Sexualität haben.

4. Während der Schwangerschaft verändern sich die Humore des Körpers ständig. Eine Frau muß ihrer und der Gesundheit ihres Kindes zuliebe alles tun, um das humorale Gleichgewicht zu erhalten.

Im Kommentar zu Sūtra 2 wurde bereits erwähnt, daß die Frau sich sowohl körperlich als auch geistig auf die Schwangerschaft vorbereiten soll, weil die Humore des Körpers nach der Empfängnis ständigen Veränderungen unterliegen. Beobachten Sie diese Veränderungen sorgfältig und sensibel, und handeln Sie weise und klug – dann werden Sie auch der neuen Situation gewachsen sein.

Die schwangere Frau sollte sich leicht und ausgewogen ernähren. Sie sollte solche Nahrungsmittel zu sich nehmen, die das Gleichgewicht der drei Humore des Körpers fördern, und Substanzen meiden, die Ungleichgewicht herbeiführen.[4]

Zum Beispiel sollte sie viel Gemüse wie Karotten, Rüben, Zucchini, grüne Salate usw., essen, auch Hühnerbrühe, Milch, Ghee (Butterfett) und Joghurt sind zu empfehlen. Joghurt sollte allerdings nicht am Abend oder in der Nacht gegessen werden. Meiden Sie schwere Fleischspeisen wie Rind oder Schwein, vor allem zusammen mit frittierten oder gebratenen Kartoffeln. Wenn überhaupt, dann sollten Sie dieses Fleisch in kleinen Portionen zu gekochtem Reis mit etwas Ghee essen. Von starken Gewürzen ist abzuraten. Knoblauch und Zwiebeln sollten nur in kleinen Mengen genossen werden. Sehr zu empfehlen ist frischer Ingwer, wenn man ihn zusammen mit anderem Gemüse kocht.

Ebenfalls empfehlenswert ist eine Mischung aus verschiedenen Gemüsen und Reis, zusammen mit Gewürzen wie Kumin, Anis, Ingwer, Pfeffer usw. Fügen Sie dem etwas Ghee hinzu. Nehmen Sie viel Flüssigkeit zu sich, auch in Form von Suppen, Haferschleim usw. Essen Sie regelmäßig frisches Obst. Sorgen Sie für eine abwechslungsreiche Ernährung, und variieren Sie immer mal wieder die Zutaten.

Essen Sie keine zu fetten Dinge, und meiden Sie Gebratenes. Pflanzliche und tierische Fette sollten Sie allerdings nicht ganz vom Speisezettel streichen. Zum Kochen eignet sich Ghee, aber auch pflanzliche Öle wie Oliven-, Sonnenblumen- oder Maisöl – für Salate – sind zu empfehlen. Von Rapsöl dagegen sollten Sie die Finger lassen.

Meiden Sie auch Nahrungsmittel und Nährstoffe, bei denen ein Geschmack – süß, sauer, bitter, scharf oder salzig – dominiert. Jedes Übermaß eines bestimmten Geschmacks verändert die Humore und schwächt sie.

Während der Schwangerschaft sollten Sie regelmäßig nach dem Aufstehen ein großes Glas lauwarmes Wasser trinken und danach einen Spaziergang machen. Damit sorgen Sie für einen guten Stuhlgang. Schwierigkeiten mit der Verdauung sind nämlich häufig die Ursache für eine ganze Reihe von Problemen für Mutter und Fötus. Viele Frauen leiden besonders in der letzten Zeit der Schwangerschaft unter Verstopfung. Wenn Sie jedoch regelmäßig Wasser trinken und sich vollwertig ernähren, werden Sie vor diesen Problemen bewahrt bleiben. Die Gewohnheit, warmes Wasser zu trinken, hält außerdem die Vāta-Kräfte unter Kontrolle. Schlechtes Vāta ist sehr gefährlich für den Fötus.

Kaffee, Zigaretten, Alkohol und andere Drogen sollte man nicht zu sich nehmen. Trinken Sie auch keine Unmengen von schwarzem Tee. Empfehlenswert sind milde Teesorten oder verschiedene Pflanzentees. Meiden Sie kalte Getränke, die Koffein oder andere schädliche Stoffe enthalten, ebenso abgefüllte Fruchtgetränke. Trinken Sie einfach nur Wasser sowie frischgepreßte Obst- oder Gemüsesäfte. Wie wir bereits bei der Erläuterung des vorangegangenen Sūtra gesagt haben, überkommen eine Frau während der Schwangerschaft oft seltsame Gelüste. Plötzlich hat sie den unwiderstehlichen Drang, etwas ganz Bestimmtes essen zu müssen. Das kann etwas durchaus Ungesundes und dem humoralen Gleichgewicht Abträgliches sein. Im Āyurveda wird empfohlen, einen derart intensiven Wunsch der schwangeren Frau dennoch zu befriedigen. «Wenn das Verlangen so groß ist, dann soll ihr auch das Ungesunde gegeben werden, zusammen mit etwas Gesundem, denn es kommt darauf an, ihr Begehren zu befriedigen. Unterdrückt man dieses Begehren, dann wird Vāta geschwächt, was dazu führen kann, daß der Fötus Schaden nimmt.»[5]

Eine schwangere Frau muß ausreichend Ruhe und Schlaf finden. Meiden sollte sie auf jeden Fall laute, stickige und verrauchte Orte. Angemessene Ruhe heißt allerdings nicht, daß sie faul und träge herumsitzen soll. Nur anstrengende und ermüdende Arbeit sollte sie unterlassen. Berufstätige sollten darauf achten, daß sie wenigstens am Abend zur Ruhe kommen. Die Partner sollten sich zunehmend an den häuslichen Pflichten beteiligen, um der werdenden Mutter die notwendige Entspannung zu ermöglichen. Frauen in anspruchsvollen Berufen, wie zum Beispiel Ärztinnen, Anwältinnen, Lehrerinnen, oder in Berufen, die mit einer starken körperlichen Belastung verbunden sind, sollten dafür sorgen, wenigstens während dieser Zeit an ihrem Arbeitsplatz etwas entlastet zu werden. Hektik während der Schwangerschaft kann dazu führen, daß Vāta negativ beeinflußt wird. Vāta ist verantwortlich für die Entwicklung des

Fötus, und die Schwächung dieses Humors kann für das heranwachsende Kind sehr schädlich sein.

Mit Hilfe von Yoga-Übungen und mit etwas Besonnenheit sollten Sie in der Lage sein, Angst und Nervosität zu dämpfen, denn sie verschlechtern ebenfalls Vāta und wirken sich somit negativ auf Körper und Geist Ihres Kindes aus.

Sehr zu empfehlen ist eine regelmäßige leichte Massage (einmal die Woche). Der Unterleib sollte dabei mit größter Vorsicht behandelt werden. Es ist in diesem Fall nicht so wichtig, daß man eine professionelle Massage bekommt; jemand aus Ihrer Familie oder Ihrem Freundeskreis kann das ebenfalls tun. Der Sinn dieser Massage ist Entspannung und die Beruhigung von Vāta. Sie können sich auch selber Hände, Füße, Kopf- und Nackengegend massieren und danach heiß duschen oder ein heißes Bad nehmen. Vermeiden Sie, sich mit kaltem Wasser zu waschen, auch im Sommer.

Pitta-Reduzierung kann zu geistigen Störungen des Fötus führen, ja sogar zu seinem Tod. Entsprechend ihrer Konstitution können Frauen sich während der Schwangerschaft ganz unterschiedlich fühlen. Manchen wird plötzlich am ganzen Körper heiß, ihre Haut rötet sich und sie schwitzen, obwohl es draußen kalt ist. Das sind Symptome eines Pitta-Mangels, dem man am besten begegnet, indem man viel Flüssigkeit zu sich nimmt, vorzugsweise kalte und süße Getränke. Zu den Nahrungsmitteln, mit denen Sie ein gestörtes Pitta kurieren können, gehören frischgepreßter Karottensaft, kaltes Wasser mit Zitronensaft und Kandiszucker, Papaya, Reis- und Getreidespeisen sowie kalte Milch.

Zu einem späteren Zeitpunkt der Schwangerschaft zeigen sich bei fast allen Frauen die Symptome eines Pitta-Überschusses. Das ist ein Zeichen dafür, daß die Entbindung kurz bevorsteht. Falls sich die Entbindung verzögert, wählt man am besten pittafördernde Nahrungsmittel wie Kartoffeln, Knoblauch, Sesamsamen, Dill und Fenchel.

Ich habe bereits weiter oben davon gesprochen, daß eine schwangere Frau viel Ruhe braucht. Sie sollte aber vermeiden, zuviel zu schlafen und zu liegen. Wenn sie trotz ausreichendem Schlaf müde ist und ständig Appetit auf Süßes hat, kann es sein, daß ihr Kapha geschwächt ist. Kapha-Mangel kann dazu führen, daß Körperteile des Embryos sich nicht richtig entwickeln. Außerdem kann er die Ursache für eine schmerzhafte Entbindung sein. Eine Schwangere sollte also auf all diese Dinge sehr sorgfältig achten, sich nicht gehenlassen, sondern lieber spazierengehen. Um den gestörten Humor wieder zu beruhigen, sollte sie etwas Bitteres zu sich nehmen, für feuchte Hitze sorgen, weniger schlafen und ein paar unkomplizierte Yoga-Übungen machen.

5. Besondere Aufmerksamkeit sollte die Frau ihren Brüsten schenken – dem künftigen «Nahrunsreservoir» ihres Kindes.

Ein weiteres wichtiges Phänomen der Schwangerschaft ist das allmähliche Anwachsen der Brüste. Die Schwangere sollte diesen Prozeß aufmerksam verfolgen und jeden Tag kurze Zeit finden, sich auf ihre Brüste zu konzentrieren und ihnen eine gute Entwicklung zu wünschen. Sie kann zum Beispiel ihre Hände auf die Brüste legen und sagen: «Jetzt ernähre ich mein Kind noch mit meinem Blut, aber wenn es meinen Leib verlassen hat, werdet ihr für seine Ernährung und damit für sein Wachstum sorgen müssen. Ich hoffe, daß ihr euch auf harmonische Weise entwickelt und auf sanfte Weise gesunde Milch spendet, wenn das Kind geboren ist. So wie Mutter Erde alle ihre Geschöpfe ernährt, so werdet ihr mein Neugeborenes füttern. So langsam und beständig wie der Strom fließt, solle eure Milch fließen. Laßt sie reichlich, nahrhaft und ohne Unterbrechung fließen, damit mein Kind stets ohne Schwierigkeit die gewünschte Menge trinken kann.» Frauen sollten, wenn irgend möglich, ihr Kind stillen, da Muttermilch nun mal *das* Nahrungsmittel für ein Baby ist. In der alten medizinischen Literatur Indiens wird immer wieder darauf hingewiesen, daß das Stillen gesund und der damit verbundene enge Körperkontakt gut und wichtig ist für Mutter und Kind. Er stärkt die Ojas (die Vital- und Abwehrkräfte des Körpers) und bewahrt das Baby vor vielen Krankheiten. Auch die moderne medizinische Forschung hat erkannt, daß die Muttermilch Antikörper enthält, die die Immunkräfte des Neugeborenen stärken. In den alten Texten wird empfohlen, eine Amme zu nehmen, wenn die Mutter Probleme mit dem Stillen hat. Ohne hier weiter auf Details einzugehen, möchte ich doch die Bedeutung des Stillens betonen: Wenn das Baby nicht gestillt wird, kann das nicht nur für das Kind schädlich sein, sondern auch für die Mutter. Wenn ein Organismus sich auf natürliche Weise auf eine Aufgabe vorbereitet, sollte er diese auch erfüllen dürfen. Sonst könnte es zum Beispiel zu einer Blockade der sexuellen Kräfte und der sexuellen Energien in diesen Bereichen des weiblichen Körpers kommen. Die Frau mag sich auch unerfüllt fühlen oder unter Schuldgefühlen leiden, weil ihr die Muttermilch fehlt. Will sie langfristig gesund und glücklich bleiben, sollte sie alles tun, um eine gute und ausreichende Milchproduktion sicherzustellen, damit sie ihr Kind selbst ernähren kann.

6. Die Frau sollte ihre Sexualität während der Schwangerschaft nicht ignorieren und sich nicht ausschließlich mit dem in ihr wachsenden neuen Leben beschäftigen.

Zum Schwangerwerden gehören zwei – Mann und Frau. Die Schwangerschaft selbst erfährt jedoch nur die Frau. Gerade deshalb sollte sie Wert darauf legen, ihren Partner Schritt für Schritt in diese Erfahrung mit einzubeziehen. Dabei muß sie behutsam vorgehen, nicht immer nur über das Kind reden, sondern auch weiterhin jene Dinge für wichtig halten, die es bereits vor der

Empfängnis zwischen ihnen beiden gab. Sie sollte bedenken, daß ihr Partner nicht auf die gleiche intensive Weise an ihrer Erfahrung der Mutterschaft teilnehmen kann, denn schließlich wächst das kleine Wesen nun mal in *ihrem* Leib. Wenn ihre Schwangerschaft und ihr ungeborenes Baby allzusehr von ihr Besitz ergreifen, kann das ihre sexuellen Empfindungen beeinträchtigen. Das mag ihren Partner verunsichern. In dieser nicht leichten Zeit sollten sich daher beide ganz besondes darum bemühen, einander zu verstehen und miteinander zu wachsen. Der Mann muß versuchen, die ständigen Veränderungen in ihrem Körper zu begreifen – samt den Launen, die damit einhergehen. Er muß akzeptieren, daß ihr sexuelles Verlangen langsam nachläßt und kurz vor und nach der Geburt des Babys zeitweilig sogar ganz erlischt.

Während der Schwangerschaft sollte die Frau beim Liebesakt heftige Bewegungen und extreme Positionen vermeiden, da diese vāta-reduzierend wirken und damit sowohl der Mutter als auch dem Fötus schaden.

Es ist nicht möglich, genaue Anweisungen dafür zu geben, wie man sich während der Schwangerschaft sexuell verhalten soll, denn das hängt von der jeweiligen Verfassung der schwangeren Frau ab. Manche haben Probleme während der Schwangerschaft und sollten daher während dieser Zeit lieber keinen sexuellen Kontakt haben. Es gibt auch Āyurveda-Texte, die empfehlen, während der Schwangerschaft ganz auf Geschlechtsverkehr zu verzichten. Was hier zählt, sind Takt und Verständnis. Die wesentliche Aussage dieses Sūtra ist, daß die Frau darauf achten soll, ihr inneres Gleichgewicht in der neuen Situation zu bewahren und zu bedenken, daß ein Kind zwar die Erfüllung eines Aspekts ihres Daseins bedeutet, andere Bereiche ihrer Existenz aber nach wie vor ebenfalls eine Rolle spielen. Das ist nicht nur für ihr Sexualleben von Bedeutung und für ihre Partnerschaft, sondern auch für ihre Psyche. Auf diesen Punkt geht das nächste Sūtra ein.

7. Die Frau sollte ihre innere Kraft darauf konzentrieren, sich physisch und psychisch auf die Geburt vorzubereiten, denn es ist eine Erfahrung von Schmerz, Trennung und Freude.

Die Natur gibt der Frau genug Zeit, sich auf die Mutterschaft einzustellen. Manche Frauen denken mit großer Nervosität an dieses Ereignis, andere wollen es am liebsten sobald wie möglich hinter sich haben, um wieder normal auszusehen und wieder arbeiten zu können. Tun Sie alles zur Erhaltung Ihres inneren Gleichgewichts, um den vielfältigen Erfahrungen von Schmerz, Trennung und Freude, die eine Geburt mit sich bringt, gewachsen zu sein. Dabei geht es nicht nur um die körperlichen Schmerzen einer Entbindung, sondern auch um den unvermeidlichen Trennungsschmerz. Der Fötus wird während der neun Monate der Schwangerschaft zu einem Teil ihrer selbst. Wenn nun die Zeit gekommen ist, bahnt er sich den Weg aus ihrem Leib heraus ins Freie, und das bereitet beiden Schmerz. Wenn ein Baby erst einmal geboren ist, dann ist es ein eigenständiges menschliches Wesen. Die Frau steht nicht länger im Mittelpunkt des Interesses und der Fürsorge, sondern die Aufmerksamkeit konzentriert sich nunmehr auf das Neugeborene. Die Frau, körperlich und seelisch erschöpft nach der Entbindung, spürt dann ein Gefühl der Leere und wird leicht zum Opfer von Depressionen. All das kann dazu führen, daß die Milch nicht mehr sanft und stetig fließt. Andererseits ist das Gefühl der Leere vermischt mit der Freude über das Muttersein, mit der Freude der Frau, ihr Baby zu stillen und in den Armen zu halten. Ganz von selbst fließen so Zärtlichkeit und Liebe von ihr zum Kind.

Das Sūtra rät der Schwangeren, ihre Kraft und Stärke ganz auf die Geburt und die Umstände, die damit zusammenhängen, zu konzentrieren. In den letzten Monaten ihrer Schwangerschaft sollte sie sich geistig auf das kommende Ereignis vorbereiten und sich bildlich vorstellen, daß schon bald ein unabhängiges menschliches Wesen mit einer von ihr selbst unterschiedenen

Persönlichkeit da sein wird, das schreit und fordert, das gestillt und gewickelt werden will. Sie sollte auch die Möglichkeit, daß die bloße Existenz des Kindes ihre sexuellen Aktivitäten schon aus rein zeitlichen Gründen einschränken wird, visualisieren.

In der letzten Phase der Schwangerschaft (ungefähr 30 bis 40 Tage vor dem geschätzten Entbindungstermin) sollte sie sich immer wieder auf ihr Kind konzentrieren, ihre Prāna-Energien (ihren Atem) auf das Baby richten und ihm sagen, daß sein Weg aus Uterus und Vagina hinaus in die Welt sanft sein wird. Diese Übungen werden die Frau in einen Bewußtseinszustand versetzen, der die kommenden Ereignisse vorwegnimmt, und sie wird sich daran gewöhnen, ihr Kind als ein selbständiges Wesen zu betrachten.

Wenn die Zeit der Entbindung gekommen ist, sollte ein freundliches, vertrauenswürdiges, weibliches Wesen ihr die notwendige emotionale und moralische Unterstützung geben. In den letzten Jahren hat es sich im Westen eingebürgert, daß der Vater des Kindes bei der Entbindung dabei ist. Ich glaube, daß die Befreiung der Frau nicht darin liegt, ihren Partner dazu zu zwingen, Zeuge dieses Ereignisses zu sein. Ich rate den Frauen eher davon ab, und zwar aus folgenden Gründen: 1. Den meisten Männern fällt es sehr schwer, eine Entbindung mitzuerleben, vor allem kann sich das negativ auf ihre sexuellen Empfindungen auswirken. 2. Eine gute Freundin, ihre Mutter oder sonst eine weibliche Vertrauensperson kann der Frau besser beistehen als ihr Partner, der möglicherweise zu sehr von den Umständen einer Geburt betroffen ist, vor allem, wenn es sich um eine sehr schmerzhafte Entbindung handelt. 3. Manchmal verliert der Mann aufgrund seiner emotionalen Betroffenheit auch seine Geistesgegenwart und erfüllt deshalb nicht die in ihn gesetzten Erwartungen. Es ärgert die Frau vielleicht, daß er nicht das Richtige zur richtigen Zeit tut. Auch das kann zu Spannungen in ihrer Partnerschaft und in ihrem Sexualleben führen.

Wenn die Wehen einsetzen, sollte jemand – am besten gleich

mehrere Frauen – um sie herum sein und ihr Mut zusprechen. Sie sollten ihre Hände massieren und ihr übers Haar streichen. Die Gebärende sollte sich ihrerseits nicht übermäßig anstrengen, bevor die Schmerzen einsetzen und sie entsprechenden Druck in sich spürt. Wenn sie sich schon vorher ins Zeug legt, vergeudet sie nur unnütz ihre Energie. «So wie man nicht oder nur mit äußerster Mühe zum Ziel kommt, wenn man versucht, absichtlich zu niesen, aufzustoßen, Wind zu lassen, zu urinieren und zu defäkieren, so ähnlich geht es einer Frau, die sich bei der Entbindung bemüht, ohne daß es bereits Zeit dafür wäre. So wie die Unterdrückung des Bedürfnisses zu niesen usw. Probleme mit sich bringt, so auch, wenn man nicht zur richtigen Zeit preßt... Zunächst sollte sie sehr sanft pressen und dann den Druck mehr und mehr verstärken.»[6]

Nach der Entbindung braucht die Frau unbedingt liebevolle Zuwendung – vor allem vom Vater des Kindes. Dadurch wird das Band der Zuneigung zwischen ihnen gefestigt, was sich positiv auf die Intensität ihrer gemeinsamen sinnlichen und sexuellen Erfahrungen auswirken wird.

8. Nach der Geburt sollte die Frau versuchen, so rasch wie möglich ihr körperliches und emotionales Gleichgewicht wiederzugewinnen und sich von ihrer neuen Situation nicht überwältigen zu lassen.

Schmerz und Freude der Geburt haben sie ganz schön durcheinandergebracht. Einerseits spürt sie ein Gefühl der Leere, andererseits ist sie ganz erfüllt von dem Bewußtsein, Mutter zu sein. Es ist sehr wichtig, daß sie nach diesem großen Ereignis ihr inneres Gleichgewicht bald wiedererlangt. Es sollte sich nicht alles um das Baby drehen, vielmehr muß das Kind ein, wenn auch sehr wichtiger Teil ihres Lebens werden. Andere Menschen und Pflichten müssen auch einen Platz darin haben. Wer zu sehr

Mutter ist, tut weder sich noch dem Kind einen Gefallen. Vor allem jedoch kann die Beziehung zum Vater des Kindes darunter leiden.

Wie bereits erwähnt, verlieren manche Frauen nach der Geburt eines Kindes die Freude am Geschlechtsverkehr. Sie beginnen damit, ihr Leben ganz auf ihr Kind – oder ihre Kinder – auszurichten, sind körperlich erschöpft und emotional leer. Diese Beispiele zeigen, wie wichtig es ist, daß die Frau ihr psychisches Gleichgewicht rasch wiedergewinnt, und das kann sie nur, indem sie sich bewußt darum bemüht. Kinder brauchen ohne Zweifel viel Zeit und Aufmerksamkeit von seiten ihrer Mutter, sie sollten aber andererseits von Anfang an lernen, sich auch allein zu beschäftigen. Seien Sie keine Mutter, die klammert – das ist schlecht für die ganze Familie.

Der Verlust des sexuellen Verlangens nach der Entbindung kann mit Überanstrengung und der damit verbundenen Störung der Vāta-Kräfte zusammenhängen. Vāta sorgt für sexuelle Aktivität und Ausdauer. Bei Vāta-Mangel kann man zwar sexuelle Bedürfnisse haben, ist aber oft unfähig, diesen Bedürfnissen Ausdruck zu verleihen. Vāta-Überschuß wiederum kann sich, aufgrund des trockenen Charakters dieses Humors, negativ auf die Gleitfähigkeit der Vagina auswirken (siehe Anhang 1).

9. Die Frau sollte mit Hilfe bestimmter Zeremonien für einen gleichmäßigen Milchfluß sorgen; wenn die Milch ausbleibt, ist das schlecht für das Baby und für die Mutter.

Dieses Sūtra betont noch einmal, was bereits Sūtra 5 ansprach. Bei manchen Frauen entwickelt sich die Brust während der Schwangerschaft zwar wie erwartet, aber aus irgendeinem Grund ist der Milchfluß dann blockiert. Das kann zum Beispiel die Folge einer besonders schmerzhaften Entbindung sein. Früher hat man deshalb bestimmte Zeremonien durchgeführt, bevor das Baby zum ersten Mal angelegt wurde. Der Vorteil solcher Zeremonien ist, daß sie der Mutter helfen, sich zu entspannen, und ihr so richtig bewußt machen, was es eigentlich heißt zu stillen. Außerdem hilft es ihr, das Gefühl der Leere zu überwinden, und sie kann langsam von der Zeit der Schwangerschaft in die Zeit nach der Geburt hinübergleiten. Diese Zeremonien wurden früher von weisen älteren Frauen durchgeführt. Im Laufe der Zeit haben die Menschen die Bedeutung dieser Rituale vergessen und messen der Tatsache nicht viel Bedeutung bei, daß eine Frau, obwohl jung und gesund, unfähig ist, ihr Baby selbst zu stillen. In der holistischen Medizin dagegen betrachtet man es als eine Krankheit, die sehr unangenehme Konsequenzen sowohl für die Mutter als auch für das Kind haben kann. Die Frau mag auch unter Schuldgefühlen leiden, die ihrerseits ihre sexuelle Energie blockieren. Deshalb sollte zusätzlich zu den Maßnahmen, die in Sūtra 5 beschrieben sind, nach der Geburt eine einfache Zeremonie durchgeführt werden.

Dies kann durch enge Freunde oder durch nahe Verwandte der Frau geschehen, Menschen also, denen sie vertraut. Mehrere Stunden nach der Entbindung, wenn sie etwas gegessen, getrunken und eine Weile geschlafen hat, sollte sie sich im Bett aufsetzen, im Rücken ausreichend gestützt. Sie sollte dann versuchen, sich auf sprießende Samen und leuchtende Blumen zu konzentrieren. Sie sollte an den Frühling denken, an Mutter Erde, die Sonne, das Wasser und die Düfte im Frühlingswind. Sie sollte an die Quellen denken, die von den Bergen herunterkommen, an eine Oase in der Wüste oder an das Fließen eines Flusses. Dann sollte sie langsam die Gedanken auf ihre Brüste richten und sich vorstellen, wie reine weiße Milch aus ihnen strömt. Man sollte ihr dann Kuhmilch in einer weißen Porzellanschüssel zeigen. Die Frau soll sich auf die Milch konzentrieren, dann ihre Augen schließen und sich die Milch in ihren Brüsten vorstellen, die bereit ist herauszufließen. Als nächstes wird die Schale unter ihre Brüste gehalten und die Spitzen werden hineingetaucht, erst die eine, dann die andere. Mit einem milchgetränkten Baumwoll-Läppchen können dann beide Brüste behutsam angefeuchtet werden.

Nach dieser Zeremonie sollte das Baby zu ihr gebracht werden. Sie sollte den Kopf des Kindes auf ihrem rechten Arm halten und ihm mit Hilfe ihrer linken Hand die rechte Brust geben. Sie sollte ihre Brust leicht drücken, um einen sanften Milchfluß zu erzeugen. Das gleiche sollte sie danach mit der linken Brust tun.

10. In der Zeit nach der Geburt sollten Frau und Mann besonders aufmerksam miteinander umgehen und die nun erfolgte Veränderung in ihrem Leben als Chance zu einem Neubeginn betrachten, auch und gerade auf sexuellem Gebiet.

Im Sexualleben eines Paares bringen Schwangerschaft und Geburt Unterbrechungen und Veränderungen mit sich. Dieser Teil seines Lebens kann nie wieder so werden wie vorher. Manche sind darüber sehr enttäuscht und verlieren sogar das Interesse aneinander. Dieser neuen Situation sollte daher mit äußerster Besonnenheit begegnet werden. Das ist nur möglich, wenn beide Eltern in gleicher Weise an den Aktivitäten des Neugeborenen Anteil nehmen und die Sorgen und Freuden dieser neuen Erfahrung miteinander teilen. Die Frau sollte sich nicht ständig mit dem Baby beschäftigen und vor allem nicht zu besitzergreifend sein. Sie darf nicht denken, sie sei die einzige, die für das Kleine das Richtige zur richtigen Zeit tun kann; und sie sollte nicht vergessen, daß es noch anderes im Leben gibt außer ihrer Mutterschaft und daß da vor allem ein Mensch ist, der bestimmte berechtigte Ansprüche an sie hat. Der Mann wiederum sollte nicht denken, daß sich seine Pflichten darauf beschänken, den Lebensunterhalt zu verdienen. Zumal der «Alleinverdiener» heutzutage ja keineswegs mehr die Norm ist. Nicht zuletzt im

Hinblick auf ein erfülltes Sexualleben sollte der Mann also von Anfang an an der Erziehung des Kindes aktiv teilnehmen. Schließlich hat die Frau neun Monate lang eine natürliche Verbindung zu ihrem Kind aufbauen können, was er erst nun, nach der Geburt, tun kann.

Viele Männer glauben, daß ihre Beziehung zum Kind erst sehr viel später beginnt. Manche denken auch, daß diese Beziehung aufs Spielen und Spaßhaben beschränkt ist. Mit dieser Haltung wird es ihnen niemals gelingen, eine tiefe Beziehung zu ihrem Kind aufzubauen. Dabei kann der Umgang mit einem kleinen Kind für einen streßgeplagten Menschen auch Entspannung bedeuten und ihm inneren Frieden bringen. Männer sind auf diese Weise in der Lage, eine andere Dimension des Lebens kennenzulernen und ihre latente Mütterlichkeit endlich zum Ausdruck kommen zu lassen.

In diesem Zusammenhang ist ein Punkt besonders wichtig. Sexuelle Partnerschaft ist nichts Statisches und nichts, was von anderen Bereichen des Lebens getrennt ist. Das heißt, daß das Paar nur dann ein erfülltes Sexualleben haben kann, wenn es auf den verschiedenen Ebenen der Existenz und des Bewußtseins zusammenwächst. Nur zwei Menschen, die so existentielle Erfahrungen wie Geburt, Tod, Krankheit, Erfolg usw. miteinander teilen, können auch die verschiedenen Dimensionen der Sexualität gemeinsam erfahren und genießen.

Hat eine Frau nach der Geburt ein sexuelles Problem, dann sollte sie es keinesfalls verdrängen. Einer Vāta-Störung kann durch entsprechende Maßnahmen begegnet werden – zum Beispiel mit einem Einlauf und mit richtiger Ernährung. Der Mann muß in dieser Situation besonders rücksichtsvoll sein, auch wenn er meist schon ungeduldig darauf wartet, die sexuelle Beziehung wieder aufzunehmen. Er sollte jedoch nicht vergessen, daß es nie mehr «wie früher» sein kann, denn das Baby macht nun einen anderen Lebensstil und -rhythmus erforderlich. Häufig gelingt es der Frau nicht, die – nach Wochen der

Abstinenz vielleicht etwas hochgespannten – Erwartungen ihres Partners zu erfüllen. Dann ist sie vielleicht frustriert und glaubt, die Geburt des Kindes habe ihr einen Teil ihrer Jugend und ihres sexuellen Ausdrucksvermögens geraubt. Wenn sie so denkt, wird sie nervös, fühlt sich entmutigt, und nach einiger Zeit mögen ernsthafte Probleme daraus erwachsen. Sie beginnt, sich ihrem Partner zu entziehen, und alles wird noch schlimmer.

Frauen sollten erst etwa fünf bis sechs Wochen nach der Geburt wieder Geschlechtsverkehr haben und in dieser Zeit kräftigende und aphrodisische Substanzen zu sich nehmen (siehe Sūtra 11).

11. Nach der Geburt empfiehlt es sich, kräftigende und aphrodisische Substanzen zu sich zu nehmen, um die sexuelle Vitalität wiederherzustellen.

Nach der Geburt ist eine Frau recht anfällig und neigt verstärkt zu Vāta-Störungen. Nach der Geburt sind außerdem ihre Ojas (Vitalität und Immunkräfte) sehr geschwächt – gerade jetzt, wo das Baby eine Menge Arbeit macht und viel Aufmerksamkeit beansprucht. Deshalb ist es ganz wichtig, sich richtig zu ernähren und durch Medikamente die Stärkung der Vitalkräfte zu unterstützen. Dieser Vitalisierungsprozeß hat zwei Aspekte: 1. den Körper zu kräftigen, die Humore wieder ins Gleichgewicht zu bringen und die Ojas zu normalisieren; 2. die Stärkung der Organe, die am Prozeß des Wachstums und der Geburt des Kindes beteiligt waren. Im Āyurveda wird dies der Reinigungsprozeß genannt (in Anhang 3 werden einige Produkte beschrieben, die dafür geeignet sind).

Wenigstens die ersten zwei Wochen nach der Geburt sollte die Frau sich ausreichend Ruhe gönnen und alles tun, um ihr inneres Gleichgewicht wiederzufinden. Hat sie Schmerzen oder steife Glieder, fühlt sie sich rastlos und nervös, hilft zum Beispiel ein warmer Einlauf mit einem vāta-reduzierenden Mittel. Auch andere Wärme erzeugende Maßnahmen können helfen. Grundsätzlich gilt, daß der Körper geschützt werden sollte. Atemübungen sind zu empfehlen, denn sie helfen, Kraft und Gleichgewicht zurückzugewinnen. Wichtig sind auch regelmäßige Yoga-Übungen, um die inneren und äußeren Organe zu stärken und Übergewicht abzubauen. Wenn man in der Zeit nach der Geburt mit seinem Körper und seiner Seele nicht richtig umgeht, kann das zu ernsten, langfristigen Problemen führen. Womöglich entsteht daraus eine ganze Kettenreaktion von negativen Folgen. Eine nervöse, zerstreute und sich unwohl fühlende Mutter überträgt diese negativen Energien auf ihr Kind. Babys sind im allgemeinen sehr sensibel und reagieren dann vielleicht mit einer Verdauungsstörung oder unruhigem Schlaf. Das macht Mutter und Vater nur noch nervöser, und ihre Beziehung wird ernsthaft gestört – ein Teufelskreis wird in Gang gesetzt.

Eine Frau mit reduziertem Vāta sehnt sich unter Umständen nach Sex, hat aber vielleicht nicht die nötige sexuelle Vitalität, um ihre Wünsche in die Tat umzusetzen. Wenn Sie sich nach der Entbindung oder aus irgendeinem anderen Grund in diesem Zustand befinden, geraten Sie bitte nicht in Panik. Es handelt sich nämlich um keine schwerwiegende Störung, und indem Sie Ihr Vāta entsprechend behandeln, wird sie wieder verschwinden.

Zusammenfassend läßt sich sagen, daß eine junge Mutter über der Fürsorge für ihr Kind ihre eigenen Bedürfnisse nicht vernachlässigen darf.

Damit endet Kapitel IV des Kamasutra für Frauen, in dem es um die Beziehung zwischen Sexualität, Schwangerschaft und Geburt ging und darum, wie die Zeit nach der Entbindung zu bewältigen ist.

# V Die drei Dimensionen der Frau

*Mögen die Männer der ganzen Welt lernen, durch ihre Zärtlichkeit und Liebe die Dimensionen der Kreativität und der Weisheit der Frauen zu wecken.*

1. Die Intensität und Kraft der verschiedenen Dimensionen der weiblichen Natur sollten auf allen Ebenen begriffen werden.

Im zweiten Kapitel dieses Buches haben wir bereits ganz allgemein über die grundlegenden Unterschiede zwischen Mann und Frau gesprochen. Dieses Sūtra betont nun, wie wichtig es ist, diese Unterschiede in all ihren Dimensionen und charakteristischen Merkmalen auch wirklich zu begreifen.

Die Tatsache, daß die moderne Psychologie und Psychiatrie diese Unterscheidung nicht treffen, ist nicht nur bedauerlich, sondern im Hinblick auf therapeutische Maßnahmen geradezu bedenklich. Die meisten Normen und Begriffe, die auf diesem Gebiet entwickelt worden sind, wurden von Männern geprägt und reflektieren deren Sicht der Dinge. Abgesehen davon hat die westliche Welt so wie alle anderen «modernen» Gesellschaften keinen Zugang zu den subtilen Bereichen der weiblichen Psyche; vielmehr werden die Frauen gezwungen, ihre Probleme aus der Perspektive des Mannes zu betrachten. Erschwerend kommt hinzu, daß Frauen oft immer noch nicht jene Rechte besitzen, die jedem Menschen ohne Ansehen des Geschlechts ganz selbstverständlich zugestanden werden sollten. In manchen Teilen der Welt kämpfen Frauen sogar noch um Grundrechte, wie zum Beispiel das Stimmrecht oder das Recht, ein eigenes Konto zu führen. Bei dem ohne Zweifel berechtigten Kampf der Frauen um diese Grundrechte sollte allerdings nicht übersehen werden, daß Männer und Frauen ihrer Natur nach fundamental verschieden sind und es auch gar nicht wünschenswert ist, «Gleichheit» anzustreben, daß es vielmehr darum geht, Harmonie zu schaffen zwischen den beiden Geschlechtern, unter Berücksichtigung der verschiedenen Dimensionen ihres Seins.

Die Frauen selber, als Individuen wie als Gruppe, müssen die spezifischen Dimensionen der Frau auf den verschiedenen Ebenen ihrer Existenz – der körperlichen, geistigen, feinstofflichen und spirituellen – verstehen, damit eine harmonische Ordnung in unserer Gesellschaft entstehen kann.

Dieses Sūtra nimmt auch Bezug auf die Intensität und Stärke der weiblichen Natur. Frauen sind wesentlich stärker und intensiver als Männer – in ihren Emotionen und in ihrer Sinnlichkeit, in ihrer Kreativität und ihrer Destruktivität, ihrer Glücks- und Leidensfähigkeit (nicht zu verwechseln mit bloßer Zähigkeit im alltäglichen Lebenskampf).

2. Schöpfung, Zerstörung und Weisheit sind die drei Dimensionen der weiblichen Existenz.

Diese drei Grunddimensionen der Frau manifestieren sich auf allen Ebenen ihrer Existenz. Die Wirklichkeit besteht aus vielen Schichten, und auf allen Ebenen der geistigen und sinnlichen Wahrnehmungen sollte man diese Grunddimensionen wiedererkennen. Die verschiedenen Ebenen der menschlichen Existenz sind eng miteinander verbunden und voneinander abhängig. Nehmen wir das einfache Beispiel des Menstruationszyklus auf der Ebene des Körpers. Jeden Monat bilden sich neue Zellen im Uterus, um ihn durch Verdickung der Oberfläche auf die Aufnahme eines befruchteten Eies vorzubereiten. Erfolgt keine Befruchtung, wird die Gebärmutterschleimhaut abgestoßen. Dies wäre ein Beispiel für Schöpfung und Zerstörung auf der Ebene des Körperlichen. Aber dieses physiologische Phänomen manifestiert sich auch auf geistiger Ebene, indem eine Frau während der verschiedenen Phasen ihres Zyklus sowohl in ihrem sozialen als auch in ihrem sexuellen Verhalten unterschiedlich reagiert (siehe Kapitel III, Sūtra 1 bis 3). Kurz vor der Menstruation sind die Arterien in der Schleimhaut des Gebärmutterkörpers bis zum Zerreißen gespannt. Dieser innere Vorgang äußert sich dadurch, daß die Frau ausgesprochen angespannt wirkt. In dieser Phase ihres Zyklus kann sie depressiv, aggressiv, unvernünftig, unsicher und nervös reagieren. All dies sind destruktive Persönlichkeitsaspekte.

In der Natur verläuft alles zyklisch, und ein gewisser Grad an Zerstörung ist Voraussetzung für jede Form von Schöpfung. Die alten Blätter fallen und machen Platz für neue. Alles ändert sich ständig in unserem Universum, und früher oder später hat alles ein Ende. Aber dieses Ende ist nicht das Ende der Erscheinungswelt insgesamt, denn Neues tritt an die Stelle des Alten. Zwischen diesen beiden Qualitäten sollte allerdings unbedingt Ausgewogenheit herrschen, sonst kommt es zu Katastrophen – zu Umweltkatastrophen zum Beispiel, wenn der Mensch in das Gleichgewicht zwischen Schöpfung und Zerstörung, in das natürliche ökologische System also, eingreift. Die destruktive und die kreative Dimension der Frau müssen auf ähnliche Weise verstanden werden. Der zerstörerische Aspekt ist Teil ihres Wesens und muß auch als solcher akzeptiert werden. Man sollte jedoch versuchen, ihn irgendwie sinnvoll zu kanalisieren, sonst bricht er sich Bahn in Form von Widerspenstigkeit, Wut, Depression, Aggressivität und Egozentrik.

Auf der anderen Seite hat die Frau einzigartige schöpferische Qualitäten, womit keineswegs nur ihre biologischen Fähigkeiten gemeint sind. Schöpferisch ist ihre Natur, die sich in Eigenschaften manifestiert wie Geduld, Opferbereitschaft, Toleranz, Freundlichkeit, Fürsorglichkeit, Standfestigkeit, Zuverlässigkeit und der Bereitschaft zu beschützen. Diese Qualitäten sind Teil ihres Wesens und nicht abhängig davon, ob sie nun Kinder hat oder nicht. Das Schöpferische und das Zerstörerische sollten sich, wie gesagt, die Waage halten, weil ein Ungleichgewicht zwischen ihnen zur Katastrophe führt. Wenn eine Frau nur ihre eine Seite betont und die andere negiert, mag das sehr bequem für ihre Umgebung sein, aber permanente Unterdrückung der zerstörerischen Aspekte zum Beispiel kann zu unerwarteten und verheerenden Ausbrüchen führen.

Lassen Sie mich die Bedeutung der Ausgewogenheit zwischen Schöpfung und Zerstörung auf der kosmischen Ebene anhand einer Geschichte aus der Mythologie der Hindus veranschaulichen.

Einmal hatten die Menschen die Götter geärgert, und diese verfluchten die Menschen, indem sie dem Gott des Todes, Jama, befahlen, nicht länger seines Amtes zu walten. Die Geschöpfe auf dieser Erde starben also nicht mehr. Es kam zu einem Chaos, weil es immer enger und schmutziger wurde. Krankheiten breiteten sich aus, weil die Menschen zwar krank wurden – aber nicht starben. Die Weisen, die erkannten, wie katastrophal diese Entwicklung war, wandten sich an den Gott des Todes und baten ihn, wieder seinen Pflichten nachzukommen, weil sonst nur Unheil und Elend auf der Welt herrschen würden.

Dieses Sūtra spricht auch die dritte Dimension der Frau an: die Weisheit. Weisheit – das ist der Sinn für das rechte Maß, ist die Fähigkeit, zu unterscheiden, sowie das intuitive Wissen, die Einsicht, die Stille und die Ausgewogenheit. Wenn eine Frau die Balance zwischen ihren kreativen und destruktiven Kräften bewahren kann, indem sie ihre Geistes- und Willenskräfte benutzt, stärkt sie ihre dritte Dimension, die andernfalls geschwächt würde.

In den patriarchalischen Gesellschaften sind die schöpferischen Kräfte der Frauen und die damit verbundenen Fähigkeiten allgemein anerkannt, und manchmal werden sie sogar verehrt. In vielen Kulturen und Religionen der Welt werden dagegen ihre destruktiven Kräfte nicht akzeptiert, was sich auf ganz verschiedene, oft höchst subtile und manchmal pathologische Art und Weise äußert. Dadurch entsteht eine gewaltige Unausgewogenheit, mit dem Resultat, daß auch die dritte angeborene Dimension der Frau unterdrückt wird. Die Folge davon ist ein Zustand der Disharmonie und des Chaos. Die Frauen werden unzufrieden und unglücklich, weil sie einen Teil ihrer selbst verleugnen müssen. Es ist deshalb für das Wohl aller äußerst wichtig, daß wir alle drei Dimensionen der Frau anerkennen und sie nicht nur als stets hilfsbereite Mutter sehen, die nur für andere da ist und alles erträgt. Indem wir nämlich ausschließlich diese Qualität verehren und die Frau zu einem Symbol der Opferbereitschaft und Nachgiebigkeit machen, schaffen wir lauter Vulkane, die früher oder später ausbrechen müssen und entsprechende Verheerungen im individuellen (psychische oder somatische Krankheiten) oder gesellschaftlichen (erhöhte Gewaltbereitschaft) Bereich anrichten können.

3. Die drei Dimensionen haben ihre Ursache in der unterschiedlichen Zusammensetzung der drei Grundeigenschaften.

In Kapitel II, Sūtra 1 bis 3, haben wir bereits festgestellt, daß die fundamentalen Unterschiede zwischen Mann und Frau auf das unterschiedliche Mischungsverhältnis zwischen männlichen und weiblichen Prinzipien zurückzuführen sind und daß diese wiederum sich voneinander unterscheiden, je nach Zusammensetzung der drei Grundeigenschaften. Im weiblichen Prinzip herrschen Sattva und Tamas vor, während das männliche Prinzip von Rajas dominiert wird. Männer wie Frauen verfügen sowohl über männliche als auch über weibliche Prinzipien, aber natürlich in einem jeweils anderen Mischungsverhältnis. Das ist der Grund dafür, daß bei Frauen Sattva und Tamas vorherrschen, während bei den Männern Rajas dominiert, und während die Einigkeit zwischen Mann und Frau darauf zurückzuführen ist, daß in beiden sowohl männliche als auch weibliche Prinzipien anwesend sind, beruht der Unterschied zwischen ihnen darauf, daß diese Prinzipien in ihnen unterschiedlich stark vertreten sind.

Wenn ein beherrschendes Sattva sich mit Rajas verbindet, dann entsteht daraus das kreative Element in einer Frau. Eigenschaften wie Geduld, Opferbereitschaft, Toleranz, Freundlichkeit, Fürsorglichkeit, die Fähigkeit, Schutz zu gewähren, Zuverlässigkeit und Belastbarkeit gehören zu der Dimension, in der Sattva die Oberhand hat, in der es aber auch Rajas geben muß, denn bei all diesen gerade beschriebenen charakteristischen Qualitäten der Frau spielt das aktive Rajas-Element eine Rolle.

Rajas in Verbindung mit einem dominierenden Tamas führt zu Destruktivität. Positiv daran ist die Fähigkeit, Altes durch Neues zu ersetzen, die Bereitschaft, neu zu beginnen, schlechte Erfahrungen zu vergessen usw. Negative Eigenschaften dieser Dimension sind ein besitzergreifendes Wesen, Neigung zu Depressionen, Aggressivität, Irrationalität, Unsicherheit usw.

Sattva ist die Qualität der Stille, der Reinheit, Schönheit, Treue etc. und verantwortlich für die dritte Dimension – die Weisheit. Diese Qualität liegt der Fähigkeit, zu unterscheiden und intuitiv zu verstehen, zugrunde. Diese Dimension verleiht den Frauen jenes Gespür, das man gemeinhin als «sechsten Sinn» bezeichnet.

Die drei Dimensionen der Frau sollten nicht als etwas Statisches betrachtet werden. Veränderungen im Verhältnis der drei Dimensionen untereinander sind Ursache für die verschiedenen menschlichen Charaktere und Verhaltensweisen (siehe Kapitel II). Ihr Mischungsverhältnis ist zwar abhängig vom Anteil des weiblichen Prinzips, aber es kann durch persönliche Anstrengung verändert werden. Diese Darlegung soll vor allem den Frauen helfen, sich selbst zu verstehen, damit sie nicht unter dem Druck irgendwelcher von außen an sie herangetragener Bedingungen handeln und einem Weg folgen, der ihnen scheinbar vorgeschrieben ist. Sie sollten versuchen, ihr Unterscheidungsvermögen zu nutzen, und außerdem den Männern bei der Entwicklung ihres Sattva helfen. Bei Männern ist Rajas stärker vertreten, und sie tendieren im allgemeinen dazu, äußerst aktiv an alles heranzugehen. Dabei büßen sie oft ihren inneren Frieden ein, ihre Ruhe und ihre Beständigkeit. Frauen können mit ihren Eigenschaften den Männern helfen, so wie die Männer den Frauen helfen können, wenn diese von den destruktiven Tamas-Eigenschaften beherrscht werden, wie zum Beispiel Depressivität, Lethargie und Besitzgier.

Dies ist eine Skizzierung der allgemeinen Sachlage und aufgrund der Unterschiede im Mischungsverhältnis von männlichen und weiblichen Prinzipien so nicht pauschal auf alle Menschen anwendbar. Es gibt immer extreme Fälle bei beiden Geschlechtern, wie wir bereits in Kapitel II gesehen haben.

4. Unausgewogenheit, die auf erzwungene Lebensumstände zurückzuführen ist, führt leicht zu den verschiedensten körperlichen und psychischen Krankheiten.

Wie bereits erwähnt, gibt es Gesellschaften, die nur eine Dimension der Frau akzeptieren. Die Existenz der beiden andern (Weisheit und Zerstörung) wird einfach geleugnet, weil nicht sein kann, was nicht sein darf. Wenn eine Frau nun ganz im Dienste ihrer Familie aufgeht und nie nach ihren eigenen inneren Bedürfnissen und Empfindungen fragt, dann akzeptiert sie, bewußt oder unbewußt, über diesen engen Kreis hinaus kein eigenes Leben zu haben. Das kann ernsthafte Folgen nach sich ziehen. Denn wenn sie dann jemanden trifft, der sie als Frau und Mensch schätzt und ihr entsprechende Aufmerksamkeit schenkt, wird ihr plötzlich klar, was sie sich die ganze Zeit über selbst angetan und was sie versäumt hat. Eine andere Möglichkeit ist, daß sich irgendwo in ihrem Körper Spannungen ansammeln, die dann, wenn sie vierzig oder fünfzig ist, die Form ernsthafter Krankheiten annehmen. Die Organe, die mit der Sexualität verbunden sind, wie etwa der Uterus, die Vagina und die Brüste, sind in diesem Zusammenhang besonders gefährdet. In vielen Fällen sammelt sich die Spannung auch im Magen oder in den Lungen an, was zu Geschwüren, Krebs oder Asthma führen kann.

Viele Frauen, die in die Wechseljahre kommen, neigen zu Depressionen und leiden auf einmal unter gesundheitlichen Störungen. Im allgemeinen ist dies auch die Zeit, in der die Kinder erwachsen sind und aus dem Haus gehen. Nachdem während all der Jahre ihr Lebenssinn darin bestanden hatte, für die anderen da zu sein, leiden diese Frauen plötzlich unter einem starken Gefühl der Wertlosigkeit.

Es geht hier nicht darum, jemandem die «Schuld» an solchen Entwicklungen zuzuweisen – weder der Frau selbst noch ihrem sozialen Umfeld-, sondern vielmehr darum, ihr Mut zu machen, auch mal an sich selbst zu denken und, der eigenen psychischen und körperlichen Gesundheit wegen, Ärger und Unwillen genauso zu zeigen wie außerfamiliäre Interessen und kleine egoistische Wünsche zu äußern.

In der Tradition der Hindus sind die verschiedenen Dimensionen der Frau sehr gut verstanden worden. Sie ist die Göttin Kālī, die Zerstörerin, Symbol der Zeit, die alles beendet. Ihre Farbe ist Schwarz. Sie ist Sarasvatī, die weißgekleidete Weisheit. Sie ist Lakshmī, der Reichtum und die Erfüllung, und ihre Farbe ist Rot.

Die Frauen müssen lernen, alle Aspekte ihres Wesens anzunehmen. Es ist sehr schön, für andere da zu sein. Aber es ist auch wichtig, für sich selbst leben zu können, ohne selbstsüchtig zu sein. Frauen sind mit Hilfe ihrer Sattva-Qualität in der Lage, andere auf positive Weise zu beeinflussen. Ihre intuitive Kraft können sie benutzen, um ihren individuellen Lebensweg zu finden. Sie sollten Ruhe und Frieden in sich stärken und stets daran denken, daß keine Situation hoffnungslos ist, daß man immer etwas tun kann. Lassen Sie sich Ihren klaren Verstand nicht durch Zorn, Aggressivität und Gewalttätigkeit trüben. Nutzen Sie Ihre Energie, um die subtilen Kräfte in sich zu entdecken. Dann werden Sie auf Ihrem neuen Weg Licht sehen.

5. Dieser Weg kann aber auch zu Zerstörung und Gewalt führen, wodurch sie für andere Unglück heraufbeschwören und die Gesellschaft aus dem Gleichgewicht bringen.

Dieses Sūtra vertieft das gerade erörterte Thema noch. Manche Frauen, die mit ihrer Situation unzufrieden sind, wählen recht zweifelhafte Wege, um sich zu behaupten. Andere leiden plötzlich unter den verschiedensten psychosomatischen Störungen, andere jammern und nörgeln ständig und machen sich und den anderen das Leben schwer. Und wieder andere stürzen sich in sinnlosen Aktionismus, um «die Männer» und ihre Privilegien zu bekämpfen. Um jedoch wirklich substantielle individuelle und gesellschaftliche Veränderungen auf dem Gebiet der Rechte und Pflichten von Mann und Frau in Gang zu setzen, müßten beide an einem Strang ziehen.

6. Die Frau sollte ihre Stärke entwickeln, indem sie ihr Sattva betont, und sie sollte lernen, sich selbst zu behaupten.

Sattva ist das reine Element des Bewußtseins. Die Frau hat den natürlichen Vorteil, diese Eigenschaft in stärkerem Maße zu besitzen als der Mann. Deshalb sollte sie sich darauf besonders konzentrieren. Sie kann diese Dimension ihres Wesens aus eigner Kraft fördern und ihre innere Stärke festigen, indem sie ihr intuitives Erkenntnisvermögen und ihren Intellekt weiterentwickelt. Außerdem sollte sie mit Hilfe dieser Kraft lernen, sich selbst zu behaupten, das heißt, sie sollte nicht mit zerstörerischen Methoden, sondern kritisch und weise für ihre Rechte kämpfen.

Nun stellt sich die Frage, wie man diese Qualität der Reinheit und Stille, Sattva genannt, am besten entwickeln kann. Das moderne Leben ist von Rajas bestimmt, und der Überschuß an Rajas führt auch zu einer stärkeren Präsenz von Tamas-Eigenschaften. Die Menschen haben ihren inneren Frieden und ihre Ruhe verloren. Früher sorgte die Religion in gewisser Weise für die Erhaltung dieser Qualität, heute, da die Religionen an Einfluß verloren haben, ist es wichtig, andere Mittel und Wege zu finden, unseren Geist zu erweitern. Frauen können dabei eine wichtige Rolle spielen, weil sie das natürliche Privileg der Sattva-Dominanz haben. Um Sattva zu stärken, ist es nötig, den Körper von innen und außen zu reinigen, durch regelmäßig Prāṇāyāma- und Konzentrations-Übungen. Durch bewußte Anstrengung kann man Eigenschaften wie Besitzgier, Eifersucht, unnötiges Haften an Dingen, Geiz usw. bekämpfen und versuchen, innere Zufriedenheit zu erlangen. Frauen spielen in dieser Hinsicht auch deshalb eine wichtige Rolle, weil sie als Mütter ihre Kinder entsprechend beeinflussen können. Die weiter oben beschriebenen weiblichen Eigenschaften steigern Urteilskraft, Intuition und Mitgefühl. Die Frau entwickelt die Fähigkeit, andere zu überzeugen und zu beeinflussen, ohne dabei ihre eigene Energie einzubüßen, da sie sich auf konstruktive Weise selbst behauptet. Wenn sie sich durch Betonung ihrer destruktiven Dimension behauptet, ist das nur schädlich sowohl für sie selbst wie auch für die anderen.

Vielleicht denken jetzt manche Frauen: Warum sollen schon wieder mal wir die ganze Anstrengung auf uns nehmen – zum Wohl anderer? Doch diese Sicht ist falsch. Sie unternehmen diese Anstrengung für sich selbst, weil sie stark werden und für Harmonie in ihrem Leben sorgen wollen. Indem sie die entsprechenden Eigenschaften bei sich fördern, sammeln sie einen geistigen

Schatz an, auf den sie in allen Lebenslagen zurückgreifen können.

7. Die Gesellschaft sollte alle drei Dimensionen der Frau auf allen Ebenen anerkennen.

Wir erwähnten bereits, daß in vielen Gesellschaften nur eine Dimension der Frau akzeptiert wird, die dann aber zumeist auch idealisiert wird, und diesem Bild sollte tunlichst jedes weibliche Wesen entsprechen. Will man auf eine gesündere und harmonischere Gemeinschaft zwischen Mann und Frau hinarbeiten, ist es äußerst wichtig, die Bräuche, Rituale und gesellschaftlichen Normen in der Art zu verändern, daß alle drei Dimensionen der Frau akzeptiert werden. Wir sollten uns darum bemühen, ihr Bild neu zu gestalten, und dabei sollte uns klar sein, daß die stets geduldige, hilfsbereite und freundliche Mutter auch als wütende und allesverschlingende Person erscheinen kann.

8. Die drei Aspekte der Frau sollten auch einen entsprechenden sexuellen Ausdruck finden.

In einer Gesellschaft, deren Frauenbild nur eine einzige der drei Dimensionen kennt, ist auch das Verständnis der weiblichen Sexualität eindimensional. Mit anderen Worten, man erwartet von der Frau, daß sie auch auf sexuellem Gebiet die Gebende, Tolerante, Geduldige ist. Sie soll den passiven Part spielen und sich dem sexuellen Begehren des Mannes unterordnen. Die Frauen sollten sich bemühen, dieses Bild zu korrigieren. Sie sollten begreifen, daß es unmöglich ist, ihr Leben ins Gleichgewicht zu bringen, wenn sie nicht auch ein Gleichgewicht in ihrem sexuellen Ausdruck finden können. Alles hängt mit allem zusammen und bezieht sich aufeinander, und ein Ungleichgewicht in einem Lebensbereich wirkt sich auch auf die anderen aus.

Wir sollten den sexuellen Akt entsprechend den drei Dimensionen sehen, und zwar in folgender Reihenfolge: kreativ, destruktiv und weise. Die Ausführung verschiedener sexueller Handlungen ist kreativ, und diese Kreativität richtet sich auf ein ganz bestimmtes Ziel. Ist das Ziel erreicht, entfaltet sich die zerstörerische Dimension. Das verschlingende Prinzip wird in diesem Moment aktiv. Darauf folgt der Augenblick des reinen Bewußtseins, durch den die dritte Dimension kenntlich wird. Die tiefe Erfahrung und Erfüllung der beiden letzten Phasen hängen davon ab, wie präsent die Frau in der ersten Phase des Geschlechtsaktes ist. Dieses Thema wird in den folgenden Kapiteln des Buches detailliert behandelt werden.

9. Eine dauerhafte Unausgewogenheit führt zum Tod der Sexualität, die ein Nebenprodukt der drei Eigenschaften ist.

Wenn über längere Zeit hinweg das Gleichgewicht zwischen den verschiedenen Dimensionen einer Frau nicht aufrechterhalten werden kann, resultiert daraus ein Ungleichgewicht in ihrem Leben, und ihr sexuelles Ausdrucksvermögen schwindet. Diese Unausgewogenheit hat eine Disharmonie zwischen den drei Grundeigenschaften und ein humorales Ungleichgewicht zur Folge. Wie Sie bereits wissen, wird die Sexualität auf den verschiedenen Ebenen durch die Humore des Körpers und die Grundeigenschaften bestimmt; wenn diese aus dem Gleichgewicht geraten, führt das zu Funktionsstörungen. Auf der Ebene der Humore ist Vāta verantwortlich für die sexuelle Leidenschaftlichkeit und Ausdauer, Pitta für die sexuelle Kraft und Kapha für die sexuellen Sekretionen. Auf der geistigen Ebene sind Rajas, Sattva und Tamas maßgebend. Die Rolle dieser drei Dimensionen und ihrer Beziehung untereinander bzw. zum Geschlechtsakt sind bereits im vorangegangenen Sūtra beschrieben worden. Wenn es zu einem Ungleichgewicht auf irgendeiner dieser drei Ebenen kommt, dann folgt daraus auch ein Mangel an Erfüllung. Wenn das über längere Zeit hinweg anhält, verringert sich das Interesse an der Sexualität, und das sexuelle Begehren erlischt langsam.

10. Es ist nie zu spät für einen Neubeginn, aber jeder Neubeginn erfordert ungeheure Disziplin.

Dieses Sūtra beruhigt uns insofern, als es feststellt, daß der Schaden, der durch eine lange Zeit des Ungleichgewichts entsteht, behoben werden kann, und daß es dafür nie zu spät ist. Mit anderen Worten, Sie sollten sich nie als hoffnungslosen Fall betrachten und immer den Mut haben, einen Neuanfang zu wagen. Es ist sehr wichtig, diese Anstrengung auf sich zu nehmen, denn es geht hier nicht nur um sexuelle Befriedigung, sondern um Gesundheit ganz allgemein.

Obwohl jede Situation anders liegt und es nicht möglich ist, Pauschalanweisungen zu geben, steht doch eines fest: Um etwas zu verändern und zu erneuern, muß man lernen, sich zu lösen – aus emotionalen Verstrickungen und unhaltbaren Situationen. Das heißt natürlich nicht, daß Sie Ihre Familie verlassen oder sonst etwas in dieser Richtung unternehmen sollten. Im Gegenteil, Sie sollten alle Kräfte mobilisieren, um auf konstruktive Weise an Ihrem Problem zu arbeiten. Wer hinreichend Distanz hat, lernt, die Dinge leidenschaftslos zu betrachten, und ist in der Lage, die eigene Situation mit einer gewissen Weisheit zu beurteilen. Geben Sie auf keinen Fall die Hoffnung auf. Sie sind stärker, als Sie denken – vorausgesetzt, sie entscheiden sich dafür, die in Ihnen schlummernde Energie zu wecken.

11. In diesem Fall sollte man sich ein neues Betätigungsfeld suchen.

Das wichtigste in einer verfahrenen Situation ist, für Abstand zu sorgen, um alles leidenschaftsloser analysieren zu können. Wenn man vorhat, die Beziehung zu seinem Partner neu zu gestalten oder neue Wege im familiären Bereich zu gehen, dann ist es sehr wichtig, daß man ruhig und nüchtern und nicht emotional reagiert und handelt. Die Zeit des Übergangs ist sehr heikel. Eine Entspannung der Atmosphäre und der Versuch, ein anderes Betätigungsfeld zu finden, können viel zu ihrer positiven Bewältigung beitragen.

Damit endet Kapitel V des Kàmasutra für Frauen, in dem es um die drei Dimensionen des weiblichen Wesens ging.

# *VI Körperkraft und Sexualität*

*Einst, als die Dämonen den Göttern sehr viel Ärger bereiteten, beschlossen diese, Kāma, der Gott der Liebe, solle Shiva aus seiner Meditation wecken, damit er sie vor den Dämonen bewahre. Shiva war zornig über die Störung und verbrannte Kāma mit dem Feuer seines mittleren Auges zu Asche. Seither ist die Lust ohne Körper* (ananga). *Lust hat deshalb keine Gestalt, sondern drückt sich durch alle Teile des Körpers aus.*

1. Das Medium der Sexualität ist der Körper, und deshalb ist sein Wohlbefinden eine wichtige Voraussetzung für eine befriedigende und erfüllende sexuelle Erfahrung.

Sexualität hat viele Dimensionen: körperliche, geistige, gesellschaftliche, spirituelle usw. Grundlegend ist die körperliche Dimension, denn der Körper ist das Instrument der Sexualität. In diesem Sūtra bezieht sich der Begriff «Körper» auf das physische Selbst, das auch den Verstand mit einschließt, aber nicht das Unterscheidungsvermögen oder den Intellekt. Mit anderen Worten: Der Körper ist das Medium der fünf Sinne, und der Verstand erkennt, was die Sinne in der Welt der Erscheinungen wahrnehmen. Mit Hilfe der Sexualität sind wir unter Umständen in der Lage, unseren Intellekt zu entwickeln und spirituelle Erfahrungen zu machen, aber der Körper bleibt die Basis jeder Sexualität. Deshalb ist das Wohlbefinden des Körpers von grundlegender Bedeutung für eine befriedigende, erfüllende sexuelle Erfahrung. Eine körperliche Krankheit oder eine psychische Störung schränken die sexuelle Ausdrucksfähigkeit ein und schwächen die Intensität der Erfahrung. Daher ist es äußerst wichtig, seine Gesundheit zu erhalten und für eine gute Kondition zu sorgen. Wenn man sich krank oder unwohl fühlt, kann man sich auf den sexuellen Akt, der schließlich einige körperliche Energie erfordert, nicht voll einlassen.

2. Innere und äußere Reinigung sind für Gesundheit und Schönheit unerläßlich.

Das vorangegangene Sūtra betonte die Bedeutung des körperlichen Wohlbefindens für den sexuellen Akt. Dieses Sūtra möchte auf ein paar grundlegende Dinge hinweisen, die helfen, Gesundheit und Schönheit zu erhalten. Die meisten Menschen legen Wert auf die äußere Reinigung des Körpers, und um besser auszusehen, greifen sie oft auch noch zu künstlichen Hilfsmitteln. Die innere Reinigung wird in der Hektik unserer Zeit meist vernachlässigt. Wer seinen Körper jedoch von Zeit zu Zeit auch von innen reinigt, tut damit etwas für sein Wohlbefinden und erhöht seine physische Anziehungskraft und seinen Charme.

Im Āyurveda kennt man fünf Formen der inneren Reinigung, und es wird empfohlen, diese Übungen in einem bestimmten, mit den Jahreszeiten assoziierten Rhythmus durchzuführen.[1] Eine der wichtigsten dieser Übungen ist in unserem Zusammenhang der Einlauf. Der Einlauf nimmt dem Körper die Steifheit, macht die Haut glänzend und geschmeidig und fördert die Aktivität. Eine Frau, die unter Verdauungsstörungen leidet und den Darm nur partiell entleeren kann, wird während des Beischlafs möglicherweise starke Spannungsgefühle und Schmerzen im Unterleib haben. Wenn sie an einer chronischen Verdauungsstörung leidet, ist manchmal sogar die Gleitfähigkeit der Vagina beeinträchtigt, da nicht ausreichend Sexualsekrete produziert werden. Bei den Männern erhöht ein Einlauf die Ausdauer. Natürlich soll der Einlauf nicht nur die Verdauungsstörung beseitigen, sondern zugleich die inneren Organe reinigen und durchspülen. Der Einlauf beruhigt Vāta. Er steigert die sexuelle

Anziehungskraft. Aus diesem Grund ist der Einlauf für Frauen und Männer gleichermaßen zu empfehlen. Die übrigen vier Reinigungsübungen sind aber ebenfalls sehr wichtig für ein allgemeines physisches Gleichgewicht, denn sie regenerieren den Körper und geben ihm zusätzliche Kraft. Die äußeren Reinigungsübungen sollten regelmäßig und in angemessener Weise durchgeführt werden, so wie ich es in anderem Zusammenhang beschrieben habe.[2] Sie steigern das Wohlbefinden und machen den Betreffenden anziehend und angenehm.

In manchen Kulturen wird nur bei der Frau auf äußere Schönheit Wert gelegt, während von den Männern vor allem physische Kraft erwartet wird. Eine intensive und tiefe sexuelle Erfahrung setzt aber voraus, daß Männer wie Frauen körperliche Attraktivität und Stärke entwickeln.

3. Das Gleichgewicht der Humore steigert Ojas und damit die sexuelle Energie.

Nach dem Āyurveda beruht das körperliche Wohlbefinden auf dem Gleichgewicht der drei Humore, die zusammen die physikalischen und mentalen Funktionen des Körpers bestimmen. Wenn diese Humore im Gleichgewicht sind, bleibt man gesund und Ojas nimmt zu. Ojas ist die Vitalität des Körpers, seine Fähigkeit, die Abwehrkräfte des Immunsystems gegen Attacken von außen zu mobilisieren. Mit der Zunahme der Vitalkraft des Körpers erhöht sich auch die sexuelle Kraft. Und last not least: Je vitaler man ist, desto größere sexuelle Anziehungskraft besitzt man und desto stärker wird auch das eigene Verlangen. All diese Faktoren zusammen tragen dazu bei, daß man die Sexualität in ihrer ganzen Intensität und Tiefe wirklich genießen kann.

4. Sowohl Männer als auch Frauen müssen ihre körperlichen Kräfte entwickeln.

Frauen sollten nicht vergessen, daß eine wirklich erfüllende sexuelle Erfahrung auch von ihnen die Entwicklung ihrer körperlichen Kräfte verlangt. Sie sollten sich auch keineswegs nur passiv verhalten, sondern alles tun, um die Palette ihrer sexuellen Ausdrucksmöglichkeiten zu vergrößern. Oft setzt man «Körperkraft» und «Männlichkeit» in eins und meint, es sei Aufgabe des Mannes, seine Partnerin sexuell zu befriedigen. Bloße sexuelle Befriedigung ist aber eine äußerst oberflächliche Angelegenheit und sagt nichts über die wahre Intensität und Tiefe eines solchen Erlebnisses aus. Sie bedeutet Lust und ein momentanes Glücksgefühl, aber sie wird einen nicht in jenen Zustand versetzen, in dem jede Pore des Körpers miteinbezogen ist und die Tiefen des Geistes berührt werden bis hin zur Erfahrung des reinen Bewußtseins. Das ist nur möglich, wenn auch die Frau aktiv am sexuellen Akt beteiligt ist und nicht nur alles passiv mit sich geschehen läßt. Während der sexuellen Vereinigung finden Freude und Lust durch eine Kette von Aktionen und Reaktionen ihren Ausdruck. Das aktive und angemessene Handeln des einen fordert das Tun des anderen heraus. (Näheres dazu siehe Kapitel IX.)

5. Regelmäßige Körpermassage sensibilisiert den Tastsinn.

Regelmäßige Massage macht die Haut weich und sensibler. Der Tastsinn ist beim sexuellen Kontakt der erste und wichtigste aller Sinne, und deshalb sollte man unbedingt etwas für seine Schärfung tun. Außerdem ist eine regelmäßige Massage entspannend und hält Vāta im Gleichgewicht. Massieren lassen kann man sich von zu Zeit zu Zeit von jemandem, der das professionell macht. Sie können sich aber auch regelmäßig, etwa einmal die Woche, selbst massieren, am besten, bevor Sie ein Bad nehmen. In unserem Zusammenhang ist allerdings die gegenseitige Massage der Partner am wirkungsvollsten. Diese Massage sollten beide lernen und systematisch anwenden.[3] (Einige der wichtigsten Massagepunkte werden in Anhang 2 genannt.)

6. Man sollte für einen angenehmen Körpergeruch sorgen.

Ein unangenehmer oder starker Körpergeruch kann die sexuelle Kommunikation negativ beeinflussen. Manche Menschen versuchen, ihren Körpergeruch durch Parfum oder Toilettenwasser zu kaschieren. Das hilft zwar manchmal, zumindest kurzfristig, kann aber auch dazu führen, daß sich der körpereigene Geruch mit dem künstlichen zu einer höchst unerfreulichen Duftnote mischt. Deshalb empfiehlt es sich, dieses Problem ganz grundsätzlich anzugehen. Zumal der natürliche angenehme Körpergeruch wie ein Aphrodisiakum wirkt.

Menschen, bei denen Pitta dominiert oder bei denen dieser Humor gestört ist, neigen zu einem strengen Körpergeruch. Sie schwitzen stark und haben meist eine fettige Haut. Sie sollten sich darum bemühen, diesen Humor zu besänftigen, um ihr Problem loszuwerden. Gründliche, regelmäßige Körperpflege steht dabei natürlich an erster Stelle. Dann sollten sie Nahrungsmittel zu sich nehmen, die Pitta reduzieren, wie Reis, kalte Milch, grünes Gemüse und Salate, frisch zubereitete Getreideprodukte usw., sie sollten weniger Fleisch essen, weniger Kartoffeln, Knoblauch und andere streng riechende Speisen. Nach dem Genuß von intensiv riechenden Speisen oder Gewürzen sollten Sie Kardamom, Anis oder Betelnuß (die Frucht der Arekapalme) kauen. Um die Haut grundlegend zu reinigen und vor Krankheiten zu bewahren, sollte man von Zeit zu Zeit eine Ganzkörperpackung machen, zum Beispiel mit Sandelholzpaste oder Lehm, die beide besonders wirksam sind bei der Behandlung eines gestörten Pitta.

Manche Menschen merken gar nicht, daß sie unangenehm riechen – sie haben sich sozusagen an sich selbst gewöhnt. Vielleicht waschen sie sich sogar täglich, steigen danach aber wieder in die bereits getragenen Sachen. Auf jeden Fall sollten Sie nicht zögern, über dieses Problem zu reden, und sich um eine Lösung bemühen. Kein Aphrodisiakum kann helfen, bevor nicht solche Anti-Aphrodisiaka erfolgreich bekämpft worden sind.[4] Ein nach Schweiß riechender sauberer Körper dagegen wirkt oft erotisierend.

7. Man sollte sich bemühen, seine sinnliche Wahrnehmungsfähigkeit zu verbessern.

Wie weiter oben schon bemerkt, sind am sexuellen Akt alle fünf Sinne beider Partner beteiligt. Um also die sexuelle Erfahrung zu intensivieren, empfiehlt es sich, die Funktionsfähigkeit der Sinne bewußt zu stärken. Das sollte ganz langsam, mit ruhigem Geist und viel Ausdauer, geschehen. In den beiden vorangegangenen Sūtras sagten wir bereits, daß regelmäßige Massagen den Tastsinn fördern und daß ein angenehmer Geruch des Körpers wie ein Aphrodisiakum wirken kann. Wenn wir von der Erweiterung der sinnlichen Fähigkeiten sprechen, dann meinen wir damit nicht nur ihre Entwicklung auf physiologischer Ebene, sondern auch die Schärfung der sinnlichen Wahrnehmung. Um diese zu ermöglichen, müssen wir die latent vorhandenen Fähigkeiten der Sinne wecken und sie in Harmonie mit unserem inneren Selbst weiterentwickeln. Einige sehr schöne Mantras aus dem *Rigveda* sollen diesen Gedanken illustrieren:

«Mögen all unsere Sinnesorgane, Träger des menschlichen Lebens, Schenker reicher Belohnung, in vollkommener Übereinstimmung mit dem inneren Selbst – der Seele – wirken. Mögen unsere geschwind sich bewegenden Sinne, die Schenker von Glück, mit Vollkommenheit wirken, so wie die Strahlen der

Sonne uns freundlich das Licht des Tages bringen. Mögen alle unsere Sinnesorgane frei sein von Verfall. Mögen sie voll werden von Erkenntnis und frei von Bosheit. Sie sind fähig, die Strahlen des göttlichen Wissens zu empfangen und weiterzuschicken. Mögen alle davon gesättigt werden.»[5]

Man sollte sich um eine Schärfung des Geruchssinns bemühen, indem man die verschiedenen Gerüche, die einen umgeben, erkennen lernt. Sie sollten den Duft einer Blume oder eines bestimmten Gewürzes tief einatmen und diese Luft in sich bewahren, indem Sie beide Nasenflügel zuhalten. Konzentrieren Sie sich auf den Duft, und atmen Sie diesen Duft dann langsam aus. Machen Sie das mehrmals, bevor Sie zur nächsten Blume übergehen, und führen Sie diese Übung auch mit anderen Gerüchen durch, zum Beispiel mit dem Duft eines Nadelwaldes, feuchter Erde, der See usw. Wenn Sie auf diese Weise Ihren Geruchssinn schärfen, hilft Ihnen das, eine ganz besondere Beziehung zu den verschiedenen Teilen des Körpers Ihres Partners aufzunehmen, und Sie werden sich außerdem Ihres eigenen Körpergeruchs bewußt. Sie werden feststellen, daß Ihr Körper während der verschiedenen Phasen des Menstruationszyklus unterschiedlich riecht. Der Körpergeruch verändert sich auch entsprechend der Jahreszeit und der Nahrung, die Sie zu sich nehmen. Stark riechende Nahrungsmittel strömen ihren Geruch meistens über die Schweißabsonderung aus, zum Beispiel in den Achselhöhlen, und bei Frauen auch in den Geschlechtsorganen.

Entwickeln Sie eine neue Sensibilität gegenüber den verschiedenen Geschmäckern unserer Welt. Weisen Sie ein unbekanntes, exotisches Gericht nicht zurück, ohne es wenigstens probiert zu haben. Der Geschmackssinn und der Geruchssinn sind eng miteinander verbunden, nicht nur beim Essen, sondern auch bei der sexuellen Kommunikation, denn die intensiv riechenden und schmeckenden Nahrungsmittel lassen ihren Geruch und ihren Geschmack in den verschiedenen Teilen des Körpers zurück.

Sie sollten auch versuchen, Ihre Stimme angenehm klingen zu

lassen und Ihr Hörvermögen zu schärfen – zum Beispiel, indem Sie sich mit Musik beschäftigen, singen oder eine fremde Sprache lernen. Hören Sie auf natürliche Klänge wie den Gesang der Vögel, das Plätschern des Wassers, das Rauschen der Blätter usw. Konzentrieren Sie sich darauf, und versuchen Sie, sie wiederzuerkennen.

Entwickeln Sie Ihre Fähigkeit, wirklich zu sehen, lernen Sie, die sich ständig verändernden verschiedenen Formen und Farben in ihrer Umwelt zu *schauen*. Gehen Sie nicht achtlos an den Bäumen am Straßenrand vorbei, ohne zu bemerken, wie sie sich entsprechend den verschiedenen Jahreszeiten verändern. Betrachten Sie sorgfältig die wachsenden Setzlinge, und sehen Sie, wie die Knospen langsam zu Blüten zu werden.

Indem man die Kraft seiner Sinne entwickelt, wird man fähig, die Intensität der sexuellen Erfahrung zu verstärken. Aber nicht nur das: Die gesteigerte Sensibilität hilft Ihnen in jedem Lebensbereich. Man fängt an, viel mehr zu sehen von dem, was um einen herum geschieht, es besser zu begreifen und weiser zu beurteilen.

8. Biegsamkeit, Geschmeidigkeit und Beweglichkeit der verschiedenen Teile des Körpers lassen einen graziöser wirken, verbessern die Gesundheit und steigern die sexuellen Fähigkeiten.

Auf der körperlichen Ebene ist es äußerst wichtig, entspannt, biegsam und geschmeidig zu sein. Da ist allerdings nur dann möglich, wenn auch der Geist entspannt ist. Ein angespannter, sorgenvoller oder unruhiger Geist läßt den Körper innen und außen verkrampfen.

Um den Körper biegsam zu machen, muß man zunächst einmal mehrmals am Tag seine Haltung überprüfen. Bei den meisten Menschen sind die Schultern, die Wirbelsäule und der

Unterleib angespannt. Wir müssen daher vor allem etwas für unsere Entspannung tun, und zwar am besten mit Hilfe verschiedener Yoga-Übungen.[6] Ein geschmeidiger Körper ist die beste Voraussetzung für die verschiedensten sexuellen Aktivitäten. Die Gelenke Ihrer Füße, Knie, Hüften, Hände, Ellbogen und Schultern sollten biegsam sein, und auch das erreichen Sie am besten durch verschiedene Yoga-Übungen (siehe dazu Anhang 2).

Unsere Wirbelsäule, die unser Rückenmark schützt, ist ein ausgesprochen biegsamer Teil des Körpers. Die meisten Menschen büßen an Schönheit und Beweglichkeit ein, weil sie falsch – verspannt und verkrampft – stehen und gehen. Sie müssen lernen, ihren Bewegungsradius zu vergrößern, indem sie ihren Körper lehren, sich zu drehen und zu winden wie eine Schlange. Diese Bewegungen dienen nicht nur der Gesundheit, sie lassen eine Frau auch eleganter wirken und tragen dazu bei, das sexuelle Erlebnis zu verlängern und zu intensivieren. Sie können sie lernen, indem Sie sich im Schneidersitz vorwärts und rückwärts beugen und sich dabei, so weit wie möglich recken und strecken. In ähnlicher Weise müssen Sie lernen, runde Bewegungen von der Basis der Wirbelsäule aus zu machen. Diese Bewegungen sollten während des Beischlafs in den verschiedensten Positionen ausgeführt werden. In Anhang 2 werden mehrere Methoden vorgestellt, mit deren Hilfe man sie üben kann.

Alle diese Bemühungen um den eigenen Körper dienen natürlich nicht nur dazu, die sexuelle Lust oder die Intensität der sexuellen Erfahrung zu steigern, sind doch die verschiedenen Dimensionen unserer Existenz alle miteinander verbunden und voneinander abhängig. Und so kann man sich auch nicht ausschließlich auf die Sexualität konzentrieren, da sie nur ein Teil unserer vielschichtigen Existenz und mit den anderen Lebensbereichen verwoben ist. Man muß, will man diese Erfahrung intensivieren, die Qualität des Lebens insgesamt verbessern. Yoga-Übungen werden Sie kräftigen und Ihr Energiepotential ganz allgemein vergrößern. Das wird Ihnen helfen, Ihre Lebensqualität in jeder Hinsicht zu verbessern.

9. Mit Hilfe von Yoga-Übungen sollte die Fähigkeit entwickelt werden, sich in einer bestimmten Stellung zu halten.

Yogāsanas oder Yoga-Haltungen helfen, die Konzentration des Geistes, die Selbstdisziplin und die Beweglichkeit zu verbessern. Sie verleihen dem Körper rundum neue Vitalität. Manche Haltungen sind ausdrücklich für Frauen gedacht, die ihren Uterus beleben und die Muskeln ihrer Vagina stärken wollen. Die Fähigkeit, in einer bestimmten Haltung zu sitzen, hilft auch, während des sexuellen Verkehrs verschiedene Positionen einzunehmen. Bestimmte Positionsveränderungen vergrößern die Wahrnehmungsmöglichkeiten und helfen, weitere Bereiche der Sexualität zu entdecken. Allerdings werden Sie nur dann die Tiefe und Vielfalt sexueller Aktivität erfahren, wenn Ihr Partner über eine ebenso große Körper- und Geistesbeherrschung verfügt. Ein Mensch mit einem ungelenken Körper und einer nervösen geistigen Verfassung kann auf diesem Gebiet sehr enttäuschend sein. Deshalb sollten Sie dafür sorgen, daß Ihr Partner sich körperlich und geistig ebenso übt wie Sie selbst. Im allgemeinen sind Frauen eher bereit, die verschiedenen Praktiken zu erlernen, die nötig sind, um die tiefere Dimensionen der Sexualität zu erkunden. Letztlich liegt das an ihrem höheren Anteil an Sattva und Tamas. Wenn Ihr Partner nicht bereit ist, sich diese Techniken anzueignen, dann sollten Sie ihn so nach und nach einweihen, indem Sie ihm das positive Ergebnis ihres neuen Wissens und Könnens vorführen.

10. Prānāyāma-Übungen steigern die Intensität der sexuellen Erfahrung auf allen Ebenen.

Prānāyāma ist eine der acht Yoga-Übungen (siehe Anmerkung 5). Sie besteht darin, sich des Atemvorgangs bewußt zu werden und die Fähigkeit zu entwickeln, den Atemrhythmus – also die Phasen des Einatmens, des Ausatmens und des Atemanhaltens – zu kontrollieren. Langsames, gleichmäßiges und bewußtes Atmen stärkt *prāna*, die lebenswichtige kosmische Energie, die alles durchdringt, auch die Luft, die wir zum Leben brauchen. Prānāyāma-Übungen steigern die allgemeine Vitalität des Körpers und die Konzentrationsfähigkeit des Geistes. Das Gelingen von Yoga-Übungen und -Haltungen hängt davon ab, wie weit man seine Atmung beherrscht. Entsprechendes gilt für das Gelingen sexueller Positionen.

Deshalb sollten nicht nur beide Partner diese Übungen lernen, sondern sie auch vor Beginn ihrer sexuellen Aktivitäten durchführen (siehe dazu Kapitel VIII). Sie tragen dazu bei, die sexuelle Kraft und Ausdauer zu steigern, und helfen, den Höhepunkt, den Augenblick der Glückseligkeit, zu verlängern, ihn zu einer spirituellen Erfahrung zu erweitern und die Fähigkeit zu entwickeln, die sexuelle Energie für die verschiedensten Zwecke zu nutzen. (Näheres dazu in Kapitel XI.)

11. Auf den verschiedenen Ebenen, von denen die körperliche die grundlegendste ist, spielt die Konvergenz eine große Rolle.

Es gibt die unterschiedlichsten Meinungen zum Thema Übereinstimmung bei der Wahl des Partners. Man kann da nicht einen einzigen Gesichtspunkt herausgreifen, weil Konvergenz auf allen Ebenen herrschen sollte. Außerdem ändern sich die Menschen, wie alles im Universum, ständig, weshalb auch die Konvergenz der Beziehung keinen statischen Charakter haben kann.

Die körperliche Übereinstimmung ist die Basis jeder erotischen Beziehung. Es mag sein, daß Sie von der Intelligenz oder dem Mut einer Person beeindruckt sind, aber wenn der/die Betreffende Sie körperlich nicht anzieht, werden Sie seine/ihre körperliche Nähe eher meiden als suchen. Damit ist übrigens nicht die «Schönheit» oder «Häßlichkeit» eines Menschen gemäß der gerade herrschenden gesellschaftlichen Norm auf diesem Gebiet gemeint. Viele andere Dinge können anziehend oder abstoßend wirken, etwa der Körpergeruch, die (mangelnde) Sauberkeit, die Art zu reden, zu essen usw. Es läßt sich da einiges tun, um für das andere Geschlecht im wahrsten Sinne des Wortes «attraktiver» zu werden.

Das ganz alltägliche Benehmen eines Menschen offenbart sehr viel über sein sexuelles Verhalten. Deshalb sollten Sie die Person ihrer Wahl genauestens beobachten, bevor Sie Ihre Entscheidung treffen. Auf diese Weise läßt sich so manches Problem vermeiden, und Sie schützen sich vor unliebsamen Überraschungen. Wenn ein Mann sehr schnell ißt und oft auf die Uhr schaut oder sonstwie hektisch wirkt, ist anzunehmen, daß er auf sexuellem Gebiet noch viel lernen muß. Finden Sie ihn trotzdem attraktiv, sollten Sie von dieser Beziehung in Sachen Erotik nicht allzuviel erwarten. Ähnliches gilt, wenn jemand sehr langsam ißt und ewig braucht, um auf etwas zu reagieren, oder wenn er beim Erzählen mitten im Satz abbricht. Im Hinblick auf die sexuelle Kommunikation ist das alles andere als vielversprechend. Jemand, der zuviel redet und Sie mit einem Wortschwall beeindrucken will, merkt nicht einmal, daß Sie müde und gelangweilt sind. Er ist im Grunde unsicher, und Sie können damit rechnen, daß sich Ihre sexuelle Beziehung zu ihm kompliziert und wenig erfolgreich gestalten wird.

Sie sollten die körperliche Übereinstimmung auch unter dem Aspekt des dominierenden Humors betrachten. Eine beleibte Person mit klaren Augen ist kapha-dominiert. Sie wird immens viele Sexualsekrete produzieren, aber es könnte sein, daß sie sich nicht besonders oft nach sexuellen Aktivitäten sehnt. Dieser Typus liebt meist ein gemütliches Zuhause und ist ein guter Kamerad. Ein vāta-beherrschter Mensch mit leicht hektischem Gebaren und schnellen Bewegungen ist im allgemeinen ein enthusiastischer Bewunderer des anderen Geschlechts und versteht es gut, Kontakte zu knüpfen. Seine sexuelle Praxis hält jedoch meist nicht, was seine Worte versprochen haben. Wer pitta-beherrscht ist, hat normalerweise eine erhitzte Haut, riecht vielleicht streng und schwitzt stark. Er wird mehr sexuelle Energie und Stärke besitzen als die beiden anderen Typen. So können die Humore Ihnen auch in dieser Hinsicht Wegweiser sein.

Um körperliche Kraft zu gewinnen, sollten sowohl die Männer als auch die Frauen alles tun, um das Gleichgewicht zwischen den drei Humoren zu erhalten bzw. wiederherzustellen und Ojas im Körper zu stärken (siehe Kapitel X über Regeneration und Aphrodisiaka). Nur so werden Sie die Sexualität in all ihren Dimensionen erfahren können.

Damit endet Kapitel VI des Kamasutra für Frauen, in dem es um die Beziehung zwischen körperlicher Kraft und Sexualität ging.

# *VII Verstandeskraft und Sexualität*

*Er verzehrt die Welt,*
*sein Name ist Kāma.*
*Er gibt mit der einen und nimmt mit der anderen Hand,*
*er ist voller Intelligenz und Stärke.*
*Er ist ständig in Bewegung und kaum zu unterdrücken.*
*Er hat die Gestalt des Feuers,*
*und wir bieten ihm Opfergaben dar.*

Atharvaveda

1. Wer zu einer tiefen Erfahrung der Sexualität kommen will, muß seine Verstandeskraft weiterentwickeln.

In manchen alten indischen Texten wird der Verstand als der sechste Sinn betrachtet. Was ist damit gemeint?

Die wahre Kraft des Seins und der Grund des Bewußtseins ist die Seele. Die Seele hat keine Substanz, sie ist reine Energie, Teil der kosmischen Energie. Der Verstand ist ein Medium, um mit dieser ungeheuren Energiequelle in Kontakt zu kommen. Auf der einen Seite ist der Verstand Ursache dafür, daß wir uns mit der materiellen Welt befassen. Auf der anderen Seite können wir nur durch ihn die in uns schlummernde Energie wecken. Der Verstand besitzt also zwei Erscheinungsformen: eine, die der Wahrnehmung der Sinne Gestalt verleiht, und eine andere, die, jenseits der Sinne, den Zustand der Stille erreicht hat. In dieser letztgenannten Form wird der Verstand mit der Seele eins und ist dann die Quelle der Kraft oder *shakti*.

Der Verstand reiht ununterbrochen Gedanken an Gedanken, sogar im Schlaf. Durch bewußte andauernde Anstrengung kann man diese Gedankenkette aber unterbrechen und den Verstand zur Ruhe kommen lassen. Die Stärke des Verstandes liegt also in der Entwicklung der Fähigkeit, die Sinneserfahrung auszublenden und einen Zustand der Stille zu erlangen. Der erste und einfachste Schritt in diese Richtung besteht darin, daß man sich auf einen Gegenstand oder ein Symbol konzentriert. Prāṇāyāma-Übungen (bewußtes Atmen) erleichtern den Prozeß der Konzentration.

Wenn man auf diese Weise Herrschaft über den eigenen Verstand gewinnt, kann man ihn nutzen, um die sexuelle Erfahrung zu verlängern und zu intensivieren. Sexualität ist ein natürliches Bedürfnis und die Lust ein natürliches Ergebnis des sexuellen Handelns. Die Mobilisierung der inneren Energie zur Steigerung dieser Lust in all ihren sinnlichen und geistigen Dimensionen ist Ziel der Stärkung unserer Verstandeskraft.

2. Während des Beischlafs sollte sich der Verstand voll auf die sexuellen Aktivitäten konzentrieren – bis hin zur «Einspitzigkeit».

Jede Art der Kommunikation erfordert die Konzentration des Verstandes. Beim sexuellen Akt findet die Kommunikation zwischen den Partnern auf mehreren Ebenen statt; verschiedene Teile des Körpers kommen miteinander in Berührung, und sämtliche Sinne sind involviert. Nur indem sich der Verstand voll auf die Gesten, Bewegungen, Ausdrücke und Gefühle konzentriert, kann man wirklich miteinander kommunizieren und die Lust steigern. Die Fähigkeit, sich zu konzentrieren, muß man lernen, und Sie sollten nicht denken, daß es Ihnen während des sexuellen Akts gelingt, wenn Sie es sonst nicht können. Tatsächlich ist es wichtig, daß wir uns auf alles, was wir tun, konzentrieren und bei jeder Tätigkeit im gegebenen Moment voll da sind. Wer das befolgt, steigert seine Fähigkeit und Effizienz in allen Lebensbereichen – und eben last, not least auf sexuellem Gebiet. Denn nur wenn die Kommunikation klappt, ruft eine Aktion die richtige Reaktion hervor, und beide empfinden Vergnügen und Befriedigung. Wenn Sie sich nicht konzentrieren, können Sie auch nicht sensibel genug auf die Bedürfnisse des anderen eingehen und ebensowenig wird die Lust des Partners Sie mitreißen.

Wenn man die Konzentration auf eine bestimmte Sache, einen Gegenstand oder eine Handlung länger aufrechterhält, bis das ganze Bewußtsein nur davon erfüllt ist, nennt man das «Einspitzigkeit». Diese steigert die Freude am Sex, trägt dazu bei, die sexuelle Kraft und Ausdauer zu erhöhen und führt zu intensivster Erfüllung. «Einspitzigkeit» hilft den Sinnen, sich ungehemmt auszudrücken, und das ist sehr wichtig für eine tiefe, spirituelle Erfahrung durch die sexuelle Vereinigung (siehe Kapitel XI).

3. Geistige Blockaden sind ein Hindernis für die sexuelle Betätigung.

Wenn die geistige Energie aus irgendeinem Grunde blockiert ist, dann berührt dies auch den sexuellen Ausdruck. Obwohl man gern möchte, ist man unfähig, sein Wollen in die Tat umzusetzen. Das Verlangen treibt einen, mit der sexuellen Aktivität zu beginnen, aber dann fehlt der Drive, damit fortzufahren. Eine geistige Blockade kann durch die verschiedensten negativen Emotionen verursacht sein, wie zum Beispiel Schock, Sorgen, Wut, Haß, Trauer. Sie kann auch durch die Unterdrückung des sexuellen Verlangens nach jemandem, der nicht zu haben ist, entstehen. Wenn man sich mit diesem Problem nicht auseinandersetzt, kann es zu ernsthaften gesundheitlichen Störungen führen.

Es gibt verschiedene Methoden, um die geistige Blockade aufzuheben. Auf der körperlichen Ebene ist erzwungenes Erbrechen ein probates Mittel – zum Beispiel, indem man ein Glas gesalzenes warmes Wasser trinkt. Auf der emotionalen Ebene hilft oft erzwungenes Weinen. Es kann auch hilfreich sein, zu schreien, laut zu singen oder sich in einer anderen Form starken Selbstausdrucks zu üben wie Schauspielern, Malen usw.

4. Es ist äußerst wichtig, ein Gefühl des Einsseins mit dem anderen zu entwickeln.

Das Gefühl des Einsseins läßt sich nicht auf rationalem Wege erzeugen. Dieses Sūtra will nicht sagen, daß Sie während des sexuellen Aktes ständig daran denken sollen, wie innig Sie und Ihr Partner doch miteinander verschlungen sind. Die Empfindung des Einsseins ist eine Erfahrung, die man hat, wenn man in der sexuellen Kommunikation Vollkommenheit erreicht. Dazu kommt man durch persönlichen Einsatz und durch die Entwicklung der Einspitzigkeit des Verstandes. Die Einheit der männlichen und weiblichen Energie ist der Urgrund der Welt der Phänomene (siehe Anhang 1). Und die Erfahrung des Einsseins während des sexuellen Aktes symbolisiert die Entstehung der Welt der Erscheinungen.

5. Die Einspitzigkeit des Verstandes steigert die persönliche Ausstrahlung und verstärkt die Anziehungskraft.

Wie wir schon sagten, ist Einspitzigkeit die Fähigkeit des Verstandes, den Zustand der Konzentration über längere Zeit aufrechtzuerhalten. Je besser man nun den Verstand unter Kontrolle hat und mit Hilfe von Yoga-Übungen gelernt hat, Einspitzigkeit zu erzielen, desto mehr persönliche Ausstrahlung und Attraktivität gewinnt man. Äußere Schönheit im landläufigen Sinne ist nämlich oft weniger wichtig als jene innere Ausstrahlung, die dem Betreffenden Charme und Anziehungskraft verleiht. Und seine innere Energie so zu entwickeln, daß sie eventuelle körperliche Mängel ganz einfach «überstrahlt», ist jedem von uns gegeben. So läßt sich also zusammenfassend sagen, daß die Einspitzigkeit des Verstandes Freude und Lust am Sex steigert und darüber hinaus die Anziehungskraft dessen, der diese Technik beherrscht, erhöht – und diese Anziehungskraft wiederum ist schließlich die Voraussetzung für jede sexuelle Interaktion.

6. Die sexuelle Energie darf nicht durch sexuelle Phantasie verschwendet werden, man sollte den Verstand stets unter Kontrolle haben.

Sexphantasien sind eine Folge mangelnder Selbstkontrolle. Auf diese Weise verschwendet man sexuelle Energie, noch bevor sie die Chance hatte, bei geeigneter Gelegenheit aktiv zu werden. Auf die sexuelle Vereinigung sollte man sich konzentrieren, wenn es soweit ist, um auf diese Weise seine Sinnlichkeit voll ausleben. Wer jedoch an etwas denkt, dessen Zeit noch nicht gekommen ist, vergeudet seine Energie in der Vorbereitung auf ein zukünftiges Ereignis. Üben Sie lieber ihre Konzentrationsfähigkeit und Selbstkontrolle, um im entscheidenden Augenblick sexuelle Erfüllung zu finden. Es mag ja ganz angenehm sein, sich an erfreuliche sexuelle Erlebnisse zu erinnern oder eventuell zu erwartende Freuden in der Phantasie vorwegzunehmen, aber das schwächt die Kraft des Verstandes. Die einfachste Regel für die Entwicklung der geistigen Kraft ist, stets ganz im Hier und Jetzt zu sein, ganz bei dem, was man gerade macht. Wenn Sie schon am Schreibtisch vom kommenden Abend träumen, schadet das nur Ihrer Arbeit – und schwächt dazu noch Ihre sexuelle Ausdrucksfähigkeit, wenn es schließlich soweit ist. Falls Sie sich von solchen Gedanken überwältigt fühlen, unterbrechen Sie sie bewußt, machen Sie ein paar Prānāyāma-Übungen und lenken Sie

Ihre Konzentration auf die Arbeit, mit der Sie gerade beschäftigt sind, zurück. Manche meinen jetzt vielleicht, daß doch so viele Beschäftigungen rein mechanischer Natur sind und man sich darauf nicht so konzentrieren braucht. Ich schlage vor, diese Zeit zu nutzen, um die geistigen Kräfte zu entwickeln, indem man sich bewußt auf einen einzelnen Gegenstand konzentriert (siehe dazu Anmerkung 1 des Vorworts).

Es gibt Leute, die glauben, sie seien sexy. Manche Frauen ziehen sich aufreizend an, tragen ein «verführerisches» Make-up auf und flirten auf Teufel komm raus. Männer stellen ihre sexuelle Energie auf andere Art und Weise zur Schau. Es gibt auch Menschen, die ihre sexuelle Energie ausschließlich als Mittel zum Zweck einsetzen – zum Beispiel für eine bessere Stellung, mehr Geld oder Status. Auf diese Weise schwächt man seine sexuelle Energie oder verhindert zumindest, daß man jemals die Erfahrung wahrer sexueller Vereinigung auch auf der geistigen oder spirituellen Ebene macht.

7. Unsicherheit, Angst und Zweifel mindern die sexuelle Anziehungskraft und verhindern sexuelle Erfüllung; sie sollten durch Stärkung der geistigen Kraft überwunden werden.

Unsicherheit, Angst und Zweifel können einer erfüllten Sexualität auf verschiedene Weise im Wege stehen. Wer stets von diesen Empfindungen beherrscht ist, wird es in seinem sexuellen Verhalten natürlich ebenfalls sein. Doch es gibt auch Männer und Frauen, die solche Gefühle speziell in der Beziehung zu ihrem Partner haben.

Es ist nicht leicht zu definieren, was sexuelle Anziehungskraft nun eigentlich ist. Aber die Erfahrung lehrt, daß selbst eine äußerlich attraktive Frau (oder ein Mann) nicht besonders reizvoll wirkt, wenn sie (er) offensichtlich voller Zweifel, Furcht, Mißtrauen usw. steckt. Umgekehrt kann eine nicht besonders hübsche Person sehr ansprechend und attraktiv wirken, weil sie locker, freundlich und furchtlos auftritt, Selbstsicherheit und Selbstvertrauen ausstrahlt.

Furcht, Unsicherheit und Zweifel können auch den sexuellen Ausdruck hemmen. Manche Menschen sind unfähig, sich während der sexuellen Vereinigung voll hinzugeben, weil sie an der Aufrichtigkeit des anderen zweifeln; oder sie fühlen sich unsicher und haben Angst, ihren Partner zu verlieren. Steigern Sie sich nicht in dergleichen Gefühle hinein. Sexuelle Partner sollten Ehrlichkeit in ihrer Beziehung voraussetzen und eventuelle Zweifel so rasch wie möglich aus der Welt schaffen. Das Ziel des Geschlechtsverkehrs sollte es sein, eins miteinander zu werden, Zweifel und Angst jedoch bilden dafür schier unüberwindliche Hindernisse. Nehmen Sie daher all ihren Mut zusammen und bemühen Sie sich um Wahrhaftigkeit und Furchtlosigkeit. Es ist weder gut für Ihre Gesundheit noch für Ihr Sexualleben, negative Gefühl mit sich rumzutragen. Ja, ständig von Furcht, Unsicherheit und Zweifel beherrscht zu sein, ist an sich bereits eine Krankheit, die viel Leid verursacht.

Viele Frauen fürchten sich davor, alt zu werden, sie haben Angst, ihre Schönheit einzubüßen – und verlieren dadurch den Charme, den das Alter schenken kann. Manche Frauen sind schon alarmiert, wenn sie die ersten Spuren von Falten in ihrem Gesicht entdecken, weil sie Schönheit und Jugend eine zu hohe Bedeutung beimessen. Es scheint das einzige zu sein, was sie besitzen. Sie tun nichts für die Entwicklung ihrer inneren Kraft und versuchen gar nicht, die reiche Quelle der latent in ihnen vorhandenen Energie bewußt anzuzapfen. Mit dem Schatz an Erfahrung, den sie im Laufe der Jahre haben sammeln können, gehen sie achtlos um, bringen dadurch ihr Leben aus der Balance und tragen so dazu bei, vor der Zeit zu altern. Sie sollten statt dessen auf die Kraft ihres Verstandes bauen und eine ganzheitliche Lebensweise bevorzugen, dann werden sie auch lange schön, gesund und fit bleiben.

Vor allem mit Beginn der Menopause packt viele Frauen die Furcht vor dem Altwerden. Dabei ist Altern ein sehr langsamer lebenslanger Prozeß, der mit dem Moment unserer Geburt beginnt. Kinder freuen sich, noch älter – erwachsen – zu werden, doch schon der junge Erwachsene betrachtet sein Älterwerden mit gemischten Gefühlen. Warum? Weil er seinem physischen Selbst zuviel Bedeutung beimißt und nicht akzeptieren will, daß der Körper mit der Zeit abbaut und die Energie nachläßt. Auf diese Weise betrügen sie sich selbst um die Erfahrung, daß jeder Lebensabschnitt seinen eigenen Reiz hat, und versäumen es, diese Reize voll auszukosten.

Frauen sollten nicht meinen, daß mit ihrem fünfzigsten Geburtstag das Ende ihres Sexuallebens gekommen sei (manche machen sich sogar schon mit vierzig Sorgen deswegen). Sie sollten sich vielmehr durch die Erfahrungen, die sie in den vergangenen Jahrzehnten sammeln konnten, bereichert fühlen. Wenn Sie jedoch glauben, zu wenig Erfahrungen gemacht zu haben, sollten Sie keine Zeit verlieren und versuchen, jetzt möglichst viel nachzuholen. Man sollte nicht mit dem Gefühl alt werden, irgend etwas verpaßt zu haben. Eigentlich ist dies eine Zeit, auf die Sie sich freuen können, eine Zeit, in der der Reichtum der Erfahrung Sie trägt. Lassen Sie also keinen Trübsinn aufkommen, weil Sie sich vor dem Alter fürchten, und verderben Sie sich nicht die kostbarsten Jahre Ihres Lebens – zumal solche negativen Gedanken Ihr sexuelles Ausdrucksvermögen beeinträchtigen und dann, sozusagen als selffulfilling prophecy, Ihr Sexualleben wirklich zum Erliegen kommt.

8. Die Vorstellung von Dauer ist eine Illusion, von der wir uns befreien sollten.

Laut dem *Mahābhārata* ist das Überraschendste in dieser Welt, daß jeden Tag unzählige Menschen sterben und die Lebenden trotzdem glauben, ihnen könne der Tod nichts anhaben. Man sollte versuchen, sich die grundlegende Weisheit zu eigen zu machen, daß nichts für immer bleibt und alles ständig der Veränderung unterliegt. Die Hindu-Tradition geht sogar so weit zu sagen, daß auch die Welt der Phänomene verschwinden wird, wenn eines Tages ihr Seinsgrund nicht mehr gegeben ist (nämlich die Vereinigung von Purusha, der universellen Seele, und Prakriti, der kosmischen Substanz).

Empfindungen wie Furcht, Unsicherheit usw., wie wir sie im vorangegangenen Sūtra angesprochen haben, bestimmen uns, weil wir tief im Innern glauben wollen, daß wir ewig leben. Das ist auch der Grund dafür, daß wir das Phänomen des Alterns nicht akzeptieren. Wir sollten uns die fundamentale Wahrheit vor Augen halten, daß Leben die Summe der Veränderungen ist, die vor sich gehen. Es entspricht der Natur unseres Universums, daß Empfängnis stattfindet, ein Embryo wächst, ein Kind geboren wird, daß ein Mensch die verschiedenen Phasen der Kindheit, der Jugend und des Alters durchmacht und schließlich stirbt. Wenn die Dinge ewig dauern würden, gäbe es unser Universum der Phänomene nicht. Wenn wir in der Lage sind, diese Grundwahrheit des Lebens zu begreifen, werden wir auch imstande sein, angstfrei zu leben, wir werden uns zufriedener und glücklicher fühlen. Diese Eigenschaften sind unerläßlich, wenn wir ein in jeder – und das heißt natürlich auch in sexueller – Hinsicht, erfülltes Leben führen wollen.

9. Üben Sie sich darin, sich mit aller Intensität auf den gegenwärtigen Moment zu konzentrieren.

Dieses Sūtra sollte im Zusammenhang mit dem vorangegangenen gesehen werden. Wenn es uns nämlich gelingt, uns von der Illusion der Dauer zu befreien, können wir lernen, im gegenwärtigen Augenblick zu leben, und uns mit all unserer Energie und

Kraft der Sache widmen, mit der wir uns gerade beschäftigen. Dafür brauchen wir Selbstdisziplin, ein langandauerndes Training und viel Durchhaltevermögen. Diese Einstellung kann dazu führen, daß Sie wirklich intensiv leben, Ihre Effizienz, Produktivität und Kreativität steigern und inneren Frieden erreichen.

Die Fähigkeit, ganz im Hier und Jetzt zu sein, sollte vor allem auch für die sexuelle Vereinigung genutzt werden. Es gibt ständig Veränderungen in der sexuellen Kommunikation, im sexuellen Verhalten und in der Intensität der sexuellen Beziehung – nicht zuletzt dann, wenn man den Partner wechselt. Manche Menschen können es nicht lassen, eine vergangene Beziehung zu glorifizieren, und schaden auf diese Weise ihrer gegenwärtigen. Man sollte nie dem nachweinen, was war, sondern versuchen, das Beste zu machen aus dem, was ist.

Während der sexuellen Vereinigung, nachdem die Sinne durch die verschiedensten sexuellen Aktivitäten (Rajas) zu ihrem Recht gekommen sind, erfolgt für eine Weile der Übergang zu Tamas und dann zu Sattva, das die Erfahrung höchsten Glücks ermöglicht. Diesen einzigartigen Moment sollte man voll genießen und ganz in diese Glückseligkeit eintauchen. Mit Hilfe einer dauerhaften Praxis der Einspitzigkeit des Verstandes und mit der Fähigkeit, ganz im gegenwärtigen Augenblick zu leben, kann man die Dauer des Höhepunkts verlängern.

10. Bei der Wahl des Partners sollte man darauf achten, daß die körperlichen und geistigen Fähigkeiten zusammenstimmen.

Wie bereits erwähnt (Kapitel VI, Sūtra 11), ist die Konvergenz der Partner auf den verschiedenen Ebenen – vor allem auf der so fundamentalen physischen Ebene – sehr wichtig. In diesem Sūtra wird dieser Gedanke weiterverfolgt. Wenn die körperlichen und geistigen Fähigkeiten von zwei Menschen nämlich nicht korrespondieren, werden sie auf keinem Gebiet, natürlich auch nicht auf dem sexuellen, ein erfülltes gemeinsames Leben führen können. Es gibt zahlreiche Gründe für gegenseitige Anziehungskraft. Vor allem jedoch müssen die Betreffenden auf den verschiedenen Ebenen etwas miteinander *teilen:* bestimmte Werte, den Lebensstil, religiöse oder philosophische Vorstellungen, politische Überzeugungen, Hobbys, Leidenschaften usw. Sexualität ist ein Spezialfall dieses Teilens, bei dem zwei Individuen das intensive Gefühl des Einsseins erleben und einen Moment der Glückseligkeit erfahren. Wir können diesen Bereich des Lebens nicht von den anderen Aspekten trennen, denn, wie wir bereits sagten: Alles ist mit allem verbunden. Sexualität wird auf der physischen, geistigen und spirituellen Ebene erfahren, und Ziel dieses Buches ist es, die Wege und Techniken darzustellen, die dazu beitragen, Sexualität auf all diesen drei Ebenen zu erfahren. Wenn zwei Menschen harmonisch miteinander leben, machen sie auch die Erfahrung von Schmerz und Freude gemeinsam und stimmen mehr und mehr zusammen; daraus entsteht eine stärkere Zuneigung zueinander, was wiederum dazu beiträgt, daß die Sexualität auch wirklich in all ihren Dimensionen erfahren werden kann.

Körperliche und geistige Übereinstimmung läßt sich bis zu einem gewissen Grad durch bewußte Anstrengung erreichen. Wenn die beiden allerdings geistig oder körperlich an verschiedenen Enden des Spektrums stehen, ist es kaum möglich, sich an einem Punkt zu treffen. Wenn zum Beispiel eine Künstlerin einen Mann als Partner wählt, der kein Interesse für ihre Malerei oder ihren Gesang hat, sondern Arbeit und Beruf nur unter dem Aspekt des Geldverdienens sieht, dann fehlt dieser Beziehung eine ganz entscheidende Dimension. Er mag gut aussehen, gesund und energisch sein – der geeignete Partner, um eine tiefe sexuelle Erfahrung zu machen, ist er für eine solche Frau nicht. Tatsächlich kann aber die durch Sexualität angeregte Reise ins eigene Innere die Kreativität einer Künstlerin steigern.

Wenn Sie eine abenteuerliebende Person sind, die gern die Welt kennenlernen möchte, dann passen Sie auf, daß Sie nicht an einen ausgesprochen kapha-dominierten Partner geraten, der im Urlaub Jahr für Jahr an denselben oder einen ähnlichen Ort fahren möchte und immer wieder dasselbe Menü bestellt. Ein solcher Mann wird nicht in der Lage sein, mit Ihnen die verschiedenen Dimensionen der Sexualität zu erkunden.

Viele Frauen leben in der Illusion, sie könnten ihre Partner ändern und formen. Zweifellos sind Frauen besonders begabt, andere zu verändern, weil im Vergleich zum Mann ihr Sattva sehr viel stärker ausgeprägt ist. Dennoch steckt in dieser Fähigkeit, wenn sie nur zur Befriedigung des Ego verwendet wird oder weil man seinen Willen durchsetzen will, eine destruktive Energie. Sie betonen dann zu stark Ihr Tamas, und das ist weder für Sie noch für Ihren Partner gut. Wenn Sie die Konzentrationsfähigkeit des Verstandes entwickeln und diese Kraft dann dazu benutzen, auf die gewünschte Veränderung hinzuarbeiten, kann das zu einem positiven Ergebnis führen. Aber das Ziel sollte selbstlos und nicht ego-orientiert sein.

Ein komplexbeladener Mensch, der an die strikte Rollentrennung zwischen Mann und Frau glaubt, ist auch nicht der geeignete Partner, um das Areal der Sexualität ganz auszumessen. Ein solcher Mann wird niemals das Ewigweibliche in Ihnen wecken können. Er mag sexuelle Kraft besitzen, aber er wird nicht in der Lage sein, Sie auf emotionaler Ebene zu befriedigen. Das wird Ihren sexuellen Ausdruck negativ beeinflussen, und es wird bei einer nur oberflächlichen sexuellen Beziehung bleiben.

Die angeführten Beispiele sind in gleicher Weise gültig für Männer und deren Partnerinnenwahl. Im allgemeinen legen Männer mehr Wert auf den körperlichen Aspekt als Frauen und vernachlässigen den geistigen. Solche Partnerschaften sind hoffnungslos und erschöpfen sich in bloßer Familiengründung. Die Partner werden sich schon bald miteinander langweilen, und die Lust auf Sex erlischt nach einiger Zeit ganz.

Es ist also äußerst wichtig, daß sowohl die Männer als auch die Frauen bei der Partnerwahl sehr sorgfältig vorgehen, wenn ihnen daran gelegen ist, die Sexualität in ihrer ganzen Tiefe zu erkunden.

11. Respekt, Sympathie, Verständnis und Mitgefühl sind unverzichtbar, wenn weitere Horizonte in die sexuelle Erfahrung mit einbezogen werden sollen.

Nachdem wir über die verschiedenen Fähigkeiten gesprochen haben, die Sie entwickeln sollten, indem Sie die Kraft des Verstandes stärken, sagt uns nun das letzte Sūtra dieses Kapitels etwas über die Voraussetzungen, die der Sexualpartner mitbringen sollte. «Weitere Horizonte in der sexuellen Erfahrung» bedeuten in diesem Zusammenhang die Erfahrung der Spiritualität durch Sexualität (ein Thema, das in Kapitel XI näher behandelt wird). Um eine spirituelle Erfahrung durch Sexualität erreichen zu können, müssen beide Partner ihr körperliches Selbst vollständig transzendieren und die Ebene des reinen Bewußtseins erreichen.

Die Fähigkeit, das Körperliche zu transzendieren, setzt voraus, daß die beiden in vollkommener Harmonie miteinander leben. Voraussetzung dafür sind gegenseitiger Respekt und Verständnis füreinander, weil dann keiner von beiden versucht, dem anderen seinen Willen aufzuzwingen.

Weder bloße Freundlichkeit noch gar Mitleid sollte die beiden miteinander verbinden, denn daraus resultiert nie Gleichwertigkeit. Mann und Frau ergänzen einander. Der/die eine ist unvollständig ohne die/den andere(n). Wahres Mitgefühl entsteht, wenn der Schmerz des anderen empfunden wird, als sei es der eigene, das Leid des anderen, als wäre man selbst betroffen. Wenn die beiden Partner in der Lage sind, diese Ebene der Kommunikation zu erreichen und so intensiv füreinander zu fühlen, dann können sie während der sexuellen Vereinigung leichter auf die Stufe des Einsseins gelangen.

Damit kommen wir zum Ende von Kapitel VII des Kamasutra für Frauen, in dem es um die Beziehung zwischen Verstandeskraft und Sexualität ging.

# *VIII Atmosphäre, Rituale und Sexualität*

*Wasser ist weiblich,*
*männlich das Feuer,*
*Leben entsteht aus ihrer Vereinigung.*
Satpatha Brahma

1. Weil bei den Frauen Sattva und Tamas überwiegen, sind sie in ihrem sexuellen Ausdruck langsamer und sanfter.

Dieses Sūtra betont noch einmal, daß die Natur der Frau und die Natur des Mannes sich voneinander unterscheiden. Aufgrund der Vorherrschaft von Sattva und Tamas sind Frauen sanfter in ihrem sexuellen Ausdruck. Sie drücken ihre Gefühle und Wünsche eher zurückhaltend und zögernd aus. Sie haben auch eine gewisse Scheu, ihren Körper nackt zu zeigen. Ihr Verlangen wächst, je behutsamer und romantischer das sexuelle Vorspiel ist. So wird jene Atmosphäre von Sicherheit und Vertrauen aufgebaut, die Frauen brauchen, um ihre sexuelle Aktivität voll entfalten zu können.

Im *Manusmirti*, das wahrscheinlich kurz vor Christi Geburt geschrieben wurde, heißt es allerdings: «Eine Frau prüft nicht die Erscheinung des Mannes, noch achtet sie auf irgendwelche anderen Umstände; ob häßlich oder schön, sie hat fleischliche Lust mit ihm, weil er ein Mann ist» (IX, 14). Es sei, heißt es da, ein natürliches Phänomen, daß Frauen den Koitus begehren, sobald sie einen Mann sehen. Frauen hätten einen rastlosen Sinn, sie ließen Beständigkeit in der Liebe vermissen, deshalb sollten die Männer sie gut bewachen.

Obwohl es solche Frauen geben mag, scheint der Autor hier doch vor allem seine eigenen Vorurteile und Probleme wiederzugeben. Die Frau hat nun mal eine Sattva/Tamas-Natur und sollte die ihr eigene Komponente einer gewissen Schüchternheit nicht verleugnen. Auch der immer wieder geäußerten Vermutung, diese weibliche Zurückhaltung sei lediglich das Produkt einer bestimmten Erziehung und anderer gesellschaftlicher Zwänge, kann ich nicht zustimmen. Schon auf der körperlichen Ebene verhält sie sich nicht wie ein Mann. Der Mann kann die Grenze seiner sexuellen Aktivität sehr schnell erreichen und zu einem Orgasmus kommen, während das für die Frau eher selten möglich ist, weil sie im allgemeinen mehr Zeit und sexuelle Anregung dafür benötigt. Eine geradezu symbolische Parallele dazu können wir auf der physiologischen Ebene betrachten, wenn wir Ei und Sperma vergleichen.

Das Nahrungsreservoir Ei, ein einziges ist groß, füllig und langsam, während die vielen Samenzellen leicht und schnell sind und miteinander rivalisieren. Das Sperma wandert zum Ei. Das Ei hat eine feste äußere Haut, die das Sperma durchdringen muß, um zum Ei zu gelangen. Wenn Frauen langsam und scheu sind in ihrem sexuellen Verhalten, dann ist das nur die äußere Manifestation ihrer sexuellen Natur. Wenn sie diese verleugnen und sich um einen direkteren und aggressiveren sexuellen Ausdruck bemühen, schaffen sie damit nur ein Ungleichgewicht. Sie werden dann allmählich immer mehr Rajas in sich aufnehmen und Sattva und Tamas verlieren. Sie werden «wie die Männer». Wollen wir wirklich eine Unisex-Welt? Wäre das nicht langweilig und uninteressant?

Viel besser ist es, wenn die Frau agieren, statt bloß zu reagieren. Sie sollten ihre schöpferischen Kräfte dafür einsetzen, die Mängel der Gesellschaft zu beheben, anstatt durch einen falsch verstandenen Begriff von «Gleichheit» noch mehr Probleme zu schaffen. Es ist nun wirklich nicht erstrebenswert, in bezug auf Alkoholismus, Lungenkrebs, Herzinfarkt etc. «gleichzuziehen». Aber wie die entsprechenden Statistiken zeigen, scheinen manche Frauen ihren Ehrgeiz dareinzusetzen. Männer haben etwas, das Frauen nicht im gleichen Maße haben: Körperkraft, Aggressivität, Durchsetzungsvermögen usw., und Frauen besitzen dafür mehr Stabilität, schöpferische Kraft, intuitives Wissen usw. Es besteht kein Grund, einander deshalb zu bekämpfen. Es gibt soviel, das man am anderen schätzen kann.

2. Männer sind aufgrund der Vorherrschaft von Rajas anders als Frauen.

Dieses Sūtra bedarf keiner besonderen Erläuterung, weil wir das Thema bereits im vorangegangenen Sūtra angesprochen haben. Es ist aber in diesem Zusammenhang wichtig zu verstehen, daß der Rajas-Anteil variiert, je nachdem, wie die männlichen und weiblichen Eigenschaften gemischt sind (siehe Kapitel II, Sūtra 1 bis 3). Männer mit einem relativ hohen Anteil an weiblichen Prinzipien sind in ihrem sexuellen Ausdruck eher langsam, während jene, die einen extrem hohen männlichen Anteil haben, Frauen mit ihrem Tempo und ihrer Leidenschaftlichkeit leicht überfahren können. In einem solchen Fall sollte jeder versuchen, den anderen so weit wie möglich zu verstehen, um dann einen Modus zu finden, der beide im wahrsten Sinne des Wortes «zusammenkommen» läßt.

3. Für die Harmonie und Intensität der sexuellen Erfahrung ist es notwendig, behutsam zu beginnen und Geduld zu haben.

Zeit und Geduld sind zwei Qualitäten, die in unseren schnellebigen Tagen mehr und mehr verlorengehen. Manche scheinen auch auf sexuellem Gebiet dem Fast-food-Verhalten nacheifern zu wollen. Das Kennenlernen des anderen, das langsame Vertrautwerden miteinander, das Entdecken überraschender Gemeinsamkeiten – all das gerät mehr und mehr ins Hintertreffen, und oft steht die rasche Befriedigung sexueller Lust gleich am Anfang einer Beziehung, die eigentlich noch gar keine ist.

In Indien gibt es immer noch viele arrangierte Hochzeiten, was bedeutet, daß Sexualität notabene erst nach der Heirat stattfindet und Liebe und Partnerschaft sich erst mit der Zeit entwikkeln können. In früheren Zeiten dauerte die Hochzeitszeremonie mehrere Tage lang und umfaßte viele Rituale, die darauf abzielten, das Paar geistig auf sein Sexualleben vorzubereiten und sie seelisch aufeinander einzustimmen.

Ein Zitat aus dem *Kamasutra* von Vātsyayana soll diese traditionelle Sicht beleuchten:

> In den ersten drei Tagen nach ihrer Hochzeit sollen Mann und Frau auf dem Boden schlafen und keinen Verkehr haben ... In den nächsten sieben Tagen sollten sie beim Klang von Musik Bäder nehmen, sich schmücken, miteinander speisen und ihren Verwandten und den anderen, die bei ihrer Hochzeit dabeiwaren, ihre Aufwartung machen ... Am Abend des zehnten Tages sollte der Ehemann freundlich zu seinem Weib sprechen, um ihr Vertrauen zu gewinnen. Er sollte vom Geschlechtsverkehr Abstand nehmen, bis er das Vertrauen seiner Braut gewonnen hat, weil Frauen von Natur aus sanft sind und es vorziehen, wenn man sie auf sanfte Weise gewinnt. Wenn eine Frau von einem Mann, den sie kaum kennt, roh behandelt wird, dann kann es sein, daß sie die Sexualität hassen lernt und das ganze männliche Geschlecht dazu. Oder sie verabscheut nur ihren Mann und wendet sich einem anderen zu (III, 2).

Es ist interessant festzustellen, daß heutzutage auch bei arrangierten Hochzeiten die Zeremonien meist sehr rasch absolviert werden, und all die rituellen Vorbereitungen, die einen physiologischen und psychologischen Sinn hatten, verschwinden. Männer wie Frauen leiden darunter. Sie werden nervös und sind unfähig, die gegenseitigen Erwartungen zu erfüllen. Aus Nervosität und Angst lassen dann viele Frauen einfach nur alles über sich ergehen, anstatt selbst aktiv zu sein und die Vereinigung zu genießen. Die Männer, selber ohne viel Selbstvertrauen, sind nicht in der Lage, das zu leisten, was von ihnen erwartet wird, und ihre Unsicherheit schlägt um in Aggressivität und Roheit oder führt gar zur Impotenz.

Festzuhalten bleibt also, daß Männer und Frauen Geduld und Güte im Umgang miteinander brauchen. Tempo und Rasanz, egal ob am Anfang einer Beziehung oder bei der sexuellen Vereinigung, sind keine Garanten einer vollständigen sexuellen Erfahrung.

## 4. Eine angemessene Atmosphäre fördert jede sexuelle Beziehung.

Die große Bedeutung, die eine angemessene Umgebung und Atmosphäre für alle wichtigen Dinge in unserem Leben haben, gehört auch zu dem, was uns verlorengeht. Der Sinn der verschiedenen kleinen Zeremonien und Rituale in den verschiedenen Kulturen war es, den Menschen dabei zu helfen, von einer Tätigkeit zu einer anderen, von einer Jahreszeit in eine andere, von einer Lebensphase in die nächste überzuwechseln. Heute jedoch ist alles auf Anknipsen und Ausknipsen reduziert. Sogar im Schlafzimmer haben viele einen Fernsehapparat. Man muß noch nicht mal aufstehen, um ihn auszumachen. Nach einem spannenden Fußballspiel, einem aufregenden Film oder was auch immer läßt sich aber nicht übergangslos auf Sex umschalten – jedenfalls nicht persönlich und tief. Sexualität wird auf diese Weise zu einem von vielen, rasch zu konsumierenden Gebrauchsgütern. So lernt man niemals, die Sinneskräfte zu stärken und sich voll auf einen Glücksmoment zu konzentrieren, um den Zustand des reinen Bewußtseins zu erlangen. Wenn all dies aber fehlt, können sich Verstand und Geist nicht entfalten, und der Körper kann die verschiedensten Krankheiten entwickeln.

Um die richtige Atmosphäre zu schaffen, sollten Sie daher kein Fernsehgerät in Ihrem Schlafzimmer haben. Überhaupt sollte es nicht zu vollgestellt und in hellen, weichen Farben gehalten sein. Auch ein paar schöne Bilder können Sie aufhängen. Der Raum sollte gut gelüftet sein und leicht nach Parfüm duften. Auch ein bißchen leise Musik kann nicht schaden.

Manche Frauen glauben, daß durchsichtige Nachthemden anregend wirken. Für den Augenblick sind sie gewiß recht sexy, aber in unserem Zusammenhang geht es ja nicht darum, ein kurzfristiges, sexuelles Verlangen hervorzurufen, sondern das Ziel ist, alle Sinne zum Ausdruck kommen zu lassen und die Sinnlichkeit an sich zu intensivieren.

Das Paar kann vielleicht einige Konzentrationsübungen zusammen mit Prāṇāyāma-Übungen durchführen. Tragen Sie beide dabei bequeme, helle Kleidung, und setzen Sie sich einander gegenüber. Schließen Sie die Augen, konzentrieren Sie sich auf Ihr Hörvermögen – und stellen Sie sich die Form Ihrer Ohren vor. Atmen Sie tief ein (siehe Anhang 2), und halten Sie dann den Atem an, indem Sie beide Nasenflügel zuhalten. Nun atmen Sie langsam wieder aus. Danach sollten Sie sich in der gleichen Weise auf den Tastsinn konzentrieren, indem Sie sich den ganzen Körper vorstellen. Dann konzentrieren Sie sich auf Ihren Gesichtssinn und stellen sich Ihre Augen vor. Schließlich konzentrieren Sie sich auf Ihren Geschmackssinn. Konzentrieren Sie sich auf Ihre Zunge, und stellen Sie sie sich in Ihrem Mund vor. Nachdem Sie sich auf alle fünf Sinne konzentriert haben, konzentrieren Sie sich auf den Punkt zwischen Ihren Augenbrauen und atmen dreimal tief ein. Nach dieser kurzen Zeremonie öffnen Sie Ihre Augen und schauen einander an. Schließen Sie Ihre Augen wieder, und konzentrieren Sie sich auf alle fünf Sinne Ihres Partners, während sie fünfmal tief einatmen. Nach der Zeremonie nähern Sie sich einander langsam.

5. Gemeinsame Naturerlebnisse und andere angenehme Erfahrungen, die Sie miteinander teilen, stärken Ihr Vertrauen und damit die Intensität und Kreativität Ihres sexuellen Ausdrucks.

Gemeinsam den Abendhimmel betrachten, einen Spaziergang machen, eine Ausstellung oder ein Konzert besuchen – das alles sind Dinge, die zwei Menschen einander näherbringen und zu denen man auch neben Beruf und Haushalt hin und wieder Zeit finden sollte. Vielleicht bedarf es manchmal einer kleinen Überwindung, um aus dem Alltagstrott auszubrechen. Aber so kleine emotionale Auffrischungen braucht jede Partnerschaft, sonst läßt die Intensität Ihres sexuellen Ausdrucks mit der Zeit nach.

6. Ist die kreative Dimension der Frau auf diese Weise geweckt, wird sie aktiv und innovativ.

Die immer wieder erneuerten Gefühle der Verbundenheit, des Vertrauens, des Glaubens an den Partner rufen die kreative Dimension der Frau wach. Das heißt, sie stärken Sattva in ihr (siehe Kapitel V), so daß sie auch in sexueller Hinsicht innovativ und aktiv wird. All ihre Zweifel und ihr Zögern verschwinden, und sie ist in der Lage, sich vollkommen zu öffnen und aus der Tiefe heraus zu entfalten. Ganz spontan entdeckt sie neue Wege und Methoden, sich auszudrücken und zu kommunizieren, und stößt zu den verborgenen Schätzen der Freude und der Lust vor. Aufgrund von Sattva steigern sich ihre Konzentrationsfähigkeit und ihre Energie.

7. Ihre kreative Dimension ruft auch im Mann Sattva wach, und dadurch erhöht sich seine Ausdauer.

Die kreative und innovative Dimension einer Frau während des Geschlechtsverkehrs ruft Sattva auch in ihrem Gefährten wach. Als Antwort auf ihren unbekümmerten sexuellen Ausdruck steigert er seine eigene sexuelle Aktivität, und dank des verbesserten Sattva wächst auch seine Fähigkeit, den Höhepunkt hinauszuzögern. All dies funktioniert also in der Abfolge von Aktion und Reaktion. Das ist auch der Grund dafür, daß immer wieder die große Bedeutung des richtigen Anfangs betont wird.

8. Die auf diese Weise intensivierte sexuelle Erfahrung der Frau läßt ihre reiche sexuelle Energie fließen.

Wenn der Mann in der Lage ist, längere Zeit sexuell aktiv zu sein, antwortet die Frau darauf mit einer erhöhten Intensität ihrer sexuellen Erfahrung. Tatsächlich beginnt dann ihre reiche sexuelle Energie zu fließen. Damit setzt die stärkste Erfahrung für die Frau ein, nun, da jeder Teil ihres Körpers involviert ist und sie dabei ist, einen Zustand zu erreichen, in dem sie ihre Sinne transzendiert. Dies ist eine Erfahrung vollkommener Erfüllung, und die Frau muß wissen, daß, um diesen Zustand zu erreichen, einige Anstrengung und Koordination von beiden Partnern gefordert sind.

9. Verschiedene rituelle Praktiken können helfen, diese Erfahrung länger auszudehnen und zu intensivieren.

Diese rituellen Praktiken sollen die Konzentration des Verstandes auf die feinen Energiepunkte im Körper unterstützen. Im Kommentar zu Sūtra 4 haben wir ein einfaches Ritual beschrieben. Hier soll nun auf die physiologischen Grundlagen, vor allem auf die feinstofflichen Energiepunkte des Körpers, näher eingegangen werden. In der Tradition des Tantrismus ist dieser Komplex detailliert beschrieben worden, und ich will versuchen, mit einfachen Worten kurz den Grundgedanken wiederzugeben. Um das Ganze allerdings wirklich zu verstehen, müssen Sie sich gründlich mit Anhang 1 beschäftigen.

So wie der übrige Kosmos besteht auch der menschliche Körper aus fünf Elementen. Die fünf Elemente schaffen die drei Humore, und diese wiederum sind verantwortlich für alle physischen und psychischen Funktionen und Reaktionen des Körpers. Soweit die Ebene der Materie. Im feinstofflichen Bereich werden die fünf Elemente von verschiedenen Teilen des Körpers repräsentiert, und zwar folgendermaßen: Die Erde befindet sich zwischen den Füßen und den Knien, das Wasser zwischen den Knien und dem Anus, das Feuer zwischen Anus und Solarplexus, die Luft zwischen Plexus cardiacus und Augenbrauen und der Äther zwischen den Augenbrauen und dem Scheitel. Den gesamten grobstofflichen Körper durchzieht ein Netz von Kanälen – der feinstoffliche Körper – durch die Prāna, die kosmische Energie, zirkuliert. Auf diese Weise gelangt die feinstoffliche Energie überallhin und befindet sich in jedem Teil unseres Körpers. Aber sie hat drei Hauptkanäle, die sich an sechs Punkten – den sogenannten Chakras – kreuzen, an denen Seelisches und Körperliches ineinander übergehen und sich gegenseitig durchdringen. Die ersten Chakras liegen innerhalb des grobstofflichen Körpers und repräsentieren die fünf Sinne und den Verstand, das siebte Chakra liegt außerhalb von diesem über dem Scheitelpunkt des Kopfes und steht für den Zustand des reinen Bewußtseins, der dadurch erreicht wird, daß man alle Sinnlichkeit transzendiert. Es ist ein Zustand des Einsseins der Seele mit der kosmischen Energie. Die drei Hauptkanäle entspringen auf der Ebene des Anus, wo sich die spirituelle Kraft – Kundalinī – befindet. Ihr Symbol ist die zusammengerollte

Schlange, und «Schlangenkraft» ist auch die wörtliche Übersetzung des Begriffs. Wenn man Prāṇāyāma beherrscht, dann kann man jenes Konzentrationsvermögen – die «Einspitzigkeit» – des Verstandes entwickeln, das nötig ist, um diese schlafende Energie zu wecken. Das ist allerdings keine einfache Aufgabe. Es erfordert über eine lange Zeitspanne hinweg ungeheures Durchhaltevermögen. Die Konzepte des Tantrismus werden im Westen oft sehr oberflächlich angewendet, ohne daß der Zustand der Einspitzigkeit des Denkens wirklich erreicht wird.

Auf Seite 147 sehen Sie einen Überblick über die sieben Chakras – ihre Namen, ihre Lage im Körper, ihren symbolischen Ton bzw. ihr Mantra und das ihnen entsprechende Element. Durch die Wiederholung des Mantras eines jeden Chakra kann man die Konzentrationsfähigkeit langsam verbessern und Einspitzigkeit entwickeln. Dadurch weckt man die schlafende Kraft der Kundalinī, steigert den Energiefluß im Körper, verbessert die sexuellen Fähigkeiten, ihren Ausdruck und ihre Erfüllung.[1] Einfach ist das nicht: Sie müssen bedenken, daß ein Chakra nicht nur ein kleiner Punkt ist an der Stelle, an der sich die drei Hauptkanäle kreuzen. Von diesem Punkt aus kreist seine Energie durch den ganzen Körper. Das unterste Chakra beginnt mit dem schwersten Element – der Erde –, und in ihrer Aufwärtsbewegung erreicht die Kundalinī-Kraft nach und nach die leichteren Elemente – bis hin zum siebten Chakra, das über dem Scheitelpunkt des Kopfes liegt und die absolute Energie repräsentiert.

In unserem Zusammenhang sind die wichtigsten Chakras das erste und das vierte. Das erste Chakra (Mūlādhāra) repräsentiert den *linga* (das männliche Geschlechtsorgan) in der *yoni* (dem weiblichen Geschlechtsorgan) – (siehe Abbildung vor Kapitel VII) – das vierte Chakra (Anāhata) die letztendliche Vereinigung und Erfüllung der männlichen und weiblichen Prinzipien. Dieses Chakra symbolisiert die Vereinigung auf der Ebene des Kosmos, während das erste Chakra für die sexuelle Vereinigung steht.

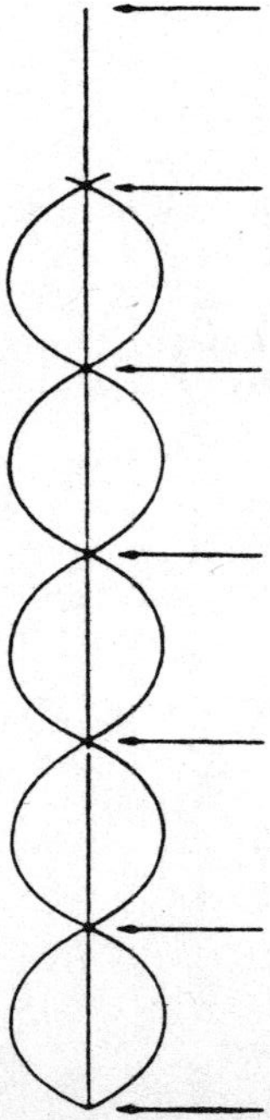

| LAGE IM KÖRPER | NAME | SYMBOLISCHER TON MANTRA | ELEMENT | AKTIVITÄT |
|---|---|---|---|---|
| Über dem Scheitelpunkt des Kopfes | Sahasrāra | Jenseits aller Töne, repräsentiert die Universalseele | Universalseele | Jenseits aller Aktivitäten |
| Zwischen den Augenbrauen | Ājñā | OM | Geist | Denken |
| Kehle | Vishuddha | HAM | Äther | Hören |
| Herz | Anahāta | YAM | Luft | Fühlen |
| Nabel | Manipūra | RAM | Feuer | Sehen |
| Genitalien | Svādhisthāna | VAM | Wasser | Berühren |
| Anus | Mūlādhāra | LAM | Erde | Riechen |

10. Rituelle Praktiken wecken ebenfalls die schlafende Energie.

Es wurde bereits erörtert, daß die schlafende Kraft der Kundalinī durch Prānāyāma und Einspitzigkeit des Verstandes geweckt werden kann. Die Chakras repräsentieren alle fünf Sinne und den Verstand. Die einmal geweckte Kraft der Kundalinī passiert auf ihrem Weg nach oben die verschiedenen Chakras. Die körperliche Welt wird symbolisch überschritten, um eins zu werden mit der Ursache des Bewußtseins – der Seele. All dies kann erreicht werden, wenn man lange genug geübt hat, sich der Reihe nach auf jedes Chakra zu konzentrieren. Diese Konzentrationsübung stärkt die einzelnen Sinneskräfte und den Verstand. Es sollte allerdings klar sein, daß dies nicht erreicht wird, indem man einfach über jedes einzelne Chakra nachdenkt oder das Mantra für jedes Chakra nur so dahersagt. Sie sollten mit diesen Konzentrationsübungen nicht unter dem Gesichtspunkt anfangen, auf der sexuellen Ebene etwas dadurch erreichen zu können. Das geschieht von selber. Sie sollten sich mehrere Monate lang auf jedes Chakra und das entsprechende Mantra konzentrieren, und zwar regelmäßig jeden Tag, morgens und abends, für ein paar Minuten. Dabei sollten Sie sich langsam die Chakras-Energieleiter entlang aufwärts bewegen. Die derart gewonnene Konzentrationsfähigkeit wird nicht nur Ihre sexuelle Erfahrung bereichern, sondern Ihre Lebensqualität insgesamt verbessern, indem sie Sie ungewöhnliche Sensibilität und Intuition entwickeln läßt. Sie können die Chakra-Konzentrationsübungen dazu benutzen, alle Krankheiten, die mit den Sinnesorganen verbunden sind, zu heilen.

11. Jedes Paar sollte die ungeheure menschliche Kreativität nutzen, um seine eigenen persönlichen Rituale zu entwickeln.

Es gehört zu den zentralen menschlichen Bedürfnissen, immer wieder etwas Neues zu erfahren, etwas anderes, Abenteuerliches und Aufregendes. Ein mechanisches, sich im Alltagstrott erschöpfendes Leben kann uns der Sexualität entfremden und sogar zu einer Reihe von damit zum Teil direkt zusammenhängenden Krankheiten führen.

Wenn wir vermeiden wollen, daß Monotonie und Routine unser Leben beherrschen, müssen wir dafür sorgen, daß der Körper, der Geist und unsere Verhaltensweisen ständig «überholt» und «instandgesetzt» werden. Wir müssen uns immer wieder verjüngen und Ort und Zeit entsprechend verändern. Wir sollten das ganz bewußt tun. Die Menschen besitzen Unterscheidungsvermögen und Urteilskraft. Sie sollten ihre kreativen Möglichkeiten nutzen, um wieder Schwung in ihr Sexualleben zu bringen. Sie sollten Mittel und Wege finden, um die Monotonie zu durchbrechen. Es gibt Dinge, die man lernen kann, indem man sich ein bestimmtes Wissen aneignet. Aber vergessen Sie nicht, daß jeder von uns auch eine ungeheure Quelle des Wissens in sich trägt. Sie sollten Ihr inneres Licht nicht durch den Staub der alltäglichen Routine verdunkeln lassen und keine Anstrengung scheuen, immer wieder Neuland zu entdecken und Bekanntes aufzufrischen.

Damit kommen wir zum Ende von Kapitel VIII des Kamasutra für Frauen, in dem die Bedeutung der Atmosphäre und der Rituale für die Sexualität betont wurde.

# *IX Rhythmus und Abwechslung in der Sexualität*

*Frauen haben achtmal soviel sexuelle Energie wie Männer.*

Chānakyā, Vātsyāyana u. a.

1. Sinnliche Befriedigung und sexuelles Vergnügen ergeben sich aus der gemeinsamen Bemühung und Hingabe von Mann und Frau.

Es war bereits die Rede davon, wie wichtig die körperliche und geistige Stärke sowie die Atmosphäre und bestimmte Rituale für die Verbesserung von sexuellem Ausdruck und Kommunikation sind. In diesem Kapitel nun geht es um den nächsten und letzten Schritt, den sexuellen Akt selbst. Und wie bei allen Dingen im Leben sind Konzentration, Anstrengung und Hingabe nötig, um daraus eine einzigartigen Erfahrung zu machen.

2. Obwohl das Bedürfnis nach Sex und die Lust daran allen Menschen eigen ist, können sie kraft ihres Verstandes und ihres Urteilsvermögens diese Gefühle sowohl zerstören als auch verstärken.

Die Menschen unterscheiden sich in ihrer Sexualität von den Tieren. Obwohl Sexualtrieb und Lustempfinden beiden eigen sind, können die Menschen aufgrund ihres Verstandes diese natürlichen Gaben weiterentwickeln, vernachlässigen oder gar ruinieren. Wir haben ja bereits verschiedene Wege und Methoden aufgezeigt, mit deren Hilfe diese natürliche menschliche Ausdrucksmöglichkeit und dieses natürliche Vergnügen gefördert werden können – nicht zuletzt aufgrund unserer Fähigkeit, mündlich oder schriftlich überliefertes Wissen zu nutzen. Eine Fähigkeit, die uns andrerseits jedoch auch hindern kann, unsere sexuellen Wünsche frei zu äußern und auszuleben. Bestimmte Wertvorstellungen, religiöse Vorschriften, gesellschaftliche Normen usw. können nämlich die sexuellen Aktivitäten des einzelnen empfindlich beeinträchtigen – beim einen mehr, beim anderen weniger. In sogenannten «offenen» Gesellschaften werden Unterschiede auf diesem Gebiet eher toleriert. Restriktive Haltungen im Hinblick auf die weibliche und männliche Rolle jedoch können zu gravierenden sexuellen Problemen führen, je nachdem in welchem Mischungsverhältnis die weiblichen und männlichen Prinzipien im einzelnen vertreten sind (siehe Kapitel II). Die Leugnung des weiblichen Prinzips im Mann und des männlichen Prinzips in der Frau ist einer der Gründe dafür, daß wir immer mehr Therapeuten brauchen, um denen zu helfen, die den gesellschaftlichen Erwartungen auf diesem Gebiet nicht entsprechen und unter dieser Tatsache leiden.

Wir sollten aber nicht vergessen, daß «die Gesellschaft» wir alle sind, daß gesellschaftliche Normen von Menschen aufgestellt und daher auch von Menschen wieder geändert werden können, wenn sich das als erforderlich erweist. So stehen wir zum Beispiel heute vor der Notwendigkeit, uns von dem platt fortschrittsgläubigen, (umwelt-)zerstörerischen Lebensstil ab- und einem holistischen Lebensstil zuzuwenden, um das verlorene Gleichgewicht in unserer Gesellschaft und in unserem persönlichen Leben wiederherzustellen.

Wir sollten den natürlichen Rhythmus unseres Lebens zurückgewinnen – ein wichtiger Schritt auch auf dem Weg, die sexuelle Ausdrucksfähigkeit zu intensivieren und die Lust zu steigern.

3. Man sollte seine sexuelle Energie nicht durch sexuelle Phantasien vergeuden.

Viele Menschen sind mit ihrer Sexualität unzufrieden, weil sie zuviel davon erwarten. Alle ihre Wünsche und Hoffnungen konzentrieren sich auf den Geschlechtsverkehr, und je länger diese «Vorlust» dauert, desto enttäuschender ist dann oft der Akt selbst.

Das betrifft nicht nur junge Leute, die ihre ersten Erfahrungen machen, sondern auch jene, die mit schlechtem Gewissen außereheliche Beziehungen aufnehmen und in den neuen Partner alle möglichen Qualitäten hineingeheimnissen, um den Seitensprung vor sich selbst zu rechtfertigen. Lassen Sie sich nicht auf solche Beziehungen ein, die Ihnen Schuldgefühle vermitteln, weil das auf Dauer Ihr sexuelles Ausdrucksvermögen beeinträchtigt und auch andere Bereiche Ihres Lebens negativ beeinflußt. Sie können aggressiv oder depressiv werden oder unter den verschiedensten Ängsten zu leiden beginnen.

Auch wenn man zu lange nach einem «Traumpartner» Ausschau hält und die Erwartungen, die man in ihn setzt, immer größer werden, ist die Enttäuschung in der Realität fast schon vorprogrammiert.

4. Man sollte die zuvor beschriebenen Methoden zur Entwicklung der körperlichen und geistigen Kräfte anwenden, um Rhythmus und Abwechslung in die Sexualität zu bringen.

Dieses Sūtra stellt eine Verbindung zwischen den in diesem Kapitel und den Kapiteln VI und VII behandelten Themen her. Wenn Sie die Erfahrungen, die verschiedene Körperhaltungen, Bewegungen usw. ermöglichen, voll auskosten wollen, müssen Sie unbedingt die oben beschriebenen Methoden zur Kräftigung von Körper und Verstand beherrschen. Wenn Ihr allgemeines

Energiepotential gering ist oder Sie eine besonders zarte Person sind, wird ein zu ausgedehnter Geschlechtsverkehr Sie möglicherweise überfordern. Und wenn Sie eher steif und unbeweglich sind, werden Sie verschiedene Haltungen nicht einnehmen können. Ohne Konzentration können Sie nicht phantasievoll sein, und Ihre sexuelle Kraft und Ihre Ausdauer werden ebenfalls nachlassen. Vergessen Sie daher nie, Ihre Fähigkeiten auf all diesen Gebieten ständig weiterzuentwickeln, damit Sie nicht zu rasch ermüden und damit Sie Ihr Sexualleben möglichst abwechslungsreich gestalten können.

5. Manche Menschen unterliegen der falschen Vorstellung, daß sexuelle Erregung auf bestimmte Regionen des Körpers beschränkt sei.

Alle Regionen des Körpers sind in der einen oder anderen Form und Intensität sexuell erregbar. Die Teile, auf die das am meisten zutrifft, sollte man jedoch vor dem eigentlichen Geschlechtsverkehr nicht zu lange (über-)reizen. Lieber sollte das Paar verschiedene andere Körperregionen ganz bewußt erkunden und in das Liebesspiel miteinbeziehen. Zum Beispiel verschiedene Punkte der Fußsohle, die Räume zwischen den Zehen und den Fingern, die gesamte Handfläche, alle Stellen in der Nähe von Gelenken usw. Sie sollten ihren Tastsinn bewußt entwickeln und sensibilisieren, so daß mit seiner Hilfe die anderen Sinne angeregt werden. Dies gilt auch umgekehrt. Die Empfindungen, die Berührungen hervorrufen, sind nämlich dem Geschmackssinn verwandt, dem Geruchssinn und dem Gesichtssinn. Während der sexuellen Kommunikation sind die Reaktionen dieser vier Sinne normalerweise wechselseitig miteinander verbunden. Intensiviert werden kann dieses Zusammenspiel noch durch richtige Atmung: Atmen Sie ganz konzentriert, und stoßen Sie die Luft dann langsam wieder aus. Prānāyāma-Übungen vor der sexuellen Vereinigung sind sehr zu empfehlen, weil sie die Konzentrationsfähigkeit erhöhen und dazu beitragen, daß alles in der geplanten Weise abläuft.

Kurz und gut: Versuchen Sie, Ihren eigenen Körper und den Ihres Partners so genau wie möglich zu erkunden, und Sie werden feststellen, daß sich Ihnen unerwartete Erfahrungen eröffnen. Manche Menschen werden einander sexuell überdrüssig, weil sie ihren Verstand und ihre Fähigkeiten nicht nutzen, immer wieder Neues am anderen zu entdecken. Statt dessen suchen sie lieber Abenteuer und Aufregung durch immer wieder neue Beziehungen – denn der Reiz des Unbekannten schwindet rasch, wenn man dem anderen mit einer oberflächlichen Einstellung begegnet. Wenn Sie Sexualität zu einer mechanischen Handlung oder zu einer Gewohnheitssache werden lassen – so wie etwa das Autofahren nach einigen Jahren der Praxis –, werden Sie irgendwann notwendigerweise enttäuscht sein – von jedem Partner. Wenn Sie auf eine fragmentierte Art und Weise leben, Ihren Körper wie eine Maschine behandeln und die verschiedenen Tätigkeiten in Ihrem Leben als voneinander getrennt betrachten, können Sie auch nicht mit der notwendigen Offenheit und Entdeckerfreude bei der Erkundung des sexuellen Potentials in Ihnen und in den anderen vorgehen. Deshalb sei hier noch einmal betont, daß die ungeheure sexuelle Energie, die in uns steckt, nur aktiviert werden kann, wenn wir ein ganzheitliches Leben führen und lernen, uns im Rhythmus des Kosmos zu bewegen.

6. Man sollte versuchen, die verschiedenen Teile des Körpers durch entsprechende Yoga-Übungen zu revitalisieren, um dadurch auch den Geschlechtsverkehr neu zu beleben.

Man muß die dafür geeigneten langsamen Atem- und Konzentrationsübungen nicht alle täglich anwenden, das ist meistens auch gar nicht möglich. Aber man kann wenigstens 15 Minuten pro Tag dafür reservieren und die verschiedenen Yoga-Haltungen abwechselnd üben. Wenn Ihr Körper biegsam genug ist, können Sie jene zwölf Yoga-Übungen lernen, die man «Gruß an die Sonne» nennt, und dieses Programm jeden Tag zwölfmal absolvieren, um Ihren Körper zu kräftigen.[1] Das dauert nicht länger als zwölf Minuten, aber es wird Sie gesund und aktiv erhalten, und Sie werden eine ganz besondere Beziehung zu Ihrem Körper entwickeln. Das heißt, Sie bekommen ein Gespür für Ihr körperliches Wesen und können eine harmonische Beziehung zwischen Ihrem Körper und Ihrem Verstand aufbauen. Und wie wichtig das für Ihre sexuelle Sensibilität und Ausdrucksfähigkeit ist, wissen Sie ja mittlerweile. Außerdem machen die Yoga-Übungen Ihren Körper biegsam – notwendige Voraussetzung, um Rhythmus und Abwechslung in die sexuelle Kommunikation zu bringen. In Anhang 2 finden Sie einige speziell dafür geeignete Yoga-Stellungen und -Bewegungen.

Normale Gymnastik, Joggen, Turnen usw. sind dagegen nicht geeignet, die latenten körperlichen und geistigen Potentiale zu wecken und weiterzuentwickeln, denn sie zielen nicht auf die Harmonie von Körper und Verstand ab, sondern trainieren nur den Körper, der dabei als etwas vom Verstand Getrenntes behandelt wird.

7. Sexuelles Wissen kann nicht nur aus Büchern oder Diskursen gewonnen werden.

In alten Zeiten gaben die Eltern an ihre Kinder weiter, was sie aus eigener Erfahrung und durch die Beobachtung der Natur wußten. Und in einigen Büchern war der Wissensschatz gesammelt, den ein Lehrer oder Weiser der Gemeinschaft vermittelte. Wissen und Weisheit über die verschiedenen Aspekte des Lebens wurden oft im Rahmen bestimmter Rituale und Zeremonien mitgeteilt, und in manchen Gesellschaften geschieht das auch heute noch. In unserem modernen Leben hat sich die Wissensvermittlung allerdings radikal geändert.

Heute gibt es Bücher über alles und jedes. Für uns Inder ist es immer wieder überraschend zu sehen, daß im Westen nach Rezeptbüchern gekocht wird anstatt nach eigener Intuition und Phantasie. Wenn man jedoch etwas nur aus Büchern lernt und sich dabei genau an die vorgeschriebenen Techniken hält, riskiert man, seine Spontaneität und Erfindungskraft zu verlieren. Bücher, die nur Techniken beschreiben, können auch gefährlich sein, weil sie uns nicht mit der Weisheit versorgen, die jedes Wissen begleiten sollte, das heißt, sie sind nicht unter einem ganzheitlichen Aspekt verfaßt. So gibt es zum Beispiel Bücher, die irgendwelche komplizierten Positionen empfehlen, um den Sexualverkehr abwechlungsreicher zu gestalten. Doch wer ohne genügend Übung plötzlich eine solche Haltung einnehmen soll (zum Beispiel rechtes Bein der Frau liegt während der im Sitzen stattfindenden sexuellen Vereinigung auf der Schulter des Partners), wird kaum mehr Lust, sondern eher Frust empfinden oder sich gar lächerlich vorkommen. Solche Ratschläge beachten nicht die Einheit von Körper und Geist, sondern sind nur an Sensationen interessiert.

Sexuelle Weisheit wird dadurch erreicht, daß Sie ein ganzheitliches Leben führen, Ihre körperliche und geistige Stärke entwickeln, Ihre innere Kraft aktivieren und Erfahrungen sammeln. Wenn Sie mit sich selbst und mit Ihrer Umgebung in Harmonie leben, werden Sie spontan die ungeheuren Freuden entdecken, welche die Natur für uns bereithält.

Die moderne Welt ist eine Welt des Konsums. Es gibt zuviel von allem, und alles ist kurzlebig. Wahre Weisheit jedoch ist nicht an Raum und Zeit gebunden. Das *Yoga-Sūtra* des Patañjali, die Prinzipien des Āyurveda und das *Kamasutra* von Vātsyāyana sind ein paar Beispiele dafür, wie ungeheuer reich die Quelle der Weisheit der Alten war. Wir sehen, daß nach Tausenden von Jahren diese Bücher immer noch in aller Welt gelesen werden und daß das Wissen, das sie vermitteln, heute noch genauso gültig ist, wie zu ihrer Entstehungszeit.

Der zweite Teil des Sūtras bezieht sich auf das diskursive Wissen und beurteilt es genauso wie das Bücherwissen. Sie können Vorlesungen und Seminare hören, Workshops mitmachen, an Diskussionen teilnehmen usw., aber um wirkliche Weisheit zu erlangen, brauchen Sie vor allem zwei Dinge: Urteilskraft und intuitives Verstehen. Jeder Fall ist ein Spezialfall, und die wirkliche Weisheit liegt in der Kunst, diese beiden Fähigkeiten richtig einzusetzen.

8. Es ist nötig, neue Wege und Techniken zu entwickeln, um verschiedene Formen der Sexualität zu erfahren.

Dieses Sūtra umfaßt zwei Dimensionen: die körperliche Ebene des Lustgewinns und die Erfahrung der Transzendierung der Sinne einerseits sowie die Sexualität als Mittel der Familienplanung und der gesellschaftlichen Stabilität andrerseits.

Wir haben bereits verschiedene Methoden angesprochen, die zur Verbesserung des sexuellen Ausdrucks beitragen. Nun wollen wir uns mit den vielfältigen Möglichkeiten befassen, den Geschlechtsakt abwechslungsreich zu gestalten. So sollte zum Beispiel der Rhythmus durch Veränderung der Bewegung variiert werden. Frauen sollten in dieser Hinsicht eine bestimmende Rolle spielen und nicht denken, daß sie den Geschlechtsakt nur dann genießen, wenn der Mann energisch und stark ist. Das ganze Spektrum sinnlicher Erfahrung kann eine Frau nur erleben, wenn sie ebenfalls aktiv am Geschehen teilnimmt. Zeitweise sollte der Mann der passive und die Frau der aktive Teil sein. Vor allem die Auf- und Abwärtsbewegungen sollten mehrfach abgestuft ausgeführt werden. Wichtig ist, verschiedene Spiralbewegungen zu lernen. Man sollte vom Zentrum der Spirale ausgehen und dann immer größere Kreise beschreiben – zunächst im Uhrzeigersinn, dann in entgegengesetzter Richtung, und zwar indem man den Radius der Kreise zunehmend verengt, bis man wieder beim Ausgangspunkt angelangt ist. Auch Schlangenbewegungen sind sehr wichtig. Dafür ist, wie gesagt, eine sehr flexible Wirbelsäule erforderlich. Um das zu erreichen, sollten Sie die Yoga-Übungen aus Anhang 2 praktizieren.

Sie können auch lernen, mit Ihren Bewegungen konzentrische Kreise zu beschreiben, die einander umschließend erst von innen nach außen und dann von außen nach innen verlaufen. Ebenso können Sie bei der Auf- und Abwärtsbewegungen verfahren.

Während Sie eine der Bewegungen ausführen, sollten Sie immer mal wieder den Rhythmus wechseln, das heißt, mal schneller und mal langsamer werden. Sie sollten auch versuchen, mehrmals von ganz schnell zu langsam und von langsam zu ganz schnell überzugehen. Die individuelle Ausgestaltung dieser Anregungen bleibt natürlich ganz Ihnen überlassen. Diese Empfehlungen sollten auf jeden Fall nach und nach in die Praxis einfließen und nicht wie auswendig gelernt abrupt angewendet werden.

Die eben beschriebenen Bewegungen sollten in verschiedenen Haltungen durchgeführt werden, deren Art und Vielfalt von der körperlichen Beweglichkeit der Beteiligten abhängen. Es gibt aber ein paar einfache Stellungen, die praktisch jeder beherrscht und die nicht eigens beschrieben zu werden brauchen: Entweder liegt der Mann auf dem Rücken und die Frau sitzt auf ihm, oder sie sitzen beide, und diese Variante kann dann mit verschiedenen Yoga-Haltungen wie Lotos, Fels usw. verbunden werden; oder die Frau steht, vornüber geneigt da und der Mann hinter ihr, oder beide liegen auf der Seite, mit angezogenen Knien; oder sie liegt auf dem Bauch und er auf ihr usw.

Sollte ein Mann es als ungewohnt oder gar «unmännlich» empfinden, still unten zu liegen, während die Frau auf ihm liegt oder sitzt und sich bewegt, muß man versuchen, ihm diese Haltung behutsam als sehr lustvoll schmackhaft zu machen.

9. Nur multidimensionale, langwährende gemeinsame Anstrengung führt zu einer ganzheitlichen sexuellen Erfahrung und zu Weisheit.

Alle wichtigen Ereignisse im Leben einer Frau, die eine Beziehung zur Sexualität haben, lassen sich nur dann optimal bewältigen, wenn der Partner alle Veränderungen und Probleme auf seine Weise mitträgt. Nur so erlangt man eine ganzheitliche sexuelle Erfahrung und Weisheit in sexuellen Dingen. Eine ganzheitliche sexuelle Erfahrung ist intensiv, bezieht alle Sinne mit ein, läßt einen alle Sorgen vergessen und führt zu dem beglückenden Gefühl der Unendlichkeit.

10. Auf keinen Fall darf die notwendige Spontaneität verlorengehen.

Im Kosmos ist alles mit allem verbunden, und alles lebt in einem gemeinsamen Rhythmus. Bei aller Vielfalt herrscht Harmonie.[2] Ob es nun um die Gesundheit oder um eine ganzheitliche sexuelle Erfahrung geht – wir müssen uns auf das kosmische Orchester einstimmen, wenn wir Erfolg haben wollen. Berechnete und mechanische Bewegungen können niemals zur Erfüllung führen. Eine enge Sicht der Dinge und eine konservative Haltung behindern die menschliche Spontaneität und Kreativität.

Spontaneität entsteht nicht, indem man sich wieder und wieder ermahnt: «Take it easy – sei spontan», im Gegenteil, auf diese Weise verkrampft man nur immer mehr. Es gibt zum Beispiel eine Haltung im Yoga, die «toter Mann» heißt. Wenn ich den Leuten sage, sie sollen sich hinlegen, die Augen schließen und sich entspannen, Schwere in ihrem Körper fühlen usw. usf., dann endet es damit, daß sie sich mehr und mehr verspannen. Auf einer rationalen Ebene versuchen sie, den Anweisungen zu folgen, und manche runzeln sogar angestrengt die Stirn dabei. Man kann sich aber nur entspannen, wenn man vergißt, daß man sich entspannen soll. Das ist im sexuellen Bereich nicht anders.

11. Spontaneität im sexuellen Bereich ist nur möglich, wenn man auch in anderen Bereichen spontan ist.

Um sexuell spontan sein zu können, müssen Sie die Grundtatsache akzeptieren, daß alles im Universum mit allem verbunden ist und daß alle Teile wechselseitig voneinander abhängen.

Wir müssen unserer Kreativität vertrauen. Nur dann können wir zur Verwirklichung unseres Selbst gelangen und unsere verborgenen Möglichkeiten entdecken. Spontaneität lernt man nicht in Seminaren oder Sekten. Gebetsmühlenartig zu wiederholen: «Sei du selbst, lerne sein usw.», bringt gar nichts, das sind bloße Lippenbekenntnisse, ohne jeden Erfahrungshintergrund.

Wenn Sie still und ganz für sich die Natur beobachten, wenn sie dem Gesang der Vögel lauschen, dem Rauschen des Wassers, dem Wehen des Windes, wenn Sie das Meer betrachten oder die Berge, das Wunder eines kleinen Setzlings erleben, der das gewaltige Potential eines mächtigen Baumes in sich birgt, die Vielzahl der Farben und Formen in diesem faszinierenden Universum, dann merken Sie plötzlich, daß auch Sie eine der Tänzerinnen in diesem kosmischen Ballett sind; und diese Unmittelbarkeit und Spontaneität des Erlebens wird ihr ganzes Leben – auch ihr sexuelles – bereichern.

Damit kommen wir zum Ende von Kapitel IX des Kamasutra für Frauen, in dem es um den Rhythmus und die Abwechslung in der Sexualität ging.

# X Verjüngung und Aphrodisiaka

*Für eine gepflegte Frau gibt es kein stärkeres Aphrodisiakum als einen gepflegten und aufmerksamen Mann, der ein gutes Herz und eine wohlklingende, zärtliche Stimme hat.*

1. Alles im Universum verändert sich ständig, und der menschliche Körper ist der Zeit unterworfen.

Unser körperliches Selbst unterliegt der Zeit, während die Seele, die Ursache unseres Bewußtseins, ewig ist. Der Körper besteht aus den fünf Elementen, die sich ständig verändern und reorganisieren. Aufgrund dieser ununterbrochenen Transformation erleben wir die verschiedenen Stadien des Lebens – Kindheit, Jugend und Alter. Nichts geschieht ohne Grund, und alles bewegt sich auf ein bestimmtes Ziel zu. In der Zeit zwischen Geburt und Tod, der sogenannten «Lebensspanne» des Individuums, findet ein langsamer, aber stetiger Verfall statt, der schließlich zum Tod führt. Der Tod ist unausweichlich für alles, was geboren wird, und er ist auch sehr wichtig im Sinne der Kontinuität des Lebens auf unserm Planeten. Für den einzelnen mag der Tod das Leben beenden, aber das Leben an sich geht weiter, denn die Menschen, die sterben, machen Platz für ihre Nachkommen.

Die Sexualität ist die Basis dieses zyklischen Phänomens von Leben und Tod. Im Schöpfungshymnus des *Rigveda* heißt es, daß Kāma am Beginn des Universums stand.[1] «Der Herr des Schlafs (Shiva), der das Prinzip der Auflösung ist (Tamas), Quelle eines immer weiter sich ausdehnenden (desintegrierenden) Universums, ist das Prinzip der Zeit, der Zerstörer, und zur gleichen Zeit die Verkörperung der Erfahrung, der Freude, deren Symbol die Quelle des Lebens ist, der Ursprung der Freude, der Phallus (Linga).»[2]

In Anhang 1 finden Sie die Grundgedanken zusammengefaßt, auf denen dieses Buch basiert. Dabei ist auch die Rede von dem Kreislauf von Geburt und Tod, den die Seelen auf sich nehmen müssen, und von dem kosmischen Kreislauf der Existenz, innerhalb dessen alles sich in die ursprüngliche Materie auflöst, um erneut aus ihr hervorzugehen. Der zyklische Verlauf der Wiedergeburten und seine Beziehung zur Sexualität wird in der *Yogatattva Upanishad* folgendermaßen beschrieben:

«Glücklich das Kind, das an der Mutterbrust saugt; es ist dieselbe Brust, die es bereits in einem früheren Leben genährt hat! Der Ehemann genießt den Körper seiner Frau; es ist derselbe Leib, in dem er vor Zeiten empfangen wurde. Er, der Vater war, ist heute Sohn, und der Sohn, der morgen kommt, wird seinerseits Vater sein.»[3]

Es stellt sich die Frage, worin eigentlich in diesem ständig sich verändernden Universum, in dem Tod, Verfall und Erneuerung ganz natürliche Vorgänge sind, die Notwendigkeit und Bedeutung der Verjüngung liegt. Die Antwort darauf gibt das folgende Sūtra.

2. Es ist weise, Maßnahmen zur Verjüngung zu ergreifen, um die Lebensqualität zu verbessern.

Zunächst sollten wir klären, was in unserem Zusammenhang mit Verjüngung gemeint ist, weil dieser Begriff häufig mißverstanden wird – im Sinne von wieder jung werden und über mehr sexuelle Kraft verfügen. Verjüngung heißt hier soviel wie Erhaltung des eigenen Körpers (wobei der Verstand mit eingeschlossen ist) – er ist das physische Selbst. Es geht darum, neue Kraft zu tanken, die Vitalität wiederherzustellen und zu steigern und sein Energiepotential zu erhalten oder zu erhöhen. Es ist allerdings ganz normal, daß durch allgemeinen Energiezuwachs auch die sexuelle Kraft zunimmt, weil sie von der allgemeinen Kondition des Körpers abhängt.

Im Āyurveda ist die Verjüngung eine umfassende Therapie, die sich nicht auf die Verschreibung von einigen Heilmitteln beschränkt. Sie wird Kranken und Rekonvaleszenten ebenso verordnet wie gesunden Personen. Die Erhöhung des allgemeinen Energiepotentials des Körpers fördert beim Kranken den Heilungsprozeß, beim Genesenden den Regenerationsprozeß und beim Gesunden mehrt sie Kraft und Schönheit und stärkt die Abwehrkräfte. Verjüngung wird auf die verschiedenste Weise erreicht, je nach Alter und Verfassung der Betreffenden. Verjüngungsmethoden setzen auf drei verschiedenen Ebenen an. Erstens wirken sie auf verschiedene Aspekte der Verdauung. Sie steigern die Verdauungstätigkeit und die Fähigkeit der Nährstoffverwertung, was wiederum zur Vitalisierung des Körpers beiträgt. Zweitens besteht Verjüngungstherapie darin, die Ernährung durch lebensnotwendige Stoffe zu ergänzen. Und drittens wirken die Maßnahmen und Produkte zur Verjüngung reinigend, sie öffnen Energiekanäle und regen den Fluß der Energie im ganzen Körper an. Sie stellen zwischen den physischen Funktionen des Körpers und dem feinstofflichen Energiebereich auf der Ebene der Chakras (siehe Kapitel VIII, Sūtra 8) Harmonie her.

In unserer Zeit ist das Konzept der Verjüngung und Erhaltung des Körpers fast vergessen. Die Leute erhalten ihre Häuser; sie sorgen dafür, daß sie immer wieder mal gestrichen und repariert werden; sie erhalten ihre Fahrzeuge und bringen sie regelmäßig zur Inspektion. Wir wissen alle, daß die Dinge schneller verrotten, wenn sie nicht gepflegt werden. Unbehandeltes Holz oder Eisen, das dauerhaft der Sonne oder dem Wasser ausgesetzt ist, wird schon sehr bald Schaden davontragen. Ein Tee- oder Kaffeetopf kann seine Farbe für immer verändern, wenn er nicht gründlich gereinigt wird. Sogar ein Glas, das wir nur benutzen, um Wasser daraus zu trinken, muß von Zeit zu Zeit gesäubert werden. Aber die meisten Menschen glauben nicht, daß ihre inneren Körperorgane eine regelmäßige Reinigung und Revitalisierung benötigen. Ebenso braucht der Verstand, der rastlos denkende, ab und zu mal etwas Ruhe. Wenn Leute, die keinen Schlaf finden, nach Mitteln und Wegen suchen, um Körper und Verstand zur Ruhe kommen zu lassen, fragen sie sich meistens nicht, welchen Fehler sie gemacht haben, der den natürlichen Prozeß des Schlafens verhindert, und machen auch keine Anstrengung, ihren verlorengegangenen Rhythmus wiederzufinden. Statt dessen versuchen sie, mit Hilfe von künstlichen Mitteln den Schlaf herbeizuzwingen. Das ist nur ein Beispiel, das gleiche gilt für andere lebensnotwendige Funktionen des Körpers und die damit zusammenhängenden Störungen: Die Leute wissen einfach nichts über die Wiederherstellung der natürlichen Funktionen des Körpers. Die Sexualität bildet da keine Ausnahme. Viele Leute haben Probleme mit ihrer Sexualität, nur weil ihr Körper aufgrund von gesundheitlichen Problemen aus dem Gleichgewicht geraten ist und dadurch diese Schwierigkeiten hervorgerufen werden.

Frauen sollten alles daransetzen, ihre Energie und ihre Kraft zu erhalten, um ihre Lebensqualität zu verbessern. Das ist nicht nur für sie selber nötig, sondern auch für ihre Kinder und die weiteren Nachkommen. Leider achten viele Frauen viel zu wenig auf sich selbst und vergessen über ihren zahlreichen beruflichen und familiären Pflichten, was ihre erste und heilige Pflicht ist: ihre körperliche und geistige Gesundheit zu erhalten – nicht nur aus eigenem Interesse, sondern zum Wohle der ganzen Familie. Denn da wir alle miteinander verbunden und voneinander abhängig sind, können wir nicht isoliert vom Wohlbefinden der Frauen oder der Männer oder der Kinder reden, sondern alle müssen zusammenwirken, um im Kosmos Harmonie herzustellen, und anfangen sollte damit jeder bei sich selbst, da jeder den Kosmos en miniature repräsentiert.

3. Verjüngung geschieht durch regelmäßige Reinigungspraktiken, durch Revitalisierung des Körpers mit Hilfe von Yoga-Übungen, durch die Einnahme bestimmter Stärkungs- und Verjüngungsmittel etc.

Das Thema Verjüngung ist sehr weitgespannt, und wir können im Rahmen dieses Buches nur auf ein paar grundsätzliche Methoden eingehen (daher das «etc.» im Sūtra; es soll zeigen, daß es noch andere Mittel und Wege gibt). Fünf Typen von Reinigungspraktiken, die im Āyurveda beschrieben sind, sollten regelmäßig angewandt werden.[4] Diese Praktiken helfen, die Humore im Gleichgewicht zu halten, sie spülen die Gifte aus dem Körper, reinigen das Blut und steigern die Ojas. Mit andern Worten, sie beseitigen Hemmnisse auf dem Weg zu einer erfüllten Sexualität und erhöhen die körperliche Anziehungskraft. Das ist schon an sich ein Aphrodisiakum. So machen die fünf Reinigungspraktiken die Haut weich und schimmernd, verleihen dem Körper ein Leuchten und nehmen ihm allen unangenehmen Geruch. Sie steigern die Ojas, und das trägt dazu bei, die Fähigkeit zu verbessern, die Ejakulation hinauszögern, das Verlangen, die Kraft und die Produktion der Sexualsekrete zu steigern.

Der Prozeß des Verfalls ist unvermeidlich, aber es liegt an uns, diesen Verfall zu beschleunigen oder zu verlangsamen. All diese Reinigungspraktiken helfen, diesen Prozeß zu verlangsamen, indem die Energiekanäle gesäubert werden und der Energiefluß angeregt wird, was eine Verbesserung der lebenswichtigen Funktionen des Körpers zur Folge hat. Viele Leute denken, daß sexuelle Probleme wie auch Krankheiten manchmal ganz plötzlich auftreten. Das ist aber nicht der Fall; sie sind stets das Ergebnis langwährender Nachlässigkeit. Die Menschen nehmen kleinere gesundheitliche Störungen nicht ernst genug, sondern kurieren nur die Symptome. Eines Tages aber erfüllen die betroffenen Organe ihre lebenswichtigen Funktionen nur noch unzureichend, und man hat es mit einer richtigen Krankheit zu tun. Lassen Sie mich das anhand von ein paar Beispielen veranschaulichen. Stellen Sie sich eine Frau vor, die unter Verdauungsstörungen leidet. Sie denkt nicht, daß es sich dabei um eine Krankheit handeln könnte, und kümmert sich nicht weiter darum. Tut sie das über längere Zeit nicht, verschlechtert sich ihr Vāta mehr und mehr, und es kommt zu Problemen während der Schwangerschaft. In vielen Fällen bilden sich auch Hämorrhoiden, vor allem nach der Entbindung. In der Jugend lassen sich die Auswirkungen von Vāta-Störungen relativ gut kompensieren, weil Ojas noch stark sind. Im Alter aber kann es zu den verschiedensten vāta-bedingten Krankheiten kommen. Es ist nun einmal so, daß gegen Ende der Jugend die Dominanz von Pitta nachläßt und Vāta an Einfluß gewinnt. Mit vierzig etwa kann eine Frau unter zahlreichen Vāta-Krankheiten leiden, zum Beispiel dem Trockenwerden der Vagina, Inkontinenz, Schlaflosigkeit oder Schlafstörungen, Schmerzen im ganzen Körper, chronische Müdigkeit, Schmerzen in den Gelenken, Arthritis usw. Zusammen mit anderen Gesundheitsproblemen führt das zu wachsendem sexuellem Desinteresse, Kraft und Verlangen schwinden.

In dem angeführten Beispiel käme es nicht zu vāta-bedingten Störungen, wenn die Betreffende regelmäßig Reinigungspraktiken durchgeführt und auf ihre Ernährung geachtet hätte. Ein regelmäßiger Einlauf unter Zusatz von vāta-reduzierenden Mitteln gegen Ende jeder Jahreszeit kann diese Probleme zum frühest möglichen Zeitpunkt aus der Welt schaffen und viel Leid ersparen. Probleme mit der Sexualität können von den übrigen Gesundheitsproblemen nicht getrennt gesehen werden und umgekehrt, denn der Sitz all dieser Dinge ist der Körper.

Das Sūtra erwähnt auch die Revitalisierung des Körpers mit Hilfe verschiedener Yoga-Übungen (siehe Kapitel VI) und die Einnahme bestimmter Substanzen. Parallel zu den oben beschriebenen Maßnahmen sollten einige verjüngende Mittel eingenommen werden. Das wichtigste Ziel der Anwendung dieser Produkte ist, die Humore im Gleichgewicht zu halten und Körper und Geist durch zusätzliche vitalisierende Stoffe zu beleben. Sie fördern auch die Verdauung und die Nährstoffverwertung. Es ist zudem sehr wichtig, daß Sie Ihr Essen mit ganz einfachen verjüngenden Nahrungsmitteln anreichern, zum Beispiel mit verschiedenen Gewürzen und Kräutern. Sie können auch selber einige recht einfache Produkte herstellen, die Ihre Müdigkeit bekämpfen und Körper und Geist beleben.[5]

4. Die Verjüngung des Geistes ist ebenfalls ganz wesentlich.

In Kapitel VII wurde bereits auf die große Bedeutung des Abschaltens und der Entwicklung der Selbstkontrolle hingewiesen. Jeder Mensch sollte wenigstens ein paar Minuten nach dem Aufstehen am Morgen und vor dem Schlafengehen am Abend erübrigen, um den Geist zu sammeln und Ruhe finden zu lassen. Prāṇāyāma-Übungen eignen sich dafür besonders gut. Sie helfen, den Geist zu verjüngen, und tragen außerdem dazu bei, die Konzentrationsfähigkeit zu verbessern. Das bereits erörterte Bemühen, stets ganz bei der Sache zu sein, mit der man sich gerade beschäftigt, verjüngt den Geist ebenfalls.

Schlaf verjüngt sowohl den Körper als auch den Geist, und deshalb sollten Sie immer für genügend Schlaf sorgen. Zuviel Schlaf allerdings ist genauso schlecht wie zuwenig. Erwachsene sollten nachts nicht mehr als sieben bis acht Stunden schlafen. Während des Tages sollten Sie den Schlaf nicht suchen, außer an heißen Nachmittagen im Sommer. Zuviel Schlaf führt zu Lethargie und Gleichgültigkeit im sexuellen Bereich. Zur Verjüngung des Geistes dient auch eine Kopfmassage mit eigens für diesen Zweck gedachten Ölen. Wenn solche Öle nicht verfügbar sind, kann man auch Mandel- oder Sesamöl nehmen. Bestimmte Nüsse, zum Beispiel Cashewnüsse, und Mandeln dienen der

Revitalisierung des Gehirns und sollten während der Wintermonate immer wieder gegessen werden. Weiße Kürbiskerne wirken nervenstärkend.

5. All dies schafft ein Gefühl des Wohlbefindens.

Wenn Körper und Geist auf die oben beschriebene Weise verjüngt werden, fühlt man sich wohl und wirkt dementsprechend anziehend. Die gesamte Lebenseinstellung wird liberaler und freier. Man entwickelt eine harmonischere Beziehung zu seiner Umgebung, nimmt die Natur ganz anders wahr und genießt es einfach zu leben. Dadurch steigert sich auch die Intuition, und man macht Fortschritte auf dem Weg zur Weisheit.

6. Das alles ist notwendige Voraussetzung für körperliche Erfüllung und Erfahrung der sexuellen Vereinigung in ihrer ganzen Tiefe.

Eine tiefer gehende sexuelle Erfahrung setzt voraus, daß beide Partner in der Lage sind, all ihren Sinnen spontan Ausdruck zu verleihen und sich vollkommen hinzugeben. All dies ist nur möglich, wenn man sich wohl fühlt – mit sich und in seiner Umgebung. Um die Intensität in der Sexualität ganz erfahren zu können, braucht man auch eine gute körperliche Kondition und viel Energie. In den vorangenen Sūtras ist beschrieben worden, wie alle diese Dinge miteinander zusammenhängen.

7. Es gilt, die Bedeutung von Aphrodisiaka richtig zu verstehen.

Der Begriff Aphrodisiakum wird sehr oft mißverstanden und auch mißbraucht. Viele Leute denken, daß es sich hierbei um mysteriöse Substanzen handelt, die das sexuelle Potential auf abenteuerliche Weise steigern. Es gibt Menschen, die einen schwunghaften Handel mit sogenannten Aphrodisiaka treiben, denn viele glauben, durch diese Produkte ihre verschiedenen sexuellen Probleme beheben zu können. Aber diese Präparate werden meist ohne genauere Spezifizierung verkauft, und deshalb ist es sehr wichtig zu verstehen, was Aphrodisiaka genau sind und auf welchen verschiedenen Ebenen sie wirken.

Aphrodisiaka sind jene Substanzen, Handlungen oder Faktoren, die ein oder mehrere der folgenden Merkmale der Sexualität verstärken: sexuelle Kraft, Fruchtbarkeit, Leidenschaft, die Fähigkeit, die Ejakulation zu verzögern, Sekretbildung und Anziehungskraft. Alle jene Substanzen, Aktionen oder Faktoren, die eine oder mehrere der eben genannten Merkmale beeinträchtigen, können unter dem Begriff Anaphrodisiaka zusammengefaßt werden.

Es ist wichtig, daß Sie, bevor Sie irgendwelche Aphrodisiaka benutzen, alle Anaphrodisiaka ausschalten. Tatsächlich entstehen viele Probleme im Bereich der Sexualität durch Faktoren und Situationen, die als Anaphrodisiaka wirken.

Entsprechend ihren speziellen Funktionen können Aphrodisiaka in vier größere Kategorien eingeteilt werden. Eine Gruppe sorgt für vermehrte Bildung von Sexualsekreten, verbessert die Qualität des Samens und steigert die Fruchtbarkeit. In der zweiten Gruppe finden sich jene Aphrodisiaka, die die sexuelle Erregung und Kraft erhöhen. Die dritte Kategorie trägt dazu bei, die sexuelle Ausdauer zu vergrößern und steigert die Fähigkeit zur Ejakulationsverzögerung. Die vierte Gruppe umfaßt jene Aphrodisiaka, die sowohl die sexuelle Sekretion als auch die

Erregung erhöhen. Die alten Texte erwähnen meistens nur Aphrodisiaka für Männer. Im Hinblick auf die Frauen geht es immer nur um Fruchtbarkeit, Empfängnisverhütung, Gebärmutter und Milchfluß, ansonsten wird praktisch ausschließlich der männliche Standpunkt berücksichtigt. Dabei glaubten die alten Inder keineswegs, die Frauen würden Sexualität nicht genießen oder keinen Orgasmus bekommen können. Nur das Thema Aphrodisiaka wurde stets einseitig behandelt. Vielleicht meinte man, daß der Mann aufgrund seiner Klugheit und Kraft in der Lage sei, die sexuellen Fähigkeiten der Frau zu wecken. Eine, wie ich denke, recht einseitige, zu wenig holistische Sichtweise, die nicht nur die Bedürfnisse der Frau ignoriert, sondern auch jene Männer, die einen größeren Anteil am weiblichen Prinzip haben. Es ist durchaus möglich, daß ein solcher Mann nicht in der Lage ist, eine Frau in der sexuellen Beziehung zu führen, und ihre Unterstützung braucht.

In den verschiedenen Abhandlungen über Sex, die uns überliefert sind, wird immer festgestellt, daß Frauen achtmal soviel sexuelle Energie haben wie Männer (siehe das Motto zu Kapitel IX). Ich habe dieses Thema mit einigen Vaidyas diskutiert, die meinen, daß Frauen, außer einer angemessenen Pflege nach der Geburt, keine Aphrodisiaka brauchen. In den alten Texten wird häufig darauf hingewiesen, daß eine gutaussehende, attraktive Frau das wirkungsvollste Aphrodisiakum sei. Vom Standpunkt dieser männlichen Autoren aus gesehen verständlich: Sie glaubten, die Frau, selbst Quelle der sexuellen Energie, brauche nichts, um diese zu verstärken.

8. Aphrodisiaka sollten Zeit, Ort und individuellen Bedürfnissen entsprechend verwendet werden.

Ein Mensch von normaler Gesundheit und Energie braucht in der Regel keine Aphrodisiaka. Um die sexuelle Kraft und Ausdauer zu stärken, reicht es, wenn man die Anaphrodisiaka aus dem Weg räumt und die Verjüngungstherapie befolgt. Allerdings gibt es immer mal wieder Situationen oder Zeiten im Leben, wo man ein ganz bestimmtes Mittel braucht. Mit «Zeit» sind in diesem Zusammenhang Alter und Jahreszeit gemeint. In der Jugend sind das sexuelle Verlangen und die Sexualsekrete im Überfluß vorhanden, und Aphrodisiaka sollten deshalb nicht ohne Not eingesetzt werden.

Es gibt im Leben der Frau Zeiten, in denen sie Aphrodisiaka braucht. Das kann nach einer Entbindung sein oder in der Phase vor der Menopause. Ein psychischer Schock kann sich bei Männern wie bei Frauen negativ auf ihre Sexualität auswirken. Eine Therapie mit Aphrodisiaka nach Beratung durch einen guten ganzheitlichen Arzt ist in einem solchen Fall das Gegebene.

Paare sollten auf Veränderungen in ihrem sexuellen Verhalten stets sensibel reagieren und sich darum bemühen, ihre Beziehung immer wieder neu zu beleben. Wenn sie bemerken, daß ihre sexuelle Beziehung Ermüdungserscheinungen aufweist, daß man zum Beispiel immer seltener miteinander schläft, sollten die beiden sich nicht scheuen, darüber zu sprechen, und Maßnahmen ergreifen, um ihr Verhältnis so rasch wie möglich wieder zu verbessern. Je länger man damit wartet, desto schwieriger wird sich das Ganze gestalten.

Bei Menschen, die schon lange zusammenleben, führt Gewöhnung oft zu Langeweile auf sexuellem Gebiet, und das Verlangen nacheinander schwindet. Hier können Aphrodisiaka, die ja nicht nur Produkte zum Einnehmen sind, sondern zum Beispiel auch Massagen, allgemeine Körperpflege, Kleidung, Geruch usw., eine entscheidende Rolle bei der Reaktivierung der sexuellen Beziehung spielen. Die Männer suchen häufig außerhalb der Ehe, was sie in dieser vermissen, während die Frau, nach wie vor mehr ans Haus gefesselt, diese Möglichkeit seltener nutzt und einfach still vor sich hin leidet. Deshalb sollte sie auf Abwechslung in der Sexualität achten und entsprechende anregende Maßnahmen ergreifen, um der sexuellen Beziehung immer wieder neue Impulse zu geben.

Mit «Ort» sind in diesem Sūtra die klimatischen Bedingungen und die sozialen Verhältnisse gemeint. Knoblauch zum Beispiel ist ein Aphrodisiakum, das die Sexualsekretion anregt und die sexuelle Kraft stärkt. Aber Sie sollten es in heißen Gegenden entweder gar nicht oder so anwenden, daß keine unangenehmen Nebeneffekte auftreten wie exzessiver Durst und Ruhelosigkeit. Spargel ist ebenfalls ein Aphrodisiakum, aber er ist seiner Natur nach kalt und daher im Winter nicht so empfehlenswert. Außerdem sollte er so angerichtet werden, daß er keine Nebeneffekte hervorruft (siehe dazu Anhang 3).

Wir haben bereits gesagt, daß Aphrodisiaka entsprechend den individuellen Bedürfnissen eingesetzt werden sollten. Manche Menschen leiden unter einer generellen Schwäche ihres Körpers, zum Beispiel infolge bestimmter Kinderkrankheiten, und sind deshalb in ihrem sexuellen Ausdruck, ihrer Kraft und ihrer Ausdauer limitiert. Sie fühlen sich nach dem sexuellen Akt sehr müde und neigen dazu, ihn ganz zu meiden. Andere wiederum haben psychische Blockaden, etwa aufgrund religiöser Ideologien oder restriktiver Erziehungsmaßnahmen. Sie vermeiden die sexuelle Vereinigung ebenfalls, sexuelle Aktivitäten erschöpfen sie. Außerdem kann es sein, daß die Vagina der Frau nicht gleitfähig genug ist, so daß der Mann nicht in der Lage ist, in sie einzudringen. In solchen Fällen können verschiedene Aphrodisiaka sehr hilfreich sein. Im allgemeinen sollten Aphrodisiaka nach einer Verjüngungstherapie angewandt werden.[6]

9. Aphrodisiaka und Anaphrodisiaka sollten mit dem Ziel einer harmonischen sexuellen Partnerschaft eingesetzt werden.

Wenn zwei Menschen sich sexuell nicht verstehen, kann das der Anfang von vielen anderen Problemen sein. Es mag auch sein, daß man sich mit der Zeit sexuell auseinanderentwickelt. Wenn einer der beiden viel sexuelle Kraft und Ausdauer besitzt und der andere sehr wenig davon, dann kann letzterer sich erschöpft und müde, ja sogar irritiert oder abgestoßen fühlen, während der andere ständig unzufrieden ist, weil der Partner nicht richtig mitzieht. In solchen Fällen können Aphrodisiaka oder Anaphrodisiaka Abhilfe schaffen. Letztere sind vor allem für jene gedacht, die unter exzessivem sexuellen Feuer leiden und nie zufrieden sind. Solche Menschen sollten auch bestimmte Methoden der inneren Reinigung anwenden und verjüngende Produkte zu sich nehmen, um das verlorene Gleichgewicht in ihrem Körper wiederherzustellen.

Manche Menschen, die ein exzessives sexuelles Verhalten haben, denken, daß libidodämpfende Präparate ihnen ihre sexuelle Leistungsfähigkeit nehmen würden. Dabei kann vielmehr ihr exzessives Verlangen, das eine Krankheit ist und eine Unausgewogenheit ihres Körpers signalisiert, auf Dauer zu ernsthaften gesundheitlichen Schäden führen. Deshalb ist es wichtig, diese Störung so rasch wie möglich zu beheben. Bei Menschen, die darunter leiden, ist oft Pitta aus dem Gleichgewicht geraten; es ist durchaus möglich, daß sie auch eine schlechte Verdauung haben.

10. Mittel zur Verjüngung können auch aphrodisierende Wirkung haben, indem sie die Ojas (die Vitalkräfte) stärken.

Viele glauben, daß Mittel zur Verjüngung praktisch wie Aphrodisiaka wirken. Dabei ist die Verjüngung ein wichtiger Bestandteil des Āyurveda und eine ganzheitliche Therapie, die keineswegs auf ein paar Mittel beschränkt ist. Allerdings können die verschiedenen Maßnahmen im Rahmen einer Verjüngungstherapie im individuellen Fall durchaus libidosteigernd wirken. Wessen Humore nämlich aus dem Gleichgewicht geraten sind, der leidet natürlich unter den Folgen dieser Störung, denn sie wirkt sich auf die verschiedenen Funktionen des Organismus – einschließlich der Sexualität – aus. Wer also sein humorales Gleichgewicht wiedergewinnt, stellt auch eine erhebliche Steigerung seiner sexuellen Leistung fest. So können aufgrund eines Vāta-Überschusses beispielsweise die Sexualsekrete versiegen oder die Ejakulationsverzögerung nicht recht gelingen. Wenn das körperliche Feuer (Pitta) reduziert ist, kann es zu einer Schwächung der sexuellen Kraft kommen, während eine Kapha-Störung möglicherweise das sexuelle Verlangen mindert.

Die Verjüngungstherapie bringt die Humore wieder ins Gleichgewicht, und dadurch löst sich eine Reihe von Problemen ganz von selbst. Ein weiterer Gesichtspunkt ist, daß die Verjüngungsmittel die Ojas im Körper stärken, und mit der Erhöhung des allgemeinen Energieniveaus steigert sich die sexuelle Leistung. Auch die Ejakulationsverzögerung gelingt wieder. Wenn es dem Körper an Vitalität mangelt, ist nicht nur die Sexualität beeinträchtigt, sondern alle physischen Funktionen sind betroffen, und Produktivität und Kreativität lassen nach. Manche Menschen, die spüren, daß ihr Energiepotential sinkt, verdoppeln noch ihre Anstrengungen. Sie sind dann nach der Arbeit völlig erschöpft und versuchen, nur noch genug Energie für den nächsten Tag zurückzugewinnen. Was dabei am meisten zu kurz kommt, ist ihre Sexualität. Verjüngungsmittel steigern die Vitalität des Körpers nicht nur, weil sie bestimmte lebensnotwendige Elemente enthalten, sondern auch weil sie das Feuer des Körpers regulieren und die Nährstoffverwertung verbessern. Deshalb empfiehlt sich zur Erhaltung der Gesundheit, zur Förderung der Langlebigkeit und zur Stabilisierung des sexuellen Ausdrucksvermögens die Anwendung der Verjüngungstherapie.

11. Bevor Sie ein Aphrodisiakum benutzen, müssen Sie zuvor alle Anaphrodisiaka aus dem Weg schaffen.

Wenn Sie das nicht tun, werden die Aphrodisiaka wenig oder überhaupt nichts nützen. Es wird sein, als schütteten Sie mit der einen Hand Öl, mit der anderen Wasser ins Feuer.

Faktoren sehr unterschiedlicher Natur können als Anaphrodisiaka wirken. Eine grundsätzlich negative Einstellung gegenüber Sexualität, Überarbeitung, Erschöpfung, Nervosität, abschweifende Gedanken, das Fehlen einer angemessenen Atmosphäre, Angst, der Gebrauch von Sedativa oder anderen Drogen mit ähnlicher Wirkung, ein hektischer Lebensstil, mangelnder Respekt vor dem Partner, allgemeine körperliche Schwäche, mangelnde Ojas, schlechte Erfahrungen, pornographische Bücher und Filme und sexuelle Phantasien sind nur einige der bekannten anaphrodisisch wirkenden Faktoren.

Wir müssen alles loswerden, was als Anaphrodisiakum wirkt und den Fluß der sexuellen Energie hemmt. Als erstes und wichtigstes gilt es herauszufinden, was das eigentliche Problem ist. Wenn Sie Ihre Geistesstärke mit Hilfe der oben beschriebenen Methoden entwickeln, werden Sie in der Lage sein, selbst eine Diagnose zu stellen. Das ist wahrscheinlich besser als jeder Hinweis von anderen.

Indem Sie Ihre Konzentrationsfähigkeit stärken und ihre Gedanken zur Ruhe kommen lassen, kann es Ihnen gelingen, die Tiefenwirkung bestimmter Dinge auf sich selbst zu erkennen. Selbstdisziplin, Selbstkontrolle und Selbstanalyse sind es, die helfen können, Probleme zu lösen.

Viele Menschen sind unfähig, das zu tun, weil sie nicht auf die wirklichen Probleme und deren Lösung achten, sondern die meiste Zeit darauf verwenden, andere für das, was ihnen zugestoßen ist bzw. zustößt, verantwortlich zu machen. Dadurch verstärkt sich das eigentliche Problem jedoch nur noch, anstatt zu verschwinden.

Im Āyurveda heißt es, daß so wie ein schmutziges Tuch die Farbe nicht richtig annimmt, die Aphrodisiaka verschwendet sind, wenn sie ohne vorherige vollständige Entleerung und Reinigung des Körpers angewendet werden.[7]

Damit kommen wir zum Ende von Kapitel X des Kamasutra für Frauen, in dem es um die Verjüngungstherapie und den Wert und Nutzen von Aphrodisiaka ging.

# XI Sexualität und Spiritualität

*Der Weise genießt die sinnlichen Freuden so, wie sie ihm begegnen, mit gelöstem Geist und klammert sich nicht an die Begierde.*

Gopāla-Uttara-Tāpinī Panishad

1. Sexualität ist die intensivste aller sinnlichen Erfahrungen.

Dies ist so, weil am Geschlechtsakt alle fünf Sinne gleichzeitig und vollständig beteiligt sind. Während des Beischlafs fließt die sexuelle Energie normalerweise ganz spontan, es sei denn, irgend etwas stört den sexuellen Ausdruck, und die Intensität läßt infolgedessen nach. Während des Küssens sind zum Beispiel der Geschmackssinn, der Geruchs- und Tastsinn ganz direkt mit einbezogen. Eine rauhe Haut, unangenehmer Körpergeruch oder -geschmack können sich da höchst negativ auf den Erregungszustand auswirken. Auch was wir während unserer sexuellen Aktivitäten sehen und hören, vermag den sinnlichen Ausdruck zu intensivieren, kann ihn aber auch erlahmen lassen. Darum sollte man sich bemühen, alle möglichen Hindernisse aus dem Weg zu räumen, damit die Handlungen intensiv und spontan von allen Sinnen getragen werden und die sexuelle Energie frei fließt.

Während des sexuellen Aktes erreichen die Sinne den Höhepunkt ihrer Ausdrucksmöglichkeit, woran sich ein Zustand des Nichthandelns anschließt. Die sexuelle Erfahrung vollzieht sich in drei Stufen, entsprechend den drei fundamentalen Qualitäten der kosmischen Substanz (siehe Kapitel V, Sūtra 8). Alle sexuelle Aktivität und Anstrengung in dieser Richtung entspricht Rajas. Dazu gehören auch die eigenen Verschönerungsbemühungen, um sexuell attraktiver zu sein, Kommunikation auf anderen

Ebenen und der größte Teil des sexuellen Aktes selbst. Diese Rajas-Phase wird abgelöst durch eine Tamas-Phase – die Aktivität läßt nach, weil die Sinne das Maximum ihres Empfindungsvermögens erreicht haben. Und schließlich tritt man in die letzte Phase ein: den Augenblick der Glückseligkeit, der eine Erfahrung des reinen Bewußtseins ist. Während dieses Zustands ist der Verstand ganz Sattva und wird eins mit der Seele, anstatt sich mit den Sinnen zu identifizieren. Mit anderen Worten, man transzendiert die Sinne und erreicht einen Zustand der reinen Energie, welche die Ursache unseres Seins ist.

Um die Sinne transzendieren zu können, ist es wichtig, sie erst einmal intensiv zu erfahren. Das ist nicht nur bei der Sexualität der Fall, sondern etwa auch im Yoga. Man konzentriert sich zum Beispiel im Rahmen einer Übung auf die intensive Erfahrung eines Sinnes, so daß man alle anderen darüber vergißt. Weil man die Intensität einer solchen Erfahrung jedoch nicht ertragen kann, muß man sie transzendieren. Auf diese Weise werden die Aktivitäten des Verstandes beruhigt, und der Geist erreicht den Zustand vollkommener Stille.

Ein Yoga-Schüler braucht sehr lange, bis es ihm gelingt, mit Hilfe des Verstandes die Sinne zu transzendieren – und entsprechend lange dauert die Rajas-Phase in der Sexualität. Die Aktivität erreicht ihren Höhepunkt, es folgt ein kurzer, aber intensiver Erschöpfungszustand – die Tamas-Phase –, und schließlich erreicht man den Zustand von Sattva, von dem im nächsten Sūtra die Rede sein soll.

2. Es kommt zu einem Moment der Glückseligkeit – zu einer kurzen Erfahrung reinen Bewußtseins.

Wenn alle Sinnestätigkeit eingestellt ist, gibt es nichts mehr. Man erreicht einen Zustand der Leere, der ungeheuer und unbeschreibbar und von einem intensiven Glück begleitet ist. Man kann nicht sagen, daß das ein Glücks-«Gefühl» ist, weil es in diesem bestimmten Moment gar kein «Gefühl» mehr existiert. Eher läßt sich von einer Erfahrung der Glückseligkeit sprechen, die man vor und nach diesem bestimmten Augenblick macht.

Der Verstand reiht kontinuierlich und ohne Pause einen Gedanken an den anderen, selbst im Schlaf geht der Denkprozeß in Form von Träumen weiter. Unterbrechen kann man die Gedankenkette durch verschiedene Yoga-Übungen oder durch sexuelle Gipfelerfahrungen.

Im Yoga sagt man, daß der Verstand der Grund für die Verstrickung des Menschen in die Welt der Phänomene ist, aber nur durch die Anstrengung des Verstandes kann man das Ziel des Yoga erreichen, sich aus der Welt der Phänomene zurückzuziehen und eins zu werden mit der Seele, die die Ursache für unser Sein ist. Wenn man diesen Zustand erreicht, macht man die Erfahrung des reinen Bewußtseins. Die Sexualität ermöglicht es uns, die momentane Einheit mit dem Grund unseren Seins herzustellen und so, wenn auch nur sehr kurz, die Erfahrung des reinen Bewußtseins zu machen.

3. Die spirituelle Erfahrung ist das, was jenseits der sinnlichen Erfahrung stattfindet. Sie wird durch die Transzendierung der Sinne mit den Mitteln des Verstandes erreicht.

Der Grund des Seins ist die Seele, die reine Energie ist. Sie ist nicht in die Welt der Phänomene verstrickt. Sie ist wie ein Spiegel oder ein Zuschauer, der selber nicht mitagiert. Aber ohne sie ist Leben nicht möglich. Gewöhnlich identifizieren wir uns mit unserem körperlichen Sein, denn es hat Form, Wärme, Farbe usw. Das wirkliche Selbst des Individuums aber ist die Seele, die diesen Körper mit seinen fünf Sinnen lebendig macht. Der Verstand ist durch die Sinne Teil der Welt der Phänomene, und all unsere Erfahrungen sind Sinneserfahrungen.

Wenn der Verstand sich aus eigener Anstrengung von den Sinnen zurückzieht und in einen Zustand der Stille gelangt, erreicht er die Natur der Seele, die still, inaktiv und frei ist. Diese Erfahrung nennt man spirituelle Erfahrung. Spirituelle Erfahrung kann nur durch Transzendierung der Sinne erreicht werden.

4. Durch persönliche Bemühungen und viel Praxis kann die spirituelle Erfahrung, der Zustand der Glückseligkeit, verlängert werden.

Wenn die Sinne den Höhepunkt ihrer Empfindungsfähigkeit erreicht haben, setzt ihre Tätigkeit für kurze Zeit aus. Es entstehen Stille und die Erfahrung der Leere, und der Verstand wird eins mit der Seele – dem Grund unseren Bewußtseins. Es ist das Phänomen der Auflösung unseres körperlichen, veränderlichen Selbst in unser wirkliches, unsterbliches Selbst.

Normalerweise ist der nur kurz währende Höhepunkt ein natürliches Ergebnis der sexuellen Aktivität. Rein technisch gesehen ist auch diese Augenblickserfahrung eine spirituelle Erfahrung, aber sie ist zu kurz, um wirklich als solche identifiziert zu werden. Wenn wir deshalb über Sexualität und Spiritualität reden, geht es darum, diese kurze Phase durch die Anstrengungen des Verstandes zu verlängern. Das kann durch verschiedene Yoga-Methoden geschehen, deren Ziel die Stärkung der Selbstkontrolle des Verstandes ist. Der Verstand kontrolliert den Verstand, und in der Sexualität können wir an einem Punkt beginnen, wo der Verstand bereits zur Ruhe gekommen ist.

5. Trotz der Unterschiede in ihren äußeren Erscheinungsformen, Meinungen, Standpunkten usw. ist die unzerstörbare und unveränderliche Energie, welche die Ursache des Bewußtseins ist, in allen Menschen die gleiche.

Manche mögen vielleicht denken, daß die Erfahrung der Spiritualität durch Sexualität nur einigen wenigen Menschen vorbehalten ist, die die entsprechende geistige Stärke besitzen. Dieses Sūtra betont jedoch, daß das innere Selbst, welches der Grund des Bewußtseins ist, allen Verschiedenheiten unserer körperlichen Existenz und ihrer Manifestationen zum Trotz, in allen Menschen das gleiche ist. Ob wir schwarz, weiß oder braun, reich oder arm sind, egal womit wir unseren Lebensunterhalt verdienen, wie wir erzogen sind, was für Ehren oder Titel wir erworben haben, unser Körper und unser Verstand bestehen aus den gleichen kosmischen Elementen, und die gleiche Energie, der Lebensfunke, beseelt uns alle. Ihre Kraft vermindert oder vermehrt sich nicht unter irgendwelchen Umständen. Die Leiden und Freuden, die durch unser Karma bedingt sind, werden vom körperlichen Selbst getragen. Um eine spirituelle Erfahrung zu machen, muß das körperliche Selbst transzendiert werden, denn es ist der Zeit und durch das Karma den ständigen Veränderungen im Universum der Phänomene unterworfen. Um zur spirituellen Erfahrung zu gelangen, muß man mit dem Urgrund des Seins eins werden. Da dieser jedoch in uns allen der gleiche ist, steht auch der Weg zur Spiritualität allen Menschen in gleicher Weise offen. Unterschiede gibt es nur insofern, als manche sich mehr anstrengen müssen und ein intensiveres geistiges Training benötigen als andere, um dieses Ziel zu erreichen.

6. Spirituelle Erfahrung durch Sexualität setzt das vollständige Eintauchen in die Sinnlichkeit voraus.

Wir kommen nun zu verschiedenen technischen Gesichtspunkten, die für die spirituelle Erfahrung durch Sexualität von Bedeutung sind. Ein vollständiges Eintauchen in die sinnliche Erfahrung ist erforderlich, wenn man letztendlich die Sinne transzendieren will. Die Aufmerksamkeit der Beteiligten sollte während der sexuellen Vereinigung nicht abgelenkt werden, und alle ihre Bemühungen, sowohl des Verstandes als auch des Körpers, sollten auf die Details des körperlichen Selbst und die subtilen Empfindungen des jeweils anderen gerichtet sein. Sie sollten diese Zeitspanne stets als den kostbarsten Moment Ihres Lebens betrachten. Sie sind dort und nur dort. Sie sollten vergessen, daß außerhalb Ihrer kleinen Welt überhaupt noch etwas existiert. Das zu erreichen ist nicht leicht. Vielleicht fragen Sie sich, warum ein vollständiges Eintauchen in die Sinnlichkeit für die Erfahrung der Spiritualität überhaupt notwendig ist. Es ist nun mal so, daß wir über die Sinnlichkeit die kosmische Energie in uns selbst berühren. Die Sinnlichkeit ist nur der Weg, nicht das Ziel. Wenn Sexualität nicht intensiv, lustvoll und erfüllend ist, ist dieser Zustand nur verwirrend, und man wird das Ziel nie erreichen.

Ein gesteigerter Zustand der sinnlichen Erfahrung trägt auch zur Erhöhung der Konzentration des Verstandes bei. Und je stiller der Verstand wird, desto eher ist man fähig, ganz in die sinnliche Erfahrung einzutauchen: Geistige Kraft und sinnliche Intensität stärken sich gegenseitig.

Ein weiterer Faktor, der für ein intensives sinnliches Erleben von Bedeutung ist, ist die Fähigkeit, die Ejakulation zurückzuhalten, denn wenn die Zeit des Beisammenseins zu kurz ist, kann sich die Sinnlichkeit nicht voll entfalten, denn die Intensität der Empfindungen wächst erst nach und nach. Und wenn man die Lust auf der körperlichen Ebene nicht ganz auskosten kann, bleibt einem auch die spirituelle Erfahrung verwehrt.

7. Konzentration des Verstandes, Beweglichkeit des Körpers und das Beherrschen der Atemübungen sind Voraussetzung für eine spirituelle Erfahrung durch Sexualität.

Dieses Sūtra betont indirekt, wie eng dieses Kapitel zusammenhängt mit dem, was bisher schon zum Thema Sexualität gesagt wurde.

Prānāyāma-Übungen sind so wichtig, weil sie direkt auf die Kontrolle des Geistes abzielen und auf diese Weise auch dazu beitragen, den Augenblick der Glückseligkeit zu verlängern. So wie das sinnliche Ausdrucksvermögen einen Höhepunkt erreicht und dann in einen Zustand der Nichtaktivität übergeht, so sollten Sie sich mit ganzer Kraft auf den Zustand der Glückseligkeit konzentrieren, den Sie gerade anstreben. Lenken Sie Ihre Prānasakti (die Lebenskraft, also die Luft, die Sie einatmen) auf Ihren Kopf, gerade in dem Moment, in dem Sie das Reich der Stille betreten. Danach sollten Sie versuchen, die spirituelle Erfahrung dadurch zu verlängern, daß Sie sich auf den Solarplexus, den Sitz des Anāhata-Chakra, konzentrieren. Dieses Chakra, das vierte von unten, repräsentiert die letzte Vereinigung und Erfüllung der männlichen und weiblichen Prinzipien. Am Anfang werden Sie alle sehr unterschiedliche Erfahrungen machen, weil jeder ein anderes Karma hat. Mit der Zeit und der Übung aber werden die Reste des vergangenen Karma nach und nach aufgelöst, und Sie werden spirituelle Klarheit erreichen (siehe Sūtra 9). Wenn Sie diesen Schritt erfolgreich hinter sich gebracht haben, werden Sie vom Licht Ihrer Seele in die Gefilde der Unendlichkeit geführt, zum Absoluten, zur universellen Seele.

Um eine spirituelle Erfahrung zu erlangen, müssen Sie regelmäßig üben, Einspitzigkeit des Verstandes zu entwickeln. Das ist nur möglich, wenn Sie Ihr Denkvermögen beherrschen und einen gesunden, energievollen Körper haben. Verhindert wird die spirituelle Erfahrung via Sexualität dennoch oft dadurch, daß wir uns zu sehr an die sinnliche Erfahrung verlieren, das heißt, über den Mitteln den Zweck aus dem Auge verlieren. Wie wir bereits sagten, dauert das Rajas-Stadium sehr lang, während Tamas und Sattva intensiver und sehr kurz sind. Deshalb muß man sich, will man eine spirituelle Erfahrung machen, ganz fest vornehmen, die Sinne zu transzendieren.

8. Sinnliche Intensität wird dadurch erreicht, daß man sich bewußt das Ziel steckt, die Wirklichkeit jenseits der Sinne zu erfahren.

Manche sind vielleicht nur an der Intensivierung der sinnlichen Erfahrung um ihrer selbst willen interessiert und möchten nur die körperliche Lust steigern. Wenn Sie aber eine spirituelle Erfahrung machen wollen, müssen Sie die sinnliche Intensität während des Geschlechtsakts unter dieser Prämisse steigern. Dabei ist klar, daß beide Partner dieses Ziel anstreben müssen, sonst wird der notwendige Punkt der Harmonie, an dem alle zehn Sinne der beiden in einem Rhythmus schwingen, erst gar nicht erreicht. Bevor man nach einer spirituellen Erfahrung strebt, muß man daher erst mal auf dieser Ebene Meisterschaft erlangen.

Das geht natürlich nicht von heute auf morgen, aber wenn man sich mit der nötigen Ehrfurcht und Willenskraft daranmacht, werden sich schon bald die ersten Erfolge zeigen. Ein weiterer Schritt ist, daß Sie lernen müssen, sowohl Ihr eigenes körperliches Selbst als auch das Ihres Partners zu transzendieren. Wenn Sie im Moment der Glückseligkeit auch nur das geringste Bewußtsein von der anderen Person haben, befinden Sie sich immer noch in der Welt der Phänomene. Sie müssen all dies hinter sich lassen und den Zustand erreichen, der keine Empfindungen mehr kennt. Diesem Zustand am nächsten ist jener, in dem auch das Bewußtsein der Tatsache, daß es keine Gefühle mehr gibt, schon geschwunden ist.

9. Die Erfahrung jenseits der Sinne führt zu spiritueller Klarheit.

Die Erfahrung jenseits der Sinne ist die Erfahrung der Unendlichkeit und des Einsseins mit der kosmischen Energie. Sie führt zur Verwirklichung des eigenen wahren Selbst – der Seele und ihrer Einheit mit der kosmischen Seinskraft. Eine spirituelle Erfahrung, ganz gleich, ob sie durch Sexualität oder durch Yoga-Übungen erreicht wird, vergrößert unser Wahrnehmungsspektrum mehr, als unsere Sinne dies vermögen. Unser Horizont erweitert sich, was zu einem besseren Verständnis von Leben und Kosmos und zu vielen weiteren Erfahrungen führt. Unsere Urteilskraft wächst, so daß wir Ereignisse voraussehen und weise handeln können. Mit Hilfe von spiritueller Klarheit gewinnen wir Stärke und Energie, stehen über den Wechselfällen des Lebens und erreichen einen segensreichen Zustand der Ausgeglichenheit.

10. Spirituelle Klarheit führt uns zur Erfahrung des Unendlichen.

Dank spiritueller Klarheit erkennen wir, daß das wahre Selbst die Seele ist. Die Seele ist eine unendliche Energiequelle, weil sie Teil der universellen Energie ist. Somit führt uns eine wiederholte spirituelle Erfahrung, ganz gleich ob sie dem Yoga oder der Sexualität entsprungen ist, zu spiritueller Klarheit, und diese wiederum verbindet uns mit der unendlichen kosmischen Energie.

11. Die spirituelle Energie läßt sich zum Wohle der Menschheit einsetzen.

Die spirituelle Energie, die auf die oben beschriebene Weise gewonnen wird, kann für die verschiedensten Zwecke genutzt werden. Sie kann zum Beispiel heilen, Mut machen, den richtigen Weg weisen oder einfach das Denken anderer Menschen so verändern, daß es zu ihrem eigenen und zum Wohl der Gesellschaft beiträgt. Wenn Sie diese Energie für einen bestimmten Zweck nutzen wollen, sollten Sie sich während des Augenblicks der Glückseligkeit auf diesen Gegenstand konzentrieren. Wenn Sie sich zum Beispiel selber heilen wollen, dann lenken Sie Ihr Prāna kurz vor dem Höhepunkt auf den betreffenden Teil Ihres Körpers. Wenn Sie Erfolg in einer bestimmten Sache anstreben, konzentrieren Sie sich in der gleichen Weise auf diesen Gegenstand. Es reicht nicht, nur oberflächlich an das Ziel zu denken, Sie müssen vielmehr den Augenblick der Glückseligkeit mit dem Ziel, das Sie erreichen wollen, einswerden lassen.

Spirituelle Energie kann auch für negative Zwecke genutzt werden, zum Beispiel zur Manipulation anderer Menschen für die eigenen Interessen, um materiellen Gewinn zu erzielen, Rache zu nehmen usw. Der Mißbrauch von spiritueller Energie führt jedoch zu Unheil. Man verliert seinen Seelenfrieden, und damit geht auch die spirituelle Klarheit langsam wieder verloren. Wenn wir diese Energie aber zum Wohle der Menschheit nutzen, gibt uns das Mut, Kraft und inneren Frieden. Alle diese Faktoren helfen auf dem Weg der Spiritualität.

Damit kommen wir zum Ende des letzten Kapitels des Kamasutra für Frauen, in dem es um Sexualität und Spiritualität ging. Mögen die elf Kapitel dieses Buches mit ihren je elf Sūtras Frauen und Männern gleicherweise dabei helfen, Harmonie und Frieden in den Kosmos zu bringen.

ANHANG 1

# *Philosophische und spekulative Grundlagen des Kamasutra für Frauen*

Die indische Tradition kennt verschiedene Darshanas oder Schulen des spekulativen Denkens.[1] Dabei handelt es sich nicht einfach um verschiedene philosophische Richtungen, wie es sie im Westen gibt, denn die Darshanas beschäftigen sich mit der Kosmogonie, Kosmologie, der Welt der Phänomene und den Möglichkeiten, sich aus ihr zu befreien. In unserem Kontext sind in erster Linie die Schulen des Sānkhya und des Yoga von Bedeutung. Sānkhya liefert dem Yoga die metaphysische Basis, während Yoga eine technische Disziplin ist, mit deren Hilfe man zur Gotteserkenntnis gelangen kann. In unserem Zusammenhang ist vor allem wichtig, den ganzheitlichen Ansatz des Kosmos-Verständnisses zu begreifen, denn er bildet die theoretische Grundlage dieses Buches.

Die Welt der Phänomene verdankt ihre Existenz der Verbindung der Universalseele (Purusha) mit der kosmischen Substanz (Prakriti). Purusha ist dabei das belebende Prinzip von Prakriti und selbst ohne jegliche Eigenschaft und Stofflichkeit. Prakriti dagegen besteht aus drei wesentlichen Eigenschaften, nämlich Sattva (die Eigenschaft der Wahrheit, Tugend, Schönheit und Ausgeglichenheit); Rajas (die Eigenschaft der Kraft und des inneren Antriebs); sowie Tamas (die Eigenschaft, die Bewegung einschränkt, blockiert und Widerstand leistet). Dennoch hat Prakriti keinen Drang zu handeln, denn es ist unbeseelt. Erst durch die Verbindung mit Purusha wird ihm Leben eingehaucht, und alles, was existiert, manifestiert sich.

Aus der Verbindung von Purusha und Prakriti gehen drei grundsätzliche Faktoren hervor: die Vernunft oder Kraft der Unterscheidung, das Individuationsprinzip und das Denkvermögen oder der Verstand. Durch diese drei wiederum entstehen die fünf feinstofflichen Elemente: Klang, Fühlbarkeit, Erscheinung, Geschmack und Geruch. Die feinstofflichen Elemente stehen in Zusammenhang mit den ihnen entsprechenden materiellen oder fundamentalen Elementen: Äther, Luft, Feuer (oder Licht), Wasser und Erde. Zu diesen fünf Grundelementen stehen die fünf Sinne (Gehörsinn, Tastsinn, Gesichtssinn, Geschmackssinn, Geruchssinn) in Beziehung sowie die fünf Arten des Handelns: die Fähigkeit, sich auszudrücken, sich anzufassen, sich zu bewegen, auszuscheiden und sich fortzupflanzen.

Vor der Manifestation der objektiven Welt, das heißt, bevor sich die universelle Seele und die kosmische Substanz miteinander verbunden haben, befinden sich die drei Eigenschaften der Prakriti in einem Zustand vollkommener Ausgewogenheit. Nach ihrer Verbindung wird dieses Gleichgewicht ständig gestört, entsprechend den Handlungen (Karma) der Menschen. Karma ist die der Welt der Phänomene innewohnende Natur.

Das Universum ist ein sich ständig veränderndes, dynamisches Ganzes, in dem alles miteinander verbunden und aufeinander bezogen ist und alles voneinander abhängt. Es sind diese Veränderungen, welche die Zeit ausmachen. Geburt, Tod und die verschiedenen Stationen des Lebens sind lediglich Zustandsveränderungen – nichts ist für immer verloren, nichts ohne Grund. Alles bewegt sich auf ein bestimmtes Ziel zu.

Unser Körper besteht aus den fünf Grundelementen. Die Ursache unseres Bewußtseins aber ist unsere Seele, die Teil der Universalseele ist. Wie wir bereits sagten, hat die Seele keine Substanz und keine Eigenschaften; sie ist das Lebensprinzip. Wenn die Seele den Körper verläßt, ist der Mensch tot. Der Körper verfällt, und die fünf Elemente, die auf eine bestimmte Weise im Körper organisiert waren, kehren zu ihrem Ausgangspunkt zurück. Die Seele oder Jīva sucht sich einen neuen Körper, eine neue Mutter, und man sagt dann: Sie wird wiedergeboren. Die Bedingungen und Umstände der Geburt hängen von ihrem individuellen Karma ab. Auf diese Weise ist jede Seele einem ständigen Kreislauf von Leben und Tod – Samsāra – unterworfen. Dieser Kreislauf ist schmerzlich, weil ihm die Eigenschaft der Vergänglichkeit anhaftet. Alles, was wir lieben und besitzen, müssen wir zurücklassen. Nichts ist von Dauer. Die Befreiung liegt darin, dem Pfad der Unsterblichkeit zu folgen und den Kreislauf von Geburt und Tod zu durchbrechen. Dies geschieht, indem wir unser wirkliches Selbst erkennen: die Seele. Im Unterschied zum Körper ist die Seele unsterblich und dauerhaft. Der Yoga lehrt Techniken, mit deren Hilfe wir die Herrschaft über unsere Sinne gewinnen und in das Reich der Seele eingehen können. Das Ziel des Yoga ist es, die vollständige Trennung der Seele vom Körper zu erreichen. Aufgrund unseres früheren Karmas jedoch ist es unmöglich, die Seele vom Körper zu befreien, denn die Karma-Reste (Samskāra) haften an jeder einzelnen Seele und zerren sie von Mutterleib zu Mutterleib. Nur durch die Meditation kann man sich vom Samskāra befreien.[2] Gelingt es, die Seele vom Körper zu lösen, und hat man verstanden, daß die Seele das wirkliche Selbst ist, dann ist man erlöst vom Rad der Wiedergeburten, denn nur die Verbindung der beiden – die Verbindung von Purusha und Prakriti – ist ja überhaupt der Grund für die Existenz der Welt der Phänomene (siehe Diagramm 1).

Die Welt ist ein faszinierender und reizvoller Ort, der ständig unsere Sinne beschäftigt. Unser Verstand verarbeitet ununterbrochen Sinneserfahrungen und verändert sich dabei. Um wirklich meditieren zu können, müssen wir diesem Prozeß Einhalt gebieten. Der Verstand kontrolliert den Verstand, und nur durch die Anstrengung des Verstandes können wir uns schließlich befreien.

Der Weg der Befreiung erfordert ungeheure Anstrengungen und großes Durchhaltevermögen. Nur ein gesunder und kräftiger Körper ist diesen Mühen gewachsen. Man sagt, der Körper sei heilig, weil er ein Tempel der Seele ist. Ohne einen gesunden

Körper kann man weder sinnliche Freuden genießen noch spirituelle Ziele erreichen. In unserem Zusammenhang befassen wir uns in erster Linie mit den Sinnesfreuden und der Möglichkeit, durch sie spirituelle Erfahrungen zu machen. Deshalb wollen wir uns kurz die Grundlagen des Āyurveda – der Wissenschaft vom Leben – vergegenwärtigen, in dessen Mittelpunkt die Gesundheit von Körper und Verstand steht.

Wie alle übrigen Dinge im Kosmos besteht auch der Körper aus den fünf Elementen. Die fünf Elemente bringen die drei Humore hervor, nämlich Vāta, Pitta und Kapha. Diese Humore bestimmen alle physischen und psychischen Funktionen des Körpers (siehe Diagramme 2 bis 4).

Da alles in diesem Universum humorale Eigenschaften hat, die Humore also ständig involviert sind, sollte die Gesundheit unbedingt Priorität in unserer Lebensführung genießen, denn ohne sie gibt es weder irdisches Vergnügen noch spirituelle Erfahrung, die zur Befreiung führt.

Vor allem müssen wir lernen, den eigenen Gesundheitszustand mit Hilfe der auf S. 198 ff. wiedergegebenen Diagramme zu bestimmen. Sie sollten sich selbst sehr genau beobachten und dann die bei Ihnen vorherrschenden Merkmale auflisten. Wenn Ihnen die hier vorliegenden Informationen dafür nicht ausreichen, finden Sie in meinen anderen Büchern gewiß weiteres nützliches Material. Nachdem Sie sich ein Bild von Ihrer Grundverfassung gemacht haben, sollten Sie versuchen, auf jeden Fall ein humorales Gleichgewicht herzustellen, indem Sie sich entsprechend Ort, Zeit und individuellen Bedürfnissen (siehe Diagramme 5 bis 8) ernähren. Häufig werden bestimmte Nahrungsmittel als generell gut oder schlecht für die Gesundheit erklärt. Kümmern Sie sich nicht darum, denn manches, was für den einen gut ist, kann dem anderen schaden und umgekehrt, weil nun mal jeder eine eine andere körperliche Verfassung hat. So stärkt zum Beispiel Knoblauch im allgemeinen die Immunkräfte. Wenn bei Ihnen aber Pitta dominiert, sollten Sie Knoblauch nur in sehr geringen Mengen genießen. Wenn Ihr Pitta sich verschlechert hat, essen Sie so lange keinen Knoblauch, bis das humorale Gleichgewicht wiederhergestellt ist. Was die humoralen Qualitäten der am meisten verbreiteten Nahrungsmittel angeht, verweise ich Sie auf meine anderen Bücher bzw. die Originaltexte des Āyurveda.

Es sollte klar sein, daß «Verschlechterung» eines Humors nicht gleichbedeutend ist mit «Überschuß», obwohl der Begriff häufig in dieser Bedeutung gebraucht wird. Verschlechterung kann auch durch die Ansammlung eines Humors an einer bestimmten Stelle verursacht werden. Außerdem kann es einem Humor an Koordination in Raum und Zeit mangeln. Das heißt, er mag sich am falschen Ort oder zur falschen Zeit entwickeln. So ist es zum Beispiel eine der Aufgaben von Kapha, neue Zellen zu bilden, um alte zu ersetzen. Die Bildung von unerwünschten Zellen – etwa überschüssige Fettzellen und daraus resultierendes Übergewicht – ist jedoch krankhaft. Man bezeichnet sie als Verschlechterung von Kapha. Pitta ist verantwortlich für die Verdauung. Wenn nun Verdauungssäfte produziert werden ohne ein entsprechendes Nahrungsangebot im Darm, ist auch dies pathologisch, also eine Verschlechterung von Pitta.

Die drei Humore verändern sich ständig. Sie sind voneinander abhängig und aufeinander bezogen. Die Störung des einen zieht auch die anderen in Mitleidenschaft, und wenn wir uns nicht darum kümmern, sind schnell alle Humore aus dem Gleichgewicht. So trocknet zum Beispiel ein Vāta-Überschuß den Körper aus, da er Kapha schädigt. So wie der Wind Nasses trocknet, reduziert Vāta, das von den Elemten Äther und Luft abstammt, Kapha, dessen eines Grundelement das Wasser ist. Menschen mit zuviel Vāta haben häufig trockene Haut oder eine trockene Kehle, das heißt der Vāta-Überschuß behindert die Ausscheidungsfunktionen der Zellen, die zum Aufgabenbereich von Kapha gehören. Umgekehrt behindert ein Überschuß an Kapha den freien Fluß von Vāta und damit die gleichmäßige Verteilung der Energie im Körper. Ein Überschuß an Pitta ruft mehr verborgene Hitze im Körper hervor und vermindert Kapha. Ein Überschuß an Kapha unterdrückt das Körperfeuer (Pitta) – so wie man mit Hilfe von Wasser und Erde Feuer löschen kann. Ganz ähnlich ist ein Vāta-Überschuß Grund für eine unausgewogene Verteilung von Pitta und für seine Verschlechterung.

Das Konzept der Humore läßt sich leicht verstehen, wenn man die Funktionen der fünf Elemente im Universum begreift. Wind ist die lebenspendende Kraft, ohne die wir nicht existieren können. Aber ein Zuviel an Wind ist die Ursache für Katastrophen – entwurzelte Bäume, zerstörte Gebäude, unterbrochene Stromnetze. Der Fluß, der Leben schenkt, überschwemmt plötzlich ganze Dörfer und Felder und bringt den Tod. Mutter Erde, die uns nährt und trägt, kann durch ein nur Minuten währendes Erdbeben alle Lebensgrundlagen zerstörten. Das Feuer, das so segensreich als Quelle der Wärme ist, kann binnen kürzester Frist ganze Lebenswerke zunichte machen, sobald es außer Kontrolle gerät.

Die drei Humore unseres Körpers sind aus diesen fünf Elementen zusammengesetzt, und sie sind die lebenspendende Kraft, solange sie im Gleichgewicht sind. Geraten sie jedoch aus der Balance, hat das katastrophale Folgen für unsere Gesundheit. Die Störungen, deren Ursache ein humorales Ungleichgewicht ist, werden endogene Störungen genannt – zum Beispiel Bluthochdruck, Diabetes, bestimmte Verdauungsprobleme, Hämorrhoiden, Kolitis, Schlafstörungen usw. Die Unausgewogenheit der Humore schwächt auch die Ojas (die Immun- und Vitalkräfte) des Körpers, so daß man anfälliger wird für Infektionen. Das Ungleichgewicht der Humore ist also die Ursache von Krankheit und Leid.

Im Zusammenhang mit der Sexualität spielen die drei Humore eine andere Rolle. Sie helfen, verschiedene sexuelle Funktionen zu koordinieren. Wenn die Humore nicht im Gleichgewicht sind, ist es unmöglich, sexuelle Erfüllung zu finden. Vāta ist zuständig für die sexuelle Ausdauer. Es ist nicht möglich, über längere Zeit sexuell aktiv zu sein, wenn dieser Humor gestört ist. Pitta ist zuständig für die sexuelle Kraft. Eine Störung dieses Humors wird die Intensität der sexuellen Erfahrung und der sexuellen Energie schwächen. Kapha ist zuständig für die Sexualsekrete. Ist es reduziert, kann sich das negativ auf den Geschlechtsakt und auf die Fruchtbarkeit auswirken.

Sehr wichtig ist es, zu verstehen, wie Karma und Āyurveda zusammenhängen. Jeder von uns wird in ein ganz bestimmtes Umfeld hineingeboren und besitzt eine individuelle Konstitution *(daiva)*. Durch unser gegenwärtiges Karma *(purushkāra)* können wir jedoch unsere Grundvoraussetzungen verbessern bzw. verschlechtern. Nach der Lehre des Āyurveda ist der Schlüssel zu einem gesunden, glücklichen und langen Leben die rechte Koordination dieser beiden Komponenten. Das heißt, wir sollten unser gegenwärtiges Karma, soweit es die Gesundheit betrifft, auf die physischen Voraussetzungen abstimmen, die wir mitgebracht haben. Jeder von uns hat bestimmte körperliche Schwachpunkte, denen besondere Aufmerksamkeit geschenkt werden sollte. Und auch wer mit einer robusten Natur gesegnet ist, darf nicht nachlässig sein, sondern sollte sich stets bemühen, seine gute Verfassung bis ins Alter zu erhalten. Viele Menschen mißverstehen Karma als etwas Deterministisches. Dabei spielt das gegenwärtige Karma, das heißt die persönliche Anstrengung, eine ganz wichtige Rolle im Hinblick auf unser Wohlergehen. Purushkāra ist geradezu die Basis aller gesundheitsfördernden Maßnahmen.

Wie wir bereits früher festgestellt haben, besitzt die kosmische Substanz drei konstituierende Eigenschaften – Sattva, Rajas und Tamas –, die sich auf verschiedene Weise manifestieren. In bezug auf unseren Körper repräsentieren Tamas, Rajas und Sattva die physischen, feinstofflichen und spirituellen Aspekte der menschlichen Existenz. Aus kosmischer Sicht steht Rajas für das schöpferische Prinzip des Universums, Tamas für das vernichtende Prinzip und Sattva für das Prinzip der Energie und des Lebens. Die Verbindung von Universalseele und kosmischer Substanz führt zur Schöpfung – das ist Rajas. Wenn diese beiden sich wieder voneinander trennen, löst sich damit gleichzeitig die Welt der Erscheinungen auf – das ist Tamas, das Prinzip der Vernichtung. Sattva, das Prinzip der Reinheit und Stille, kennzeichnet die Anwesenheit der Seele in uns allen.

So wie Vāta, Pitta und Kapha zum Körper gehörende Humore sind, so sind Sattva, Rajas und Tamas Charakteristika des Geistes. Denken, Planen und Entscheiden sind die Rajas-Aktivitäten des Verstandes. Während des Schlafs gehört die Verstandestätigkeit in den Bereich von Tamas, weil der Verstand in diesem Zustand neuem Wissen gegenüber verschlossen ist. Es ist einzig das schon vorher erworbene Wissen, das den Geist im Schlaf beschäftigt. Sattva-Aktivitäten des Verstandes sind jene, die uns zu innerem Gleichgewicht, zu Wahrheit, Selbstdisziplin, Sinneskontrolle, Stille des Verstandes und Verwirklichung des wahren Selbst – der Seele – führen. Sattva repräsentiert das reine Element des Geistes, das dominiert, wenn der Verstand sich im Zustand der Meditation befindet, die Natur der Seele annimmt und eins mit ihr wird. Die Humore und Eigenschaften beeinflussen sich gegenseitig. Ein Überschuß an Rajas kann Vāta verschlechtern und ein Zuviel an Tamas Kapha schädigen. Sattva führt zu Einsicht und Ausstrahlung, die aber auch Eigenschaften von Pitta sind. Ein Vāta-Überschuß kann zu Hektik, Nervosität und Überaktivität führen und damit Rajas verstärken.

In einem normalen, weltzugewandten Leben ist es für die geistige und körperliche Gesundheit sehr wichtig, das Gleichgewicht zwischen diesen drei Eigenschaften aufrechtzuerhalten. Wer sich ganz dem Weg der Spiritualität verschrieben hat, wird von Sattva beherrscht und wendet sich von Rajas ab. In unserem täglichen Leben ist Rajas jedoch von großer Bedeutung – es liefert die notwendige Antriebskraft zur Erfüllung unserer Pflichten. Und Tamas wiederum gleicht in bestimmten Situationen Rajas aus – etwa Überaktivität durch Trägheit. Ein Yogi kann es sich leisten, sich ganz der Sattva-Eigenschaft zu widmen, die sein inneres Selbst weckt. Er ist weit entfernt von allem Rajas und hat inneren Frieden erreicht, weil er seiner von Natur aus ewigen Seele gewahr geworden ist. Wer jedoch mitten im Leben steht, braucht sie alle drei – Rajas, Tamas und Sattva – in ausgewogenem Maße. Meistens haben wir heutzutage zuviel Rajas und Tamas und zuwenig Sattva. Gier und Unzufriedenheit führen zu mehr und mehr Rajas. Die Menschen wollen nur noch materielle Güter anhäufen und vergessen, daß alles vergänglich ist – inklusive unserer körperlichen Existenz. Dieser Mangel an Sattva und der Überschuß an Rajas und Tamas wiederum sind Ursache vieler psychischer und sexueller Störungen. In der Sexualität steht Rajas für die Ausführung des sexuellen Aktes selber, Sattva für den kurzen Augenblick der Glückseligkeit an seinem Ende, und Tamas tritt kurz vor der Erfahrung von Sattva in Erscheinung. Durch persönliche Anstrengung und die entsprechende sexuelle Energie kann der Sattva-Zustand verlängert werden. Ansonsten erfolgen ein weiterer Tamas-Schub und das Ende des Geschlechtsverkehrs.

Um ein erfülltes und zufriedenes Leben zu führen – nicht zuletzt auch auf sexuellem Gebiet –, ist ein Gleichgewicht zwischen den drei Eigenschaften unabdingbar. Ein Indikator für das zunehmende Ungleichgewicht dieser Eigenschaften ist die Tatsache, daß die sexuelle Beziehung immer mehr von ihrer geistig-seelischen Dimension verliert und zu einem weiteren Konsumgut unter vielen verkommt. Dieses Problem sitzt sehr tief und verlangt nach mehr als einer nur oberflächlichen Heilung. Deshalb ist es so wichtig zu verstehen, wie das Grundungleichgewicht zwischen den drei Eigenschaften zustande kommt, und den Versuch zu unternehmen, entsprechende Ausgewogenheit wiederherzustellen, damit unser Planet zu einer friedlichen Wohnstätte werden kann.

Diagramm 1 Eine bildliche Darstellung der verschiedenen kosmischen Elemente nach dem Sānkhya

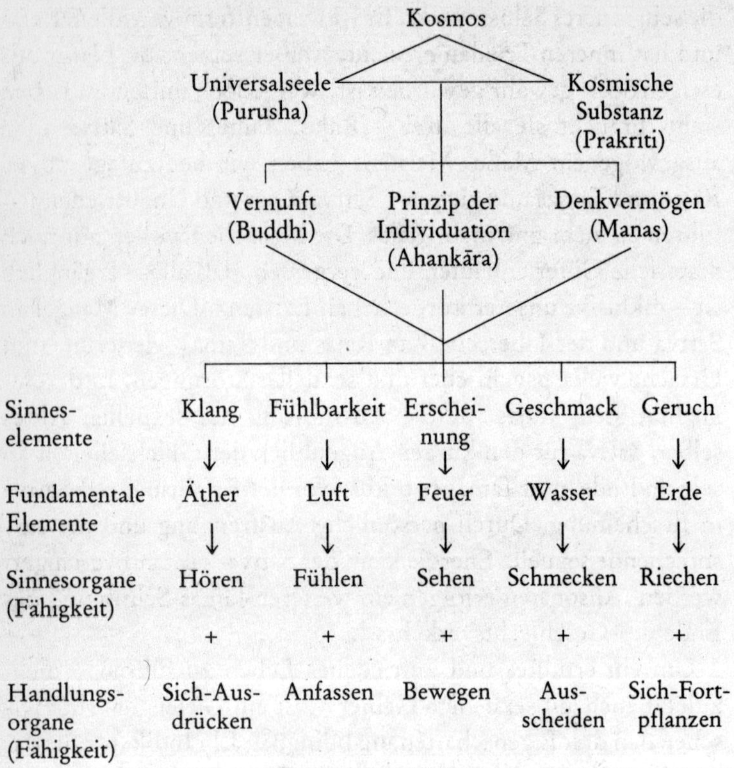

## Diagramm 2 Ursprung, Funktion und Eigenschaften von Vāta

Vāta ist leicht, beweglich, trocken, kalt, rauh und alles durchdringend wie die Grundelemente Luft und Äther, von denen es abstammt.

Vāta steuert alle Körperbewegungen und Geistestätigkeiten, den Blutkreislauf, die Atmung, die Ausscheidung, die Sprache, die Empfindungsfähigkeit, den Tastsinn, das Gehör, Gefühle wie Furcht, Angst, Kummer oder Begeisterung, die natürlichen Triebkräfte, die Bildung des Fötus, das Sexualverhalten.

*Charakterbild bei Vāta-Dominanz*

- rege
- schnell in den Bewegungen
- handelt rasch
- zeigt schnell Furcht, Ärger etc.
- ist leicht reizbar
- kann Kälte nicht ertragen und fröstelt leicht
- hat grobe Haare und Nägel
- hat hervortretende Adern

*Vāta-mehrende Faktoren*

- Fasten
- übermäßige körperliche Bewegung
- Kälte
- langes Aufbleiben
- Regenwetter
- Alter
- Abend und späte Nacht
- Genuß überreifer oder vorgekochter Nahrung
- Verletzungen
- Blutverlust
- zuviel Geschlechtsverkehr
- Angst
- verdrehte Körperhaltung
- Unterdrückung natürlicher Triebkräfte
- Schuldgefühle

*Symptome bei Vāta-Überschuß*

- schiefer und schmerzender Körper
- Trockenheit und übler Geschmack im Mund
- Appetitlosigkeit
- Magenschmerzen
- trockene Haut
- Müdigkeit
- dunkler Stuhl
- Schlaflosigkeit
- Schmerzen im Bereich der Schläfen
- Schwindelgefühle
- Zittern
- Gähnen
- Schluckauf
- allgemeines Unbehagen
- Wahnvorstellungen
- fahle Haut
- in sich zurückgezogenes und ängstliches Verhalten

*Behandlung*

- süße, saure und heiße therapeutische Maßnahmen
- Einlauf
- vāta-reduzierende Kost
- Massagen
- Einreibungen
- ausreichend Ruhe, Entspannung und Schlaf
- ruhige Umgebung
- heiterer Gemütszustand

## Diagramm 3 Ursprung, Funktion und Eigenschaften von Pitta

Pitta ist so heiß wie das Grundelement Feuer, von dem es abstammt. Es ist scharf, sauer, beißend und von fleischigem Geruch.

Pitta steuert die Sehkraft, die Verdauung, den Hunger, den Durst, die Körperhitze, Geschmeidigkeit und Glanz, die Heiterkeit, den Intellekt und die sexuelle Ausdruckskraft.

*Charakterbild bei Pitta-Dominanz*

- kann Hitze nicht vertragen
- hat gewöhnlich heißes Gesicht
- hat empfindliche Organe
- neigt zu Leberflecken, Sommersprossen und Pickeln
- glänzende Haut
- übermäßiger Hunger und Durst
- frühzeitiges Auftreten von Falten
- Haarausfall und graue Haare
- Körpergeruch
- unduldsam und Mangel an Ausdauer

*Pitta-mehrende Faktoren*

- scharfe, salzige, alkalische Kost
- jegliches Essen oder Getränk, das ein brennendes Gefühl verursacht
- Sonnenbaden
- Mittag
- Mitternacht
- Sommer
- der Vorgang der Verdauung
- Jugend
- Ärger

*Symptome bei Pitta-Überschuß*

- ungewöhnlich starkes Schwitzen
- Körpergeruch
- außergewöhnlicher Hunger oder Durst
- Entzündungen
- Risse und Verdickungen der Haut
- Hautausschlag
- Akne
- Herpes
- zuviel Hitze im Körper
- brennendes Gefühl
- Unzufriedenheit
- Ärger

*Behandlung*

- süße, bittere, zusammenziehende und kalte Maßnahmen
- Einreibung und Darmentleerung
- Einsalben
- kalte Bäder und Massagen
- Pitta-reduzierende Kost
- Trost

## Diagramm 4 Ursprung, Funktion und Eigenschaften von Kapha

Kapha entstammt den Grundelementen Erde und Wasser. Es ist daher weich, fest, träge, süß, schwer, kalt, schleimig, fettig und unbeweglich.

Kapha ist für den Körperbau verantwortlich. Es steuert den Fetthaushalt, die Bindekräfte und die Festigkeit; seine Funktionen sind Schwere, sexuelle Potenz, Stärke, Duldsamkeit, Zurückhaltung, Gierlosigkeit.

*Charakterbild bei Kapha-Dominanz*

- schwerfällig im Handeln, Essen und Sprechen
- zögerliches Beginnen
- unordentlich
- standfest und sicher in den Bewegungen
- fest verbundene und starke Bänder
- wenig Hunger, Durst und Schweißabsonderung
- klare Augen, klares Gesicht, klares Aussehen

*Kapha-mehrende Faktoren*

- salzige, alkalische Speisen
- ölige, fettige, schwer verdauliche Kost
- sitzende Lebensweise
- Mangel an Körperbewegung
- Tagträumen
- Frühling
- Morgen
- frühe Nacht

*Symptome bei Kapha-Überschuß*

- Schläfrigkeit
- übermäßiges Schlafen
- süßer Geschmack im Mund
- übermäßige Speichelbildung
- Gefühl von Schwere im Körper
- Kältegefühl
- Übelkeit
- Kitzelgefühl im Hals
- Weißliches in Urin und Kot, weißliche Trübung der Augen
- Mißbildung von Körperorganen
- Gefühl der Müdigkeit
- Abgespanntheit
- Schlaffheit und Niedergedrücktheit

*Behandlung*

- scharfe, bittere, zusammenziehende, grobe, heiße und rauhe Maßnahmen
- feuchte Hitze
- Erbrechen
- Bewegung
- wach bleiben
- Kapha-reduzierende Kost

Diagramm 5 Die Humore in bezug auf die Tageszeit

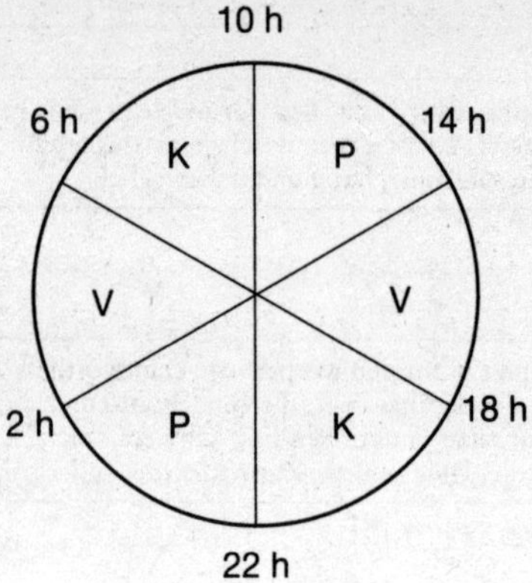


Diagramm 6 Die Humore in bezug auf die Jahreszeit

| Jahreszeit | Vorherrschende Humore |
| --- | --- |
| Regenzeit | *vāta* |
| Warm und Trocken (Sommer und Herbst) | *pitta* |
| Kälte (Winter) | *kapha* |

Diagramm 7 Die Humore in bezug auf das Lebensalter

| Lebensalter | Vorherrschende Humore |
| --- | --- |
| Kindheit | *kapha* |
| Jugend | *pitta* |
| Alter | *vāta* |

Diagramm 8 Die Humore in bezug auf die Umgebung

| Gegend | Vorherrschende Humore |
| --- | --- |
| Wald | *vāta* |
| Wüste | *vāta-pitta* |
| Gebirge | *vāta-kapha* |
| Küstengebiete | *kapha-pitta* |
| Binnenland | keine |

ANHANG 2

# *Yoga-Übungen und Sexualität*

Ziel des Yoga ist die Erkenntnis, daß das wahre Selbst die unveränderliche und unsterbliche Seele ist und nicht das verderbliche, sterbliche, körperliche Selbst. Ein Yoga-Schüler übt körperliche und geistige Disziplin, um die Einspitzigkeit des Verstandes zu erreichen, die zum meditativen Zustand des Geistes und zur Verwirklichung des wahren Selbst führt.

In unserem Zusammenhang konzentrieren wir uns auf ganz bestimmte Yoga-Übungen, die besonders geeignet sind, den Körper beweglicher zu machen, den Atem zu kontrollieren und den Geist still werden zu lassen. Wir erwähnten bereits, daß alle diese Übungen für die Erhaltung von Gesundheit und Energie von großer Bedeutung sind. Sie sind aber auch gerade im Hinblick auf verschiedene sexuelle Aktivitäten sehr nützlich, da sie den freien Fluß der sexuellen Energie fördern und bei Schwangerschaftsbeschwerden Erleichterung schaffen. Will man als Höhepunkt des Aktes die Erfahrung der Glückseligkeit machen, müssen *beide* Partner entsprechend geübt und vorbereitet sein, sonst werden viele Positionen einfach nicht gelingen.

Yoga-Lehren vermitteln ein Training in Selbstdisziplin und Verstandeskontrolle. Mit Hilfe der Yoga-Methoden lernt man, die geistige Energie in die gewünschte Richtung zu lenken und die spirituelle Kraft zu wecken. Einerseits können die verschiedenen Yoga-Übungen dazu dienen, die sexuelle Ausdruckskraft zu verbessern, andererseits können sie ebenso helfen, die sexuelle Energie für andere Zwecke zu nutzen oder zu bewahren. Wir werden hier auch auf diese Yoga-Methoden zu sprechen kommen, denn sexuelle Energie sollte nie verschwendet werden und darf auf keinen Fall zu Frustrationen führen.

## Allgemeine Anleitungen für Yoga-Übungen

Yoga-Übungen sollten mit leerem Magen und entleerter Blase gemacht werden. Sie sollten an der frischen Luft oder bei offenem Fenster und in einer ruhigen Umgebung durchgeführt werden. Man trägt dabei bequeme Kleidung, und auf dem Boden liegt eine Decke, ein Teppich oder irgendeine Matte.

Vor Beginn der Yoga-Übungen müssen Sie versuchen, innerlich ruhig zu werden und sich zu entspannen. Fangen Sie nicht an, während Ihnen noch alle möglichen Gedanken durch den Kopf schwirren. Setzen Sie sich hin, und lockern Sie Ihren ganzen Körper. Atmen Sie ein paarmal tief durch, indem Sie gleichmäßig und langsam einatmen und nach einer kurzen Pause in gleicher Weise wieder ausatmen.[1]

## Atemübungen oder Prānāyāma

Prānāyāma ist der Oberbegriff für verschiedene Formen von kontrollierten Atemübungen. Die regelmäßige Übung von Prānāyāma erhöht die Ausdauer, die sexuelle Energie, die Fähigkeit zur Triebkontrolle und zur Verzögerung der Ejakulation. Sie hilft, einen friedlichen Geisteszustand zu erreichen, und reguliert die Vitalenergie im Körper. Schwangere Frauen sollten ihren lebenspendenden Atem auf das Kind in sich richten. Prānāyāma ist auch Bestandteil verschiedener Heilverfahren.

Während des Geschlechtsakts gibt es mehrere Stufen der Atmung. Wenn die Aktivität nachläßt und der Moment kommt, da Tamas Rajas ablöst, ist der lebenspendende Atem tief innen und bleibt dort für einen Augenblick. Wenn er dann ausgestoßen wird, erreicht man den Zustand der Glückseligkeit. Mit anderen Worten, alle diese Phasen des Atmens tragen wesentlich dazu bei, den sexuellen Höhepunkt zu erreichen und die damit verbundene Lust zu genießen.

Prāna, die kosmische Energie, der Lebensodem, bildet eine Brücke zwischen Körper und Seele. Der Körper ist die materielle Wirklichkeit unseres Seins, während die Seele die Ursache unseres Bewußtseins ist. Wenn wir aufhören zu atmen, trennen sich Körper und Seele, und wir sind tot. Kontrollierte Atmung ist eng verbunden mit der Kontrolle der geistigen Aktivitäten. Letztere ist im allgemeinen schwer zu erreichen, und Prānāyāma-Übungen helfen auf diesem Weg. Mit Prānāyāma kann man die eigene Vitalität steigern und sowohl die sinnlichen als auch die geistigen Kräfte stärken.

Zur Vorbereitung auf die Prānāyāma-Übungen beginnen Sie einfach, ganz bewußt zu atmen. Atmen Sie sehr langsam und gleichmäßig ein, und lassen Sie diese lebenspendende Energie sich in Ihrem Körper ausbreiten. Sie soll bis in die Finger- und Zehenspitzen gelangen. Halten Sie kurz die Luft an, und atmen Sie dann ebenso langsam und gleichmäßig aus. Nach ein paar Atemzügen in dieser Weise versuchen Sie, den Atem in den oberen Teil Ihres Körpers zu lenken. Spüren Sie, wie die lebenspendende Energie in Ihrem Kopf kreist, in Augen, Ohren, Mund und Nase, und atmen Sie nach einer kurzen Pause langsam wieder aus. In einem dritten Schritt lenken Sie die Energie an die Peripherie Ihres Körpers, und spüren Sie jeden Abschnitt Ihrer Haut. Machen Sie jede dieser Atemübungen drei- bis viermal, um Körper, Geist und alle fünf Sinne mit frischer Kraft zu versorgen. Diese einfache Übung kann man überall ausführen – eine kurze Unterbrechung der Arbeit, die dieser im Endeffekt nur zugute kommt.

Im folgenden nun einige einfache Übungen. Wenn Sie die Techniken beherrschen, sollten Sie mit ihrer Hilfe lernen, die Aktivitäten des Verstandes zu kontrollieren. In unserem Zusammenhang bedeutet das, die Konzentrationsfähigkeit zu nutzen, um die sexuelle Energie zu steigern, zu kontrollieren oder zu erhalten.

1. Setzen Sie sich bequem auf den Boden, am besten mit gekreuzten Beinen, die Hände auf den Knien. Entspannen Sie sich, halten Sie Rücken und Schultern gerade und schließen Sie die Augen. Atmen Sie ganz langsam und gleichmäßig ein, und konzentrieren Sie sich auf die Prāna-Energie, die Sie in sich aufnehmen. Sobald Ihre Lunge gefüllt ist, drücken Sie Ihre Nasenflügel mit Hilfe von Daumen und Mittelfinger Ihrer linken Hand zusammen (Abbildung 1). Halten Sie sie so

Abb. 1

lange geschlossen, wie Sie bequem die Luft anhalten können. Dann lassen Sie Ihre Nase los, bringen Ihre Hand wieder zurück in die ursprüngliche Lage und atmen gleichmäßig und langsam aus. Am Anfang kann es sein, daß Sie recht heftig und plötzlich ausatmen. Aber wenn Sie regelmäßig üben, bekommen Sie Ihre Atmung nach und nach unter Kontrolle. Nach dem vollständigen Ausatmen drücken Sie Ihre Nasenflügel mit der rechten Hand zusammen und verharren auf diese Weise, solange Sie es bequem aushalten können. Dann lassen Sie Ihre Nase wieder los und atmen erneut langsam ein. Am

Anfang mögen Sie all das vielleicht schwierig finden, aber mit der Zeit wird es Ihnen gelingen, jede dieser Übungen immer länger auszudehnen und zwangloser auszuführen.

2. Mit Hilfe von Prānāyāma sollten Sie die beiden Hauptkanäle, die zu beiden Seiten der Wirbelsäule entlanglaufen, reinigen. Die Technik ist die gleiche wie die oben beschriebene, allerdings wird im Rahmen dieser Übung jeweils nur ein Nasenflügel zugedrückt. Nachdem Sie die Prānāyāma-Haltung wie oben beschrieben eingenommen haben, verschließen Sie Ihr linkes Nasenloch mit dem linken Daumen, und atmen Sie langsam und gleichmäßig durch das rechte Nasenloch ein. Dann schließen Sie das rechte Nasenloch mit Ihrem Ringfinger und atmen nach einer Weile aus, indem Sie den Finger wieder entfernen. Drücken Sie diesen Nasenflügel dann erneut zu, ohne jedoch vorher eingeatmet zu haben. Diese Prozedur reinigt den Sonnenkanal, der auf der rechten Seite der Wirbelsäule liegt. Wiederholen Sie diese Übung acht- bis zehnmal. Machen Sie die gleiche Übung mit dem linken Nasenflügel, um den Mondkanal zu reinigen.

3. Diese Übung läßt die Prāna-Energie in beiden Kanälen zirkulieren. Sie wird nach der oben beschriebenen Reinigung der beiden Kanäle durchgeführt. Dazu atmen Sie durch das linke Nasenloch ein und durch das rechte aus; danach umgekehrt, also rechts einatmen und links ausatmen. Auf diese Weise lassen Sie die Lebensenergie in Ihrem Körper kreisen. Wiederholen Sie diese Übung acht- bis zehnmal.

4. Bei dieser Übung geht es um das schnelle Atmen. Setzen Sie sich entspannt hin, so wie oben beschrieben, und beginnen Sie sehr schnell zu atmen – so als wären Sie lange gerannt. Dadurch entsteht ein kühles Gefühl im Kopf, und die blockierten Energieströme in dieser Region kommen ins Fließen.

Wenn Sie diese Techniken beherrschen, ist der nächste Schritt, zu lernen, wie Prāna in jeden beliebigen Teil des Körpers gelenkt werden kann. Üben Sie regelmäßig zweimal am Tag – nach dem Aufstehen und vor dem Ins-Bett-Gehen. Jede Woche sollten Sie einen Teil Ihres Körpers auswählen, in den Sie Prāna lenken wollen. Konzentrieren Sie sich auf diese spezielle Region des Körpers, bevor Sie mit der Übung beginnen. Dann atmen Sie langsam ein, als würden Sie auf diese Weise die Lebensenergie zu diesem bestimmten Körperteil hintransportieren. Dann schließen Sie Ihre Nasenflügel, lassen den Atem in dem angepeilten Körperteil zirkulieren und atmen schließlich langsam wieder aus. Sie werden an den Stellen, zu denen Sie die Energie geleitet haben, Hitze spüren. Sie können diese Übung aber nur erfolgreich anwenden, wenn Sie die Grundtechniken des Prānāyāma beherrschen. Ihre Konzentration sollte nicht mehr dadurch abgelenkt werden, daß Sie überlegen müssen, mit welchem Finger nun der Nasenflügel zugehalten werden muß.

Wenn man einmal gelernt hat, den lebenspendenden Atem erfolgreich zu lenken, kann man mit Hilfe dieser Technik auch sexuelle oder gesundheitliche Probleme ganz allgemein lösen. So können zum Beispiel Frauen, deren Vagina während des Verkehrs nicht gleitfähig genug wird, folgendes tun: Konzentrieren Sie sich auf Ihre Vagina. Absolvieren Sie die Prānāyāma-Übungen zur Reinigung der Kanäle, während sie den lebenspendenden Atem in diese spezielle Region lenken. Während der Übung sollten Sie weder an Ihr Problem noch an seine Heilung denken. Lenken Sie nur einfach Ihren Atem, lassen Sie ihn am gewünschten Ort verweilen und atmen Sie so aus, daß Sie alles, was Schwierigkeiten gemacht oder Ihre innere Harmonie gestört hat, mit hinausbefördern. Nach dem vollständigen Ausatmen drücken Sie Ihre Nasenflügel zu – dabei können sich die Muskeln der Vagina leicht zusammenziehen.

Während der Schwangerschaft sollten die Prānāyāma-Übungen dem Wohlbefinden und der Entwicklung des Kindes dienen.

Die Frau sollte die Prāna-Energie in ihren Bauch lenken und mit ihrer Hilfe Kontakt zum Embryo aufnehmen. Sie sollte diese Energie auch auf ihre Brüste lenken, damit sie stetig wachsen und die Milch nach der Entbindung ungehindert fließen kann (siehe Kapitel IV).

Wenn Sie regelmäßig Sexualität üben, können Sie diese Techniken auch während des Geschlechtsverkehrs spontan einsetzen. Sie können mit Hilfe Ihres lebenspendenden Atems Ihre eigene sexuelle Ausdruckskraft oder die Ihres Partners in einem beliebigen Teil Ihres Körpers intensivieren, indem Sie langsam und gleichmäßig in diesen Teil hinein- und aus ihm herausatmen. Während der sexuellen Aktivität sollten Sie von Zeit zu Zeit tief einatmen und den Atem, so lange Sie können, im Körper festhalten, um ihn dann langsam ausströmen zu lassen. Die Fähigkeit, lange und tiefe Atemzüge zu machen, wächst automatisch, wenn Sie regelmäßig Sexualität üben. All dies führt zu größerer sexueller Ausdruckskraft und steigert die Fähigkeit, die Ejakulation hinauszuzögern. Erst nach längerer Zeit des Übens erwirbt man die Fähigkeit, den sexuellen Höhepunkt zu verlängern und auf diese Weise die Erfahrung von Glück und Erfüllung zu intensivieren (siehe Kapitel XI).

## Einspitzigkeit des Verstandes durch Prānāyāma

Wie wir bereits festgestellt haben, ist die Einspitzigkeit des Verstandes eine wesentliche Voraussetzung dafür, die sexuelle Ausdrucksfähigkeit zu verbessern und spirituelle Erfahrung durch Sexualität zu ermöglichen. Es gibt viele Methoden, Einspitzigkeit des Geistes zu erlangen, und jede Denkschule bietet eine andere Möglichkeit an. Der Weg dahin wird mit Hilfe von Prānāyāma auf jeden Fall sehr viel leichter. Bei diesen Übungen konzentriert sich der Verstand auf das Ein- und Ausatmen der lebenspendenden Luft, während alle anderen Tätigkeiten ruhen.

Die Einspitzigkeit des Verstandes beendet den Gedankenfluß, ein Zustand der Stille tritt ein. Um dies zu erreichen, braucht man sehr viel Übung.

Ein erster und einfacher Schritt ist die Konzentration auf eine Sinneswahrnehmung. Atmen Sie zum Beispiel den angenehmen Duft eines bestimmten Gegenstandes ein, halten Sie die Luft an und konzentrieren Sie sich ganz auf diesen besonderen Geruch. Wenn Sie das ein paarmal getan haben, versuchen Sie, sich auf den gleichen Geruch zu konzentrieren, ohne an den entsprechenden Gegenstand zu denken. Erinnern Sie sich an den Geruch, und nehmen Sie ihn vollständig in sich auf. Der Verstand taucht vollkommen in diesen Prozeß ein und schwelgt in dieser Erfahrung. Wiederholte Übung führt dazu, daß Sie diese Erfahrung verlängern können. Machen Sie das gleiche mit anderen Sinneswahrnehmungen. Sie können sich auf einen Ton, ein Bild, einen bestimmten Geschmack oder ein bestimmtes Tastgefühl konzentrieren. Wichtig ist, daß Sie sich zunächst auf die sinnliche Erfahrung konzentrieren, später jedoch vom Medium der Erfahrung abstrahieren und sich ausschließlich mit der Erfahrung selber beschäftigen. Wenn Sie sich also auf ein Bild konzentrieren, dann können Sie es zunächst anschauen. Später aber schließen Sie Ihre Augen, und dann sollte nur noch das Abbild des Gegenstands in Ihrem Denken übrigbleiben. Nach einiger Zeit verschwindet auch das Abbild, und es bleibt nur noch das Wesen des Gegenstandes übrig. Das heißt, die Attribute wie Name, Form usw. verschwinden.

Der nächste Schritt ist, die Konzentration auf jedes der fünf Elemente zu üben. Mit jedem Atemzug konzentrieren wir uns auf eine Eigenschaft eines bestimmten Elements. Wenn Sie sich zum Beispiel auf die Luft konzentrieren, dann denken Sie an deren verschiedene Erscheinungsformen – ihre Bewegung, ihre Bewegungslosigkeit, ihre Eigenschaft, überall zu sein, und ihre lebenspendende Kraft. Wenn Sie an alle diese Qualitäten gedacht haben, verweilen Sie bei ihrer Essenz. Am besten üben sie die

Konzentration auf jedes Element regelmäßig mehrere Wochen lang.

Wenn der Verstand gelernt hat, sich auf einen bestimmten Gegenstand zu konzentrieren, kann man damit beginnen, jedes einzelne Chakra ins Visier zu nehmen. Fangen Sie mit dem untersten, dem Mūladhāra-Chakra, an, und lenken Sie Prāna dorthin. Konzentrieren Sie Ihren Verstand auf die Stelle, an der sich dieses Chakra befindet. Es repräsentiert das Element Erde in Ihrem Körper. Üben Sie dies einen Monat lang täglich. Wenn es Ihnen schwerfällt, sich zu konzentrieren, intonieren Sie mehrmals das Mantra «Lam», das diesen Energiepunkt symbolisiert. Dann wiederholen Sie das Mantra nur in Gedanken, und schließlich konzentrieren Sie sich, ohne Mantra-Unterstützung, ganz auf diesen speziellen Energiepunkt.

Konzentrieren Sie sich jeden Monat auf eines der Chakras. Auf diese Weise verleihen Sie Ihrem ganzen Körper und Ihrem Verstand neue Kraft. In Kapitel VIII, Sūtra 9, sagten wir bereits, daß das erste und das vierte Chakra die sexuelle Vereinigung sowie die Vereinigung auf der kosmischen Ebene repräsentieren. Konzentrieren Sie sich auf diese Energiepunkte, wenn Sie ein bestimmtes Ziel erreichen oder Probleme physischer, psychischer oder spiritueller Art lösen wollen. Sie sollten das allerdings nur tun, wenn sie Prānāyāma beherrschen und sieben Monate lang im Hinblick auf jedes Chakra regelmäßige Konzentrationsübungen durchgeführt haben. Übrigens sollten Sie nicht nur in den paar Übungsminuten versuchen, Ihre Gedanken unter Kontrolle zu bekommen. Schenken Sie der Tätigkeit, die Sie gerade ausüben, oder dem Menschen, mit dem Sie gerade sprechen, Ihre ungeteilte Aufmerksamkeit. Außerdem sollten Sie sich immer, bevor Sie etwas in Angriff nehmen, kurz auf das Ājñā-Chakra konzentrieren, indem Sie möglichst oft während des Tages tief einatmen. Sie werden merken, daß Sie die Aktivitäten des Verstandes langsam kontrollieren lernen, wenn Sie ihnen die rechte Aufmerksamkeit schenken.

Die im folgenden beschriebenen Haltungen und Bewegungen sollen Ihnen helfen, einen biegsamen Körper und lockere Gelenke zu bekommen, sowie außerdem Vagina und Uterus verjüngen. Durch diese Übungen können Sie kleinere gesundheitliche Störungen, unter denen Frauen häufig leiden, beheben. Einige dieser Übungen sollten vor allem auch vor der Empfängnis und nach der Geburt durchgeführt werden.

Es ist möglich, daß manchen diese Bewegungen und Stellungen schwerfallen. Versuchen Sie nie, mit Gewalt eine Übung zu bewältigen, sonst handeln Sie sich nur Schmerzen oder gar Zerrungen ein. Wenn Sie diese Übungen ohne fachliche Anleitung lernen wollen, sollten Sie mit den einfachen Stellungen beginnen, kontinuierlich üben und langsam den Schwierigkeitsgrad steigern. Sie können dabei mein Buch über Yoga zu Hilfe nehmen oder eines der vielen anderen Yoga-Bücher, die auf dem Markt sind.

### *Verjüngung der Vaginalmuskeln*

Legen Sie sich auf den Rücken, und kreuzen Sie die Arme über dem Kopf (Abbildung 2). Die Beine liegen in einem Abstand von

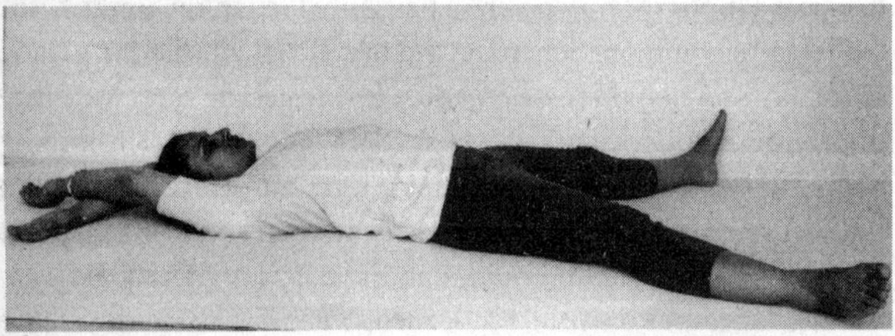

Abb. 2

ungefähr 30 Zentimetern auf dem Boden. Entspannen Sie sich vollständig. Konzentrieren Sie sich auf Ihren Körper, seine Umrisse, sein Aussehen. Atmen Sie bewußt und rhythmisch. Richten Sie Ihre Aufmerksamkeit auf die Vagina. Spannen Sie die Vaginalmuskeln an, und lassen Sie wieder locker. Machen Sie das mehrere Male hintereinander. Lernen Sie, Muskeltätigkeit und Atmung aufeinander abzustimmen: Beim Einatmen spannen Sie die Muskeln an, halten dann den Atem an, während die Muskeln angespannt bleiben, und lockern sie wieder, indem Sie ausatmen. Nachdem Sie dieses mehrmals wiederholt haben, machen Sie einige Atemzüge lang Pause und beginnen dann erneut mit der Übung, vergrößern jetzt jedoch den Abstand zwischen den Beinen. Spreizen Sie Ihre Beine so weit auseinander, wie Sie können. Sie werden merken, daß es in dieser Lage schwieriger ist, die Scheidenmuskeln anzuspannen bzw. zu lockern. Diese Übung sollten Sie auch nach den verschiedenen Sitzhaltungen, die noch beschrieben werden, durchführen.

*Wirkung:* Diese Übung kräftigt die Muskulatur der Vagina und erhöht ihre Sensibilität, wodurch sich der Lustgewinn während des Koitus erhöht. Sie verhindert auch ein Ausleiern der Vagina und ist daher vor allem nach der Entbindung zu empfehlen. Ganz allgemein trägt sie dazu bei, das sexuelle Verlangen zu steigern.

### *Felsenstellung*

Setzen Sie sich auf Ihre Fersen, und bewegen Sie Ihre Beine langsam (von den Knien abwärts) seitwärts bis Ihr Po den Boden berührt. Legen Sie Ihre Hände auf die Knie (Abbildung 3). Atmen Sie langsam und gleichmäßig. Anfangs sitzen Sie so lange, wie es angenehm für Sie ist; verlängern Sie die Übungsdauer nach und nach. Wenn Sie sich einmal an diese Stellung gewöhnt

Abb. 3

haben, sitzen Sie einfach von Zeit zu Zeit so da, um Ihren Körper zu kräftigen. Es ist empfehlenswert, in dieser Haltung die Übung zur Kräftigung der Vaginalmuskulatur und die Prāṇāyāma-Übungen durchzuführen.

*Wirkung:* Diese Stellung macht, wie ihr Name ja bereits signalisiert, den Körper fest und stark, und fördert eine gerade Haltung, da sie Wirbelsäule und Schultern aufrichtet. Diese Position hilft auch gegen Hämorrhoiden. In unserm Zusammenhang hilft sie vor allem, die Oberschenkelmuskulatur zu kräftigen und die Hüft- und Kniegelenke biegsam zu machen. Auch die Fußgelenke werden gekräftigt.

## *Winkelstellung in aufrechter Haltung*

Setzen Sie sich mit ausgestreckten Beinen aufrecht auf den Boden. Die Hände liegen auf den Oberschenkeln. Schulter und Rücken bilden eine gerade Linie. Entspannen Sie sich. Spreizen Sie Ihre Beine nun langsam so weit wie möglich, und strecken Sie Ihre Arme, bis Sie mit den Händen Ihre Füße berühren. Bringen Sie Ihren Rücken so weit nach vorn wie möglich (Abbildung 4).

Abb. 4

Wenn Ihr Körper biegsam genug ist, beugen Sie sich so weit vor, daß Sie mit der Stirn den Boden berühren.

*Wirkung:* Diese Position macht die Hüftgelenke geschmeidiger und erleichtert die Entbindung. Der Uterus wird elastischer und bietet auf diese Weise dem Fötus mehr Bewegungsraum. In der Zeit vor der Empfängnis empfiehlt es sich, diese und ähnliche Āsanas (Yoga-Stellungen) zu üben, um die Hüftgelenke zu lokkern.

Diese Position sollte nach der vorigen eingenommen werden. Strecken Sie Ihren Rücken, beugen Sie die Knie und führen Sie langsam die Füße zusammen, bis die Fußsohlen aneinanderliegen. Ergreifen Sie nun die Füße mit beiden Händen, und ziehen Sie sie so dicht wie möglich an den Körper heran (Abbildung 5).

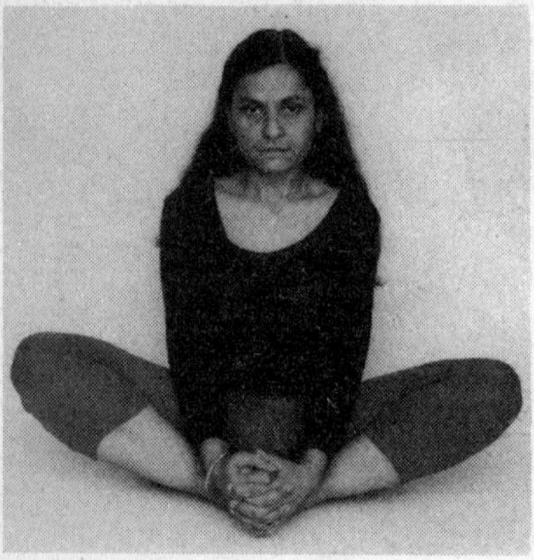

Abb. 5

Die Knie sollten dabei so nah wie möglich am Boden bleiben. Entspannen Sie den Körper, und bleiben Sie in dieser Haltung, solange Sie können. Verlängern Sie die Dauer der Sitzungen mit der Zeit.

*Wirkung:* Sie werden merken, daß bei dieser Stellung die Dehnung der Hüftgelenke in eine andere Richtung erfolgt als bei den beiden vorigen Stellungen. Diese Haltung stärkt auch die Bauchregion und die Geschlechtsorgane. Wie die beiden vorausgegangenen empfiehlt sich diese Position außerdem besonders als Schwangerschaftübung.

Legen Sie sich mit geschlossenen Beinen, die Hände seitlich neben dem Körper, auf den Rücken. Entspannen Sie sich und heben Sie langsam beide Beine an, bis sie im rechten Winkel zum Körper stehen. Verharren Sie kurz in dieser Position, und strekken Sie die Beine dann weiter in Richtung Kopf, wobei Ihre Hüften sich leicht vom Boden lösen. Stützen Sie dann Ihren Rücken mit beiden Händen ab, und strecken Sie Ihren ganzen Körper nach oben. Sobald sich Ihr Körper in einer geraden Linie befindet, wobei Ihr gesamtes Gewicht auf Nacken, Schultern und Hinterkopf ruht – die sogenannte Ganzkörperstellung –, spreizen Sie die Beine so weit wie möglich. Die Atmung ist bei dieser Übung langsam und flach. Winkeln Sie nun die Beine so an, daß die Fußsohlen sich berühren können (Abbildung 6).

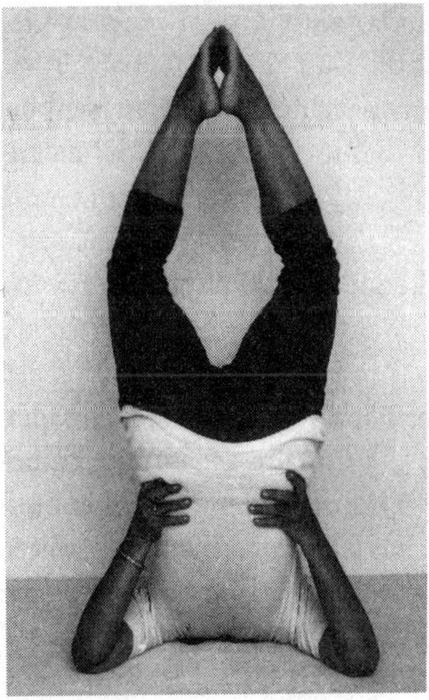

Abb. 6

Bewegen Sie nun die aneinanderliegenden Füße so weit wie möglich nach unten, und verharren Sie einige Sekunden lang in dieser Stellung (Abbildung 7). Bewegen Sie die Füße nun ganz

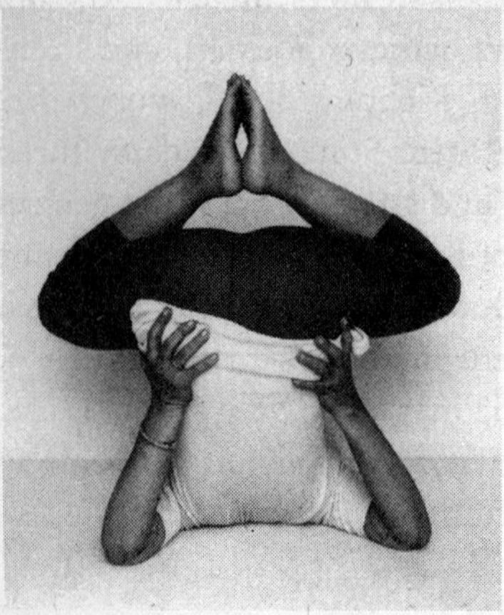

Abb. 7

langsam einige Male auf und ab. Das aktiviert die inneren Organe des Unterbauchs und drückt die Luft aus der Gebärmutter. Die Atmung wird sich dabei automatisch dem Bewegungsrhythmus anpassen. Versuchen Sie, in dieser Stellung die Scheidenmuskeln zusammenzuziehen.

*Achtung:* Wer Becken- oder Rückenbeschwerden hat, sollte von dieser Übung Abstand nehmen.

*Wirkung:* Diese Haltung ist wohltuend für den ganzen Körper, vor allem jedoch revitalisiert sie die Organe im Urogenitalbereich. Außerdem erhöht sie die Elastizität der Hüftgelenke – notwendige Voraussetzung für eine leichte Geburt. Sie sollten diese Übung zusammen mit anderen Āsanas während der Schwangerschaft regelmäßig ausführen.

### *Übung für Bauch und Lenden*

Legen Sie sich auf den Rücken, die Arme vom Körper leicht abgespreizt. Winkeln Sie Ihre Beine an, so daß Ihre Fußsohlen den Boden berühren. Konzentrieren Sie sich auf die Bauchregion, und versuchen Sie, durch abwechselndes An- und Entspannen der Bauchmuskeln die Bauchdecke auf und ab zu bewegen. Normalerweise folgt die Atmung dabei dem Rhythmus Ihrer Bewegungen. Achten Sie darauf, daß Sie nur Ihre Bauchmuskeln und nicht andere Körperteile bewegen. Wiederholen Sie diese Übung fünf- bis zehnmal, mit einer kurzen Pause dazwischen, um zwei- bis dreimal gut durchzuatmen.

*Wirkung:* Diese Übung revitalisiert den Urogenitalbereich und reguliert dessen Funktionen. Sie hat auch eine aphrodisische Wirkung.

### *Übung für die Knie*

Legen Sie sich mit leicht abgespreizten Armen und Beinen auf den Bauch. Ergreifen Sie Ihr rechtes Bein, ziehen Sie den Unterschenkel Richtung Po – und lassen Sie ihn langsam kreisen (Abbildung 8). Atmen Sie entsprechend dieser kreisenden Bewegung. Bringen Sie dann die Ferse näher an die Hüfte, atmen Sie zu Beginn jeder Drehung tief ein und absolvieren Sie die Kreisbewegung so, daß Sie bei ihrer Beendigung ausatmen. Machen Sie die gleiche Übung mit dem anderen Bein, und zwar jeweils einmal im und einmal gegen den Uhrzeigersinn.

*Wirkung:* Diese Bewegungen stärken die Kniegelenke und die Lendenmuskulatur, wodurch letztendlich eine größere Flexibilität des Fußes und der Fußsohlen während des Geschlechtsverkehrs erreicht wird.

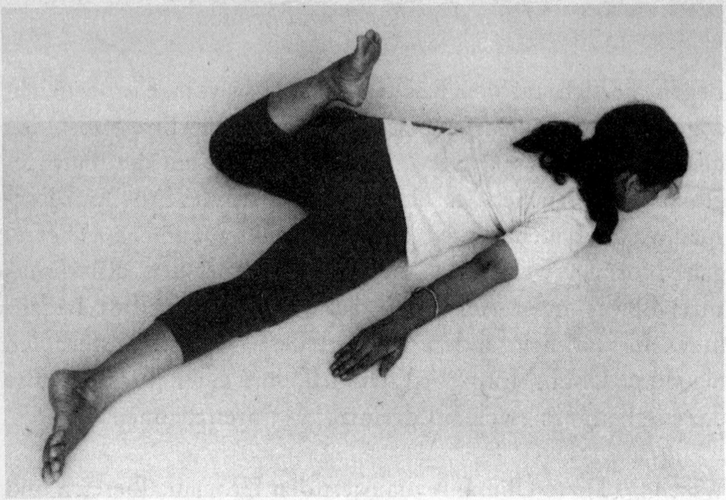

Abb. 8

*Gebeugte Ganzkörperstellung*

Nehmen Sie die oben beschriebene Ganzkörperstellung ein. Beugen Sie die Beine in den Kniekehlen, und senken Sie dann die Knie links bzw. rechts neben Ihrem Kopf auf den Boden (Abbildung 9). Steigern Sie langsam Ihre Fähigkeit, länger in dieser Stellung zu verharren.

*Wirkung:* Diese Stellung ist gut für den ganzen Körper und macht die Wirbelsäule elastisch. Wenn man lernt, längere Zeit in dieser Position zu bleiben, ist das sehr nützlich beim Geschlechtsverkehr.

Abb. 9

*Froschstellung*

Setzen Sie sich in der oben beschriebenen Felsenstellung hin. Beugen Sie sich nach vorn, legen Sie Ihre Unterarme auf den Boden und Ihren Kopf dazwischen (Abbildung 10, 11). Ver-

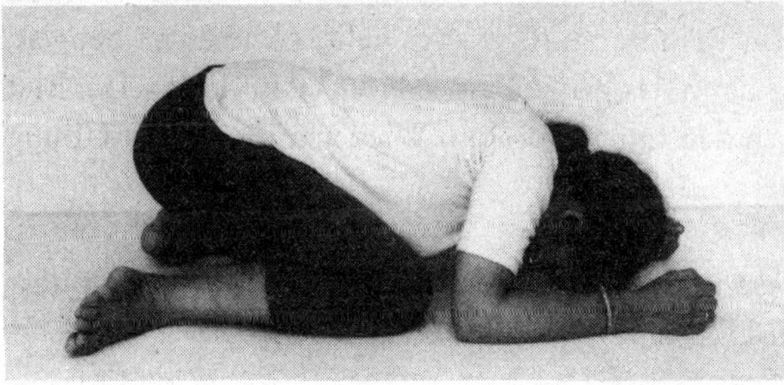
Abb. 10

suchen Sie, in dieser Stellung die Scheidenmuskeln anzuspannen, und führen Sie mit Ihrer Wirbelsäule Auf- und Abwärtsbewegungen aus. Geben Sie acht, daß Sie Ihre Haltung dabei nicht verändern, denn die Bewegungen sollen nur vom Rücken ausgehen. Die Position der Hände, Füße und Schultern sollte unverändert bleiben.

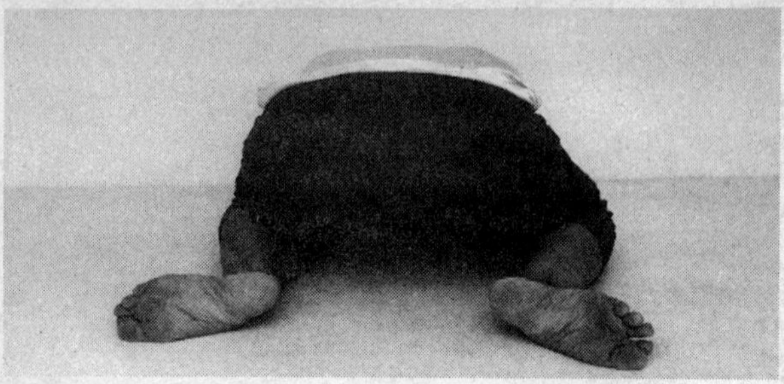

Abb. 11

*Wirkung:* Diese Übung trägt zur Elastizität aller Gelenke bei und ist außerdem eine weitere mögliche Position beim Geschlechtsverkehr.

### *Übungen für die Hüftgelenke*

A. Legen Sie sich mit gespreizten Beinen auf den Rücken. Heben Sie langsam ein Bein hoch, so weit es geht, ohne es zu beugen, und lassen Sie dann das ganze Bein kreisen (Abbildung 12). Erst im, dann gegen den Uhrzeigersinn. Wiederholen Sie die Übung mit dem anderen Bein.

*Achtung:* Diese Bewegungen strengen sehr an und sollten deshalb nicht im Übermaß geübt werden.

*Wirkung:* Diese Übung fördert die Beweglichkeit der Hüftgelenke, wodurch das Gebären erleichtert wird und vielfältige Stellungen beim Geschlechtsverkehr möglich sind. Der ganze Bauchbereich und der Dickdarm werden gestärkt und die Bauchmuskeln gestrafft. Die Übung wird für die Zeit vor einer Schwangerschaft und nach einer Geburt empfohlen.

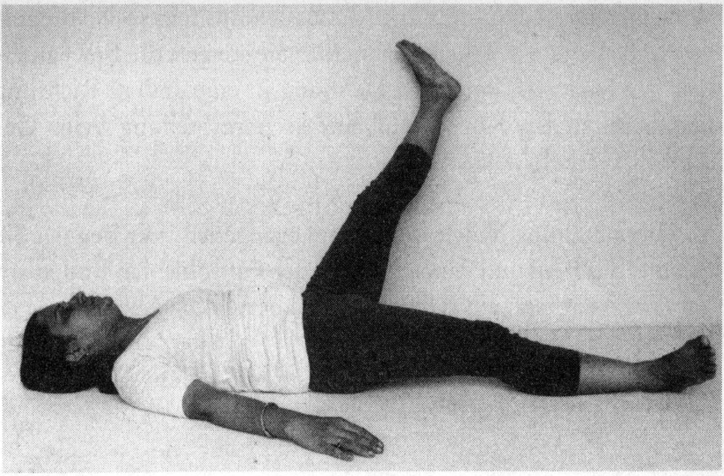

Abb. 12

B. Heben Sie ein Bein wie oben beschrieben, und senken Sie es dann aus dem Hüftgelenk heraus, bis Ihr Fuß auf der gegenüberliegenden Körperseite den Boden berührt (Abbildung 13). Wenn

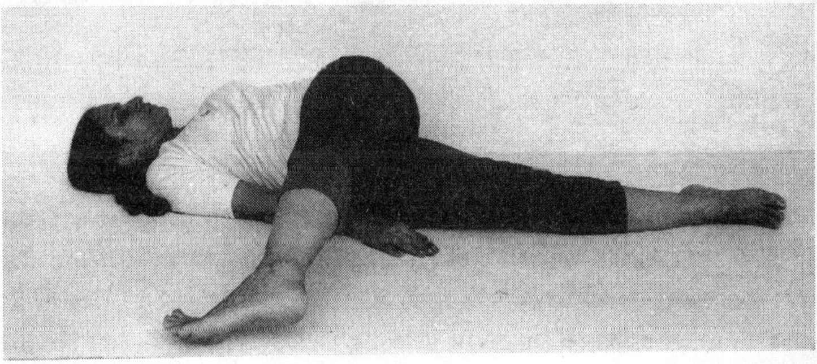

Abb. 13

Sie also mit dem rechten Bein begonnen haben, sollte dieses nach links gesenkt werden und jenseits des linken Beins und des linken Arms den Boden berühren. Wiederholen Sie die Übung mit dem anderen Bein.

*Wirkung:* Diese Übung stärkt die Bauchmuskeln sowie die untere und seitliche Rückenmuskulatur. Sie steigert die Beweglichkeit der Hüftgelenke durch Dehnung in eine andere Richtung und bereitet den Körper auf eine weitere Stellung beim Geschlechtsverkehr vor.

C. Diese Stellung ähnelt der vorangegangenen, nur beugen Sie diesmal das Bein und versuchen mit der Fußsohle den Boden auf der entgegengesetzten Körperseite zu berühren (Abbildung 14).

Diese Übung hat die gleiche *Wirkung* wie Übung B.

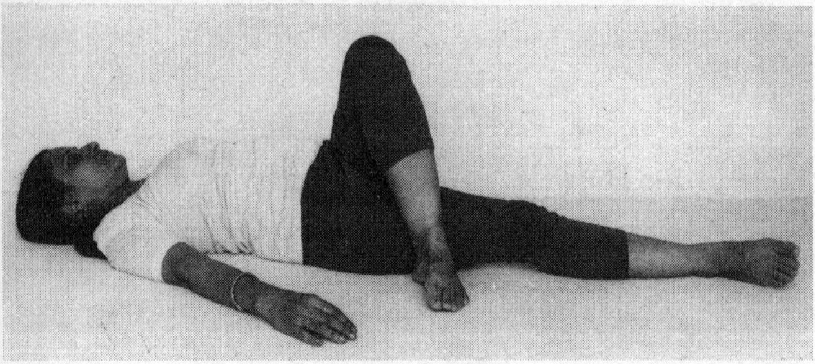

Abb. 14

D. Legen Sie sich auf den Rücken, die Beine leicht gespreizt, die Arme zu beiden Seiten neben dem Körper. Drücken Sie das rechte ausgestreckte Bein gegen den Boden, während das linke leicht angezogen, aber nicht gebeugt wird. Wiederholen Sie die Übung mit dem anderen Bein, und wechseln Sie dann mehrmals rhythmisch zwischen beiden Beinen ab. Während dieser Übung sollen die Beine – vor allem die Fersen – über den Boden reiben, und die Bewegungen sollen aus dem Hüftgelenk kommen. Der Oberkörper sollte sich dabei nicht bewegen.

*Wirkung:* Neben einer Stärkung der Hüftgelenke und der Revitalisierung von Vagina und Uterus steigern diese Bewegungen außerdem das sexuelle Verlangen. Auch beim Akt selber können sie sehr nützlich sein.

## *Zickzackstellung*

Knien Sie nieder, und beugen Sie den Oberkörper so weit nach vorn, bis der Vorderkopf den Boden berührt. Jetzt strecken Sie die Arme nach oben und verschränken die Hände (Abbildung 15). In dieser Position ruht Ihr ganzes Körpergewicht auf den

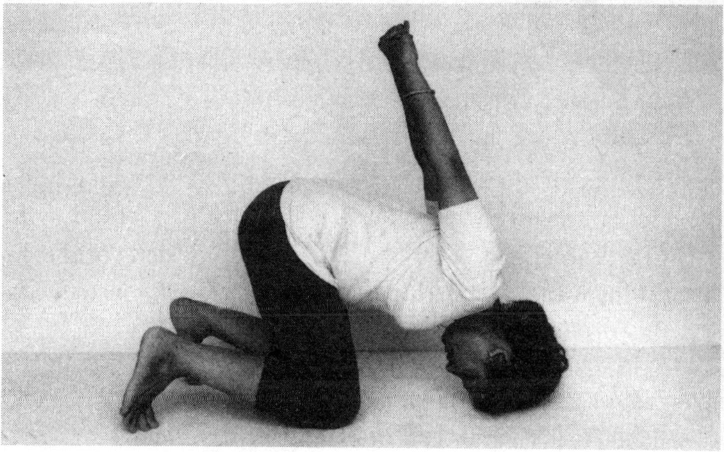

Abb. 15

Zehen, den Knien und dem Vorderkopf. Versuchen Sie, mit der Zeit länger in dieser Stellung zu verharren.

*Wirkung:* Diese Stellung macht alle Gelenke elastisch und steigert die Fähigkeit, beim Sexualverkehr die verschiedensten Positionen einzunehmen.

## *Sproßstellung*

Legen Sie sich entspannt auf den Rücken, und ziehen Sie die Knie an den Oberkörper, bis die Oberschenkel den Bauch und die Knie die Brust berühren. Die Unterschenkel weisen nach oben. Greifen Sie mit den Armen um die Knie, und verschränken Sie Ihre Hände (Abbildung 16). Dadurch werden die Beine an

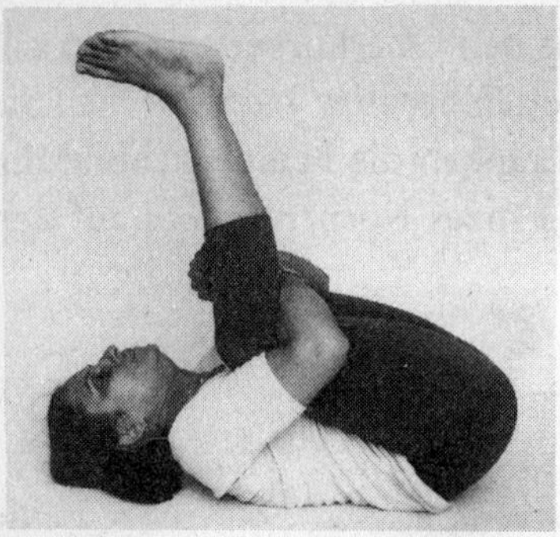

Abb. 16

den Oberkörper gepreßt und die Scheide kann sich vorübergehend öffnen. In dieser Stellung gleicht der Körper einem wachsenden Sproß, daher ihr Name (Ankurāsana).

*Wirkung:* Diese Stellung belebt den ganzen Körper und ist eine mögliche Position während des Geschlechtsverkehrs.

## *Blumenstellung*

Legen Sie sich entspannt auf den Rücken, die Arme leicht vom Körper weggestreckt. Heben Sie nun ganz langsam beide Beine in die Höhe, so weit Sie es mit durchgestreckten Beinen können. Spreizen Sie dann die Beine so weit wie möglich, und ergreifen Sie mit den Händen die Zehen (Abbildung 17).

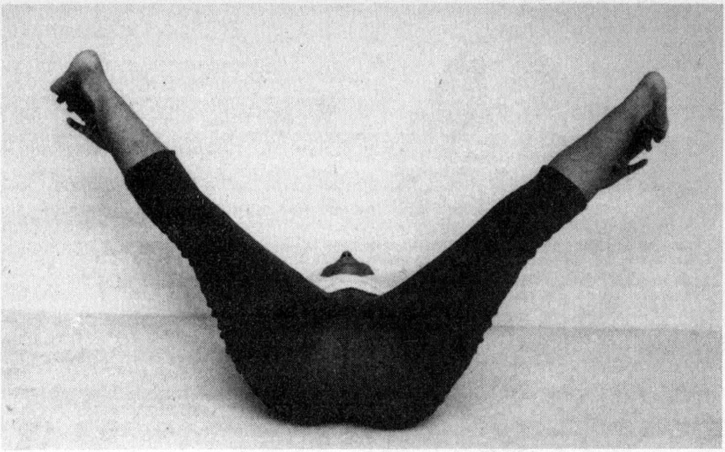

Abb. 17

*Wirkung:* Diese Stellung stärkt die Bauchmuskulatur und macht den Brust- und Beckenbereich elastisch. Außerdem ist sie eine mögliche Position beim Geschlechtsverkehr.

### *Kopf-Zehe-Stellung*

Ich habe diese Position Nakha-Shikha-Āsana genannt, weil man dabei die Stirn mit der großen Zehe berührt. Stellen Sie sich aufrecht hin, und entspannen Sie sich. Heben Sie den rechten Fuß, und führen Sie ihn mit beiden Händen nach oben. Beugen Sie den Kopf etwas, und berühren Sie mit der großen Zehe die Mitte der Stirn (Abbildung 18). Nach einer kurzen Pause machen Sie die Übung mit dem linken Fuß.

*Achtung:* Diese schwierige Position erfordert einen sehr biegsamen Körper. Erzwingen Sie nichts. Sie sollten zur Vorbereitung auf diese Stellung zuerst andere Yogāsanas und Yoga-Praktiken üben.

Abb. 18

*Wirkung:* Mit dieser Position kann man üben, auf einem Bein zu stehen, und gleichzeitig den Körper kraftvoll zu beugen. Sie bereitet auf alle sexuellen Aktivitäten im Stehen vor.

*Bewegungen für die Wirbelsäule*

A. Setzen Sie sich mit gekreuzten Beinen hin, legen Sie die Hände auf die Knie und machen Sie mit dem Körper von der Basis der Wirbelsäule aus kreisende Bewegungen (Abbildungen

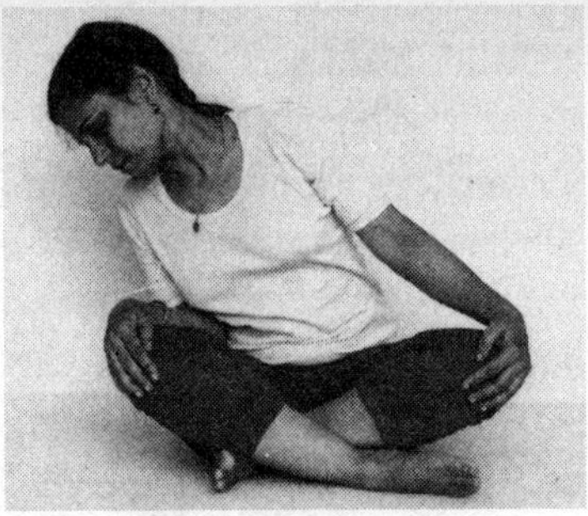

Abb. 19

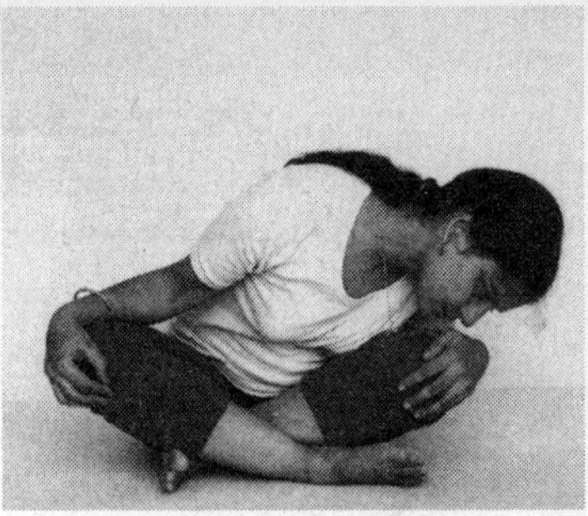

Abb. 20

Abb. 21

19–21). Der ganze Körper vom Gesäß an aufwärts, sollte langsam und gleichmäßig rotieren. Wenn Sie sich zum Beispiel zurücklehnen, stützen Sie sich nicht in der Taille ab. Mit anderen Worten, der obere Teil der Wirbelsäule muß immer gerade bleiben. Kreisen Sie im und gegen den Uhrzeigersinn, und beschreiben Sie möglichst große Kreise.

B. Machen Sie die gleichen Bewegungen im Stehen. Legen Sie die Hände auf die Hüften, und machen Sie mit dem Oberkörper langsame und gleichförmige Kreisbewegungen (Abbildung 22). Beschreiben Sie möglichst große Kreise, und wiederholen Sie die Übung in beiden Richtungen.

Abb. 22

Abb. 23

C. Setzen Sie sich mit gekreuzten Beinen auf den Boden, legen Sie die Hände auf die Knie und entspannen Sie sich. Strecken Sie den Rücken nach oben, als ob Sie sich mit Hilfe der Wirbelsäule und der Rückenmuskeln emporziehen könnten. Lassen Sie die Anspannung langsam los, und entspannen Sie sich. Wiederholen Sie diese Übung mehrmals, so daß sich Ihr Oberkörper wie eine Schlange zickzackartig auf- und abwärts bewegt.

D. Stellen Sie sich mit leicht gegrätschten Beinen aufrecht hin, und legen Sie die Hände auf die Hüften. Drehen Sie sich in der

Taille, und schauen Sie hinter sich (Abbildung 23). Bewegen Sie dabei weder die Füße noch das Becken. Wiederholen Sie die Übung auf der anderen Seite.

E. Stellen Sie sich wie oben aufrecht hin. Machen Sie mit dem Becken kreisende Bewegungen. Füße und Schultern sollten dabei nicht bewegt werden, sondern nur die Region unterhalb der Taille und oberhalb der Schenkel.

*Anmerkung:* Bei allen Kreisbewegungen sollten Sie versuchen, im und gegen den Uhrzeigersinn zu kreisen sowie Größe und Art der Kreise zu variieren.

*Wirkung:* All diese Bewegungen fördern die Beweglichkeit der Wirbelsäule und der Wirbel und beleben die Rückenmuskulatur. Sie erleichtern viele Bewegungen während der geschlechtlichen Vereinigung.

### *Umlenken der sexuellen Energie*

Bisher wurden Techniken beschrieben, mit deren Hilfe man direkt oder indirekt den sexuellen Ausdruck verbessern kann. Es ist aber auch möglich, die sexuelle Energie auf verschiedene kreative Tätigkeiten umzulenken – zum Beispiel das erfolgreiche Abschließen einer wichtigen Angelegenheit, das Vorbeugen, Heilen oder Lindern von Krankheiten. Die sexuelle Energie ist sehr machtvoll und sollte weder unterdrückt werden noch ungenutzt bleiben, sondern vielmehr auf die richtige Weise umgelenkt werden. Wenn man versucht, sie zu unterdrücken, kann sie sich unter Umständen höchst unerfreuliche Ausdrucksmöglichkeiten suchen – etwa in Form einer physischen Störung oder einer sexuellen Anomalie.

Den sexuellen Ausdruck zu verbessern ist natürlich einfacher, als die sexuelle Energie zu bewahren oder umzuleiten. Man könnte die letztgenannten Vorhaben mit dem Bau eines Dammes bzw. eines Kanals vergleichen. Das Umlenken sexueller Energie verlangt viel Training und die Beherrschung von bestimmten Konzentrationsübungen. Wenn der Verstand ruhig ist, gewinnt er spirituelle Energie und ist in der Lage, physische und geistige Aktivitäten zu lenken und zu kontrollieren. Es mag sich vielleicht etwas seltsam anhören, aber der Geist selbst kontrolliert den Geist, das macht das Wesen aller Yoga- und Meditationsübungen aus.

### *Bewahren sexueller Energie*

Wie bereits erwähnt, vergeuden viele Menschen ihre sexuelle Energie, indem sie nicht zur rechten Zeit oder zuviel darüber nachdenken (siehe Kapitel VII, Sūtra 6). Ich habe bereits einige Methoden der Selbstkontrolle angesprochen. Wenn Sie jedoch zu einem unpassenden Zeitpunkt ein starkes sexuelles Verlangen überkommt, können Sie mit folgender Übung lernen, diesen Drang zu kontrollieren. Lassen Sie sich nicht entmutigen, wenn es nicht gleich beim ersten Mal funktioniert. Mit Entschlossenheit und Ausdauer werden Sie es schon schaffen.

Konzentrieren Sie sich auf die Bauchregion, denn dort sitzen und äußern sich die sexuellen Impulse.

Atmen Sie gleichmäßig und tief ein. Während Sie die lebenspendende Luft in Ihren Körper strömen lassen, ziehen Sie mit aller Kraft die Energie aus der Beckenregion hoch zum Kopf oder zum Soplarplexus (Sonnengeflecht).

Atmen Sie gleichmäßig wieder aus. Wiederholen Sie das einige Male, und Sie werden den sexuellen Impuls nicht mehr spüren. Ihr Körper wird statt dessen von einem Wärmegefühl und vollkommener Ruhe erfüllt sein. Die Erregung verwandelt sich damit in einen Zustand des inneren Friedens und Wohl befindens.

Die sexuelle Energie geht nicht verloren, sondern wird vielmehr bewahrt.

Sexuelle Energie kann man auch mit Hilfe der unter Punkt 4 der Prānāyāma-Übungen beschriebenen raschen Atmung bewahren. Konzentrieren Sie sich auf die ungeheuere Kraft, die von einem sexuellen Impuls ausgeht, und beginnen Sie mit der Schnellatmung, als ob Sie mit ihrer Hilfe diese Kraft nach oben in den Kopf ziehen würden. Das kann Ihnen unter Umständen fast wie ein sexuelles Erlebnis vorkommen. Danach fühlen Sie sich befriedigt und wohl. Ruhen Sie sich im Anschluß daran etwas aus, denn diese Übung ist aufgrund des schnellen Atmens anstrengender als die erste.

### *Umlenken sexueller Energie auf ein bestimmtes Ziel*

Egal, um was für ein Ziel es sich handelt, die Methode ist immer die gleiche. Vielleicht möchte jemand seine sexuelle Energie für eine kreative Tätigkeit nutzen – zum Beispiel Malen, Zeichnen oder Schreiben. Dazu ziehen Sie, wie gerade beschrieben, die Energie nach oben, aber diesmal konzentrieren Sie sich gleichzeitig auf das Wesentliche Ihrer Arbeit. Sie sollten sich sogar schon vor Beginn der Übung darauf konzentrieren.

Sexuelle Energie kann man auch zur Krankheitsabwehr nutzen, indem man eine Art Schutzschild *(kavaca)* um sich herum bildet. Hierbei lenken Sie mit Hilfe tiefer oder schneller Prānāyāma-Übungen Ihre sexuelle Energie so um, daß sie den Körper quasi umhüllt. Machen Sie diese Übung regelmäßig sowie immer dann, wenn Sie glauben, eine Erkrankung sei im Anzug. Schließen Sie die Augen, und stellen Sie sich den Schutzschild um sich herum vor. Sagen Sie sich wiederholt, daß dieser kräftige Schild alle bösen Kräfte von Ihnen fernhalten wird. Mit dieser Methode kann man auch sein Selbstvertrauen stärken oder über Angstgefühle hinwegkommen.

Bei vielen Frauen bleibt während des Beischlafs – aus den verschiedensten Gründen – trotz sexueller Stimulation die Scheide «trocken». Sie sollten in diesem Fall Ihre ganze sexuelle Energie darauf lenken, die Scheidenzellen zu revitalisieren und zu verjüngen. Sie werden feststellen, daß diese Kraft so stark ist, daß Sie einen sofortigen Effekt verspüren.

### *Umlenken der sexuellen Energie während des Geschlechtsverkehrs*

Dieser Prozeß ist komplizierter und verlangt sehr viel mehr Übung als das eben angesprochene Umlenken, weil während des Geschlechtsverkehrs die sexuelle Energie im ganzen Körper verteilt ist, so daß man sie ständig akkumulieren und dann auf das gewünschte Ziel umlenken muß. Die sinnliche Lust wird durch Tastsinn, Geruchssinn, Geschmackssinn, liebevolle Worte, Bewunderung und das Zusammenspiel all dieser Dinge ausgelöst. Die dadurch hervorgerufenen lustvollen Gefühle bleiben allerdings nie kontinuierlich gleich stark, sondern kommen und gehen wie die Wellen des Meeres. Und jedesmal muß ein Glücksgefühl erneut in Richtung Geist oder Sonnengeflecht gelenkt werden. Es bedarf einer ungeheuren geistigen Anstrengung, das immer wieder zu schaffen und sich nicht ganz dem körperlichen Genuß hinzugeben. Andererseits vermittelt dieser Prozeß unglaublich viel Lustgewinn auf nichtkörperlicher Ebene. Sie erleben das gleiche Gefühl der Befriedigung, aber es ist nicht wie das Freiwerden von Energie, gefolgt von einem Gefühl der Erschöpfung, sondern Sie fühlen sich gestärkt und bereichert.

Diese Methode ist vor allem dann zu empfehlen, wenn man sich seines Partners nicht sicher ist. Mit dieser Yoga-Methode wird die Person selbst unwichtig, und Sie erlangen eine unglaubliche Kraft. Die körperliche Realität des anderen ist das Medium für Ihre Aktivitäten, aber als dieses bestimmte Wesen ist er nicht mehr unentbehrlich für Sie. Damit verschwindet jegliche Unsicherheit, und Sie erreichen einen Geisteszustand, den auch ein Yogi anstrebt: Die durch Körper und Sinne erfaßbaren sexuell-materiellen Aktivitäten werden transparent für geistige Erfahrungen.

## ANHANG 3

# *Aphrodisiaka und andere Ratschläge für eine gesunde Sexualität*

Der erste Teil dieses Anhangs befaßt sich mit der Behandlung kleinerer Beschwerden und Probleme, unter denen sehr viele Frauen leiden und die oft schon durch eine veränderte Lebensweise, Yoga-Übungen sowie milde, pflanzliche und homöopathische Mittel behoben werden können. Allerdings sollten diese therapeutischen Maßnahmen kein Ersatz für eine regelmäßige gynäkologische Untersuchung sein.

Im zweiten Teil des Anhangs erhalten Sie Anleitungen zur Durchführung von Verjüngungskuren und zur Herstellung von Aphrodisiaka, mit deren Hilfe man die Gesundheit ganz allgemein fördert und Harmonie im sexuellen Ausdruck erreicht (siehe Kapitel X).

## Menstruationsschmerzen und andere Regelbeschwerden

Bei vielen Frauen ist die Menstruation mit Schmerzen und/oder Verdauungsproblemen verbunden. Auch Übelkeit, Erbrechen, Verstopfung oder Migräne treten nicht selten in diesen Tagen auf. Bei einigen Frauen entwickeln sich vor Einsetzen der Periode sogar Hämorrhoiden. Mit etwas Mühe und Aufmerksamkeit lassen sich all diese Probleme vermeiden oder beheben. Voraussetzung sind meistens einige Veränderungen in der Lebensweise, regelmäßige körperliche Betätigung und eine ausgewogene Ernährung, verbunden mit der Einnahme von milden pflanzlichen bzw. homöopathischen Mitteln. Hier einige Ratschläge in dieser Hinsicht.

1. In vielen Fällen ist eine vorwiegend sitzende Lebensweise die Ursache von Schmerzen und Unwohlsein während der Menstruation. Wie wir in Kapitel III festgestellt haben, ist die Gebärmutter ständigen Veränderungen unterworfen, die hauptsächlich durch zwei Hormone gesteuert werden. Es ist sehr wichtig, diese Körperregion durch regelmäßigen Sport zu vitalisieren und sie auf diese Weise gesund und funktionsfähig zu erhalten. Sie sollten täglich 10 bis 15 Minuten bestimmte Yoga-Übungen machen – zum Beispiel das Sonnengebet und andere speziell für die Gebärmutter geeignete Übungen, die in Anhang 1 beschrieben sind.

2. Verstopfung vor Einsetzen der Menstruation ist ein verbreitetes Symptom. Sie sollten daher auf täglichen Stuhlgang achten. Der Stuhl sollte nicht hart und trocken sein. Es ist deshalb empfehlenswert, täglich nach dem Aufstehen – auf nüchternen Magen also – einen halben Liter warmes Wasser zu trinken und sich dann anschließend nicht mehr hinzulegen. Dies sorgt für einen guten Stuhlgang und hält Vāta im Gleichgewicht. Essen Sie keine gebratenen, fetten oder getrockneten Speisen, vor allem nicht in den zehn Tagen vor Beginn der Menstruation.

3. Eine der traditionellen indischen Therapien gegen Menstruationsschmerzen ist die Mandelkur. Essen Sie jeden Morgen acht bis zehn Mandeln, die über Nacht in Wasser eingeweicht und vor dem Verzehr abgezogen wurden. Die Mandeln sollen vor dem Frühstück gegessen und gut zerkaut werden.

4. Ein weiteres bekanntes Mittel gegen Bauchschmerzen ist die Einnahme eines halben Teelöffels Kalongī *(Nigella sativa)*, zweimal täglich während der Menstruation. Bei sehr starken Schmerzen soll es bereits drei bis vier Tage vor Beginn der Menstruation genommen werden. Zerstoßen Sie die Samenkörner, und nehmen Sie sie mit warmem Wasser ein. Kalongī ist ein

indisches Gewürz und in entsprechend sortierten Lebensmittelgeschäften erhältlich. Die recht kleinen schwarzen Samenkörner sind auf der einen Seite rund, auf der anderen kegelförmig.

5. Die tägliche Einnahme von einem halben Teelöffel zerriebener Gartenkresse *(Lepidium sativum)* während der letzten drei bis vier Tage vor und auch während der Menstruation kann Anspannung und Schmerzen lindern und hilft außerdem gegen Verdauungsbeschwerden. Kresse fördert Pitta, deshalb sollten pitta-dominierte Frauen vorsichtig damit umgehen. Sie sollten die Kresse mit Ghee (Butterschmalz) einnehmen und viel kalte Milch und Wasser trinken.

6. Dillsamen oder -öl *(Anethum sowa)* erfüllen die gleiche Funktion wie Kresse. Dillsamen sollten in der gleichen Dosierung wie Kresse eingenommen werden, bei Dillöl genügen ein bis drei Tropfen am Tag.

7. Muskatnuß *(Nux moschata)*, ebenfalls ein Mittel gegen Schmerzen, hilft auch bei verzögertem Menstruationsbeginn. Hier liegt die Dosis bei ½ Gramm geriebener Muskatnuß (etwa ¼ Nuß mittlerer Größe) oder ein bis zwei Tropfen Öl.

8. *Homöopathische Mittel*
*Anmerkung:* Das X bei der Angabe der Dosis weist auf den Verschüttelungsgrad des Medikaments hin: Es wurde im Verhältnis 1:9 verdünnt. Ein Mittel mit der Angabe 6X zum Beispiel wurde im Verhältnis 1:9 verdünnt und kräftig verschüttelt; wiederum im Verhältnis 1:9 verdünnt und verschüttelt, wobei dieser Vorgang sechsmal wiederholt wurde.

Es sollten jeweils drei bis vier Tröpfchen eingenommen werden. Das gilt für alle homöopathischen Mittel in diesem Kapitel.

a. *Chamomilla vulgaris* bei verfrühter und sehr starker Menstruation, dunklem Blut, begleitet von Schmerzen im unteren Rückenbereich und im Bauch. Dosis: 6X, dreimal täglich.
b. *Coffea cruda* bei übermäßiger Aufgeregtheit, Nervosität, niedriger Körpertemperatur, Druck im Bauch. Dosis: 30X, zweimal täglich.
c. *Pulsatilla nigricans* oder *Nux vomica* bei Bauchschmerzen und beidseitigen Rückenschmerzen. Man fühlt eine Schwere in den Eingeweiden und hat ständig Stuhldrang, manchmal begleitet von Übelkeit, Erbrechen und einem ständigen Bedürfnis zu urinieren. Dosis: 6X, dreimal täglich.
d. *Platina* bei Leukorrhöe vor und/oder nach der Periode und bei starker Blutung. Dosis: 6X, dreimal täglich.
e. *Sulfur* bei Kopfschmerzen vor der Menstruation und bei stechenden Schmerzen während der Menstruation. Dosis: 30X, zweimal täglich.

9. Von der Einnahme chemischer Schmerzmittel gegen Menstruationsbeschwerden ist abzuraten, da diese nur die Symptome bekämpfen und nicht deren Ursachen. Außerdem haben alle diese Medikamente Nebenwirkungen. Zur schnellen Schmerzbeseitigung können Sie ein schmerzlinderndes Öl oder einen Balsam auftragen oder einen mit Kardamom, Ingwer, Basilikum und etwas schwarzem Pfeffer gewürzten Tee trinken. Fügen Sie diesem Sud etwas Zucker und Milch bei, und lassen Sie alles zusammen aufkochen.

### *Verzögerte und schwache Menstruation*

Wenn ihre Menstruation oft zu spät einsetzt oder die Blutung sehr schwach ist, sollten Sie das nicht ignorieren. Ab und zu kann so etwas vorkommen, eventuell infolge einer Reise, eines Klimawechsels oder durch Streß; auch ein Mangel an Bewegung kann die Ursache sein. Handelt es sich jedoch um einen Dauerzustand, muß etwas dagegen unternommen werden. Hier einige therapeutische Maßnahmen gegen verzögerte und sehr schwache Menstruation.

1. Ein einfaches Hausmittel besteht in der Einnahme von Dill- oder Kressesamen eine Woche lang, bevor die Menstruation beginnen sollte. Dosis: ¼ Teelöffel zerriebener Samen einmal täglich.

2. Ein Teelöffel Sesamsamen täglich während der letzten zehn Tage vor der Periode kann bei verspäteter Menstruation ebenfalls helfen.

3. Ein aus Rosenblättern (3 Eßlöffel) und Anissamen (1 Teelöffel) gekochter Sud soll zwei bis drei Tage vor Beginn der Menstruation verabreicht werden.

4. Einnahme von ¼ Gramm Safran täglich, einen ganzen Monat lang oder so lange, bis das Problem behoben ist.

Safran ist ein aromatisches Gewürz, das auch gern zum Gelbfärben von Back- und Teigwaren verwendet wird. In westlichen Ländern wird einem oft Kurkuma (*Curcuma longa*, Gelbwurz) als Safran verkauft. Geben Sie darum beim Einkauf acht, und denken Sie daran, daß Safran 200mal so teuer und nur in ganz kleinen Mengen erhältlich ist. Reiner Safran wird nicht in Pulverform angeboten, sondern als aus kleinen Fasern bestehende orangefarbene Substanz. Diese Fasern sind die getrockneten Narben des *Crocus sativus* (Echter Safran).

5. Das Problem verzögerter und/oder schwacher Menstruation kann auch durch verstärkten Genuß pitta-fördernder Nahrungsmittel behoben werden – zum Beispiel Knoblauch, Großer Kardamom, Zimt, Muskatnuß, Kreuzkümmel und Kartoffeln.

6. *Homöopathische Mittel*

a. *Aconitum napellus* ist besonders hilfreich, wenn sich die Menstruation aufgrund eines kalten und trockenen Klimas verzögert. Dosis: 6X, viermal täglich.

b. *Dulcamara* sollte genommen werden, wenn Feuchtigkeit und Kälte die Ursachen der Beschwerden sind. Dosis: 30X, dreimal täglich.

c. *Euphrasia officinalis* ist angezeigt, wenn die Blutungen sehr schwach sind.

d. *Kalium carbonicum* reguliert die Menstruation ganz allgemein – ob sie zu früh oder zu spät beginnt, ob sie zu stark oder zu schwach ist. Dosis: 200X, einmal täglich.

### *Zu starke Menstruation*

1. Nehmen Sie zur Regulierung starker Blutungen einen Monat lang täglich einen halben Teelöffel zerdrückte Rettichsamen.

2. Ein einfaches Hausmittel: Essen Sie täglich eine noch nicht ganz reife Banane (bei kleinen Bananen zwei) in frischem Joghurt einen Monat lang oder bis zum Abklingen der Beschwerden. Bitte keinen Zucker oder anderes beimischen.

3. *Homöopathische Mittel*

a. *Natrium muriaticum* reguliert wie Kaliumkarbonat den gestörten Blutfluß. Es wird also sowohl bei zu starker als auch bei zu schwacher Blutung angewendet. Dosis: 200X, einmal alle zwei Tage.

b. *Crocus sativus* ist ein aus Safran hergestelltes homöopathisches Medikament. Es wird empfohlen bei schwarzer und schleimiger Blutung. Dosis: 6X, dreimal täglich.

c. *Chamomilla vulgaris* ist bei klumpigem und dunklem Menstruationsblut angezeigt. Dosis: 30X, einmal täglich.

d. *Platina* sollte bei sehr starker Blutung, verbunden mit Schmerzen und Frösteln, eingenommen werden.
e. *Nux vomica* heilt zu früh einsetzende Menstruation, die lange andauert und immer unregelmäßig ist. Dosis: 30X, dreimal täglich.

### *Leukorrhöe*

Mit Leukorrhöe bezeichnet man einen anomalen, unangenehmen, zähflüssigen Ausfluß aus der Scheide und der Gebärmutter. Im Āyurveda werden vier Arten von Leukorrhöe unterschieden – entsprechend der Beeinträchtigung der Humore. Um diese Leiden zu kurieren, muß man also die gestörten Humore wieder ins Gleichgewicht bringen.

Wenn der Ausfluß schaumig, rosafarben und geruchlos ist, liegt die Ursache in einer Beeinträchtigung von Vāta. Pitta-Leukorrhöe ist rotbläulich und enthält Spuren von Blut, während ein weißer, gelblicher und dicklicher Ausfluß auf schlechtes Kapha hinweist. Wenn alle drei Humore gestört sind, ist der Ausfluß zähflüssig (wie Honig) und übelriechend. Deshalb sollte man seinen Ausfluß sehr sorgfältig analysieren und sich bemühen, den beeinträchtigten Humor wieder ins Lot zu bringen. Zur Befreiung von diesem Leiden sind hier einige einfache Mittel aufgeführt. Wenn die Beschwerden jedoch anhalten, sollten Sie unbedingt einen Frauenarzt konsultieren, denn es könnte sich um eine andere krankhafte Veränderung im Genitaltrakt handeln.

1. Die Behandlung mit Moong-Bohnen ist ein traditionelles Hausmittel und heilt alle vier Arten von Leukorrhöe. Moong-Bohnen bringen den Körper wieder ins Gleichgewicht und fördern durch ihre Nahrhaftigkeit Kraft und Vitalität.

Moong-Bohnen gart man in heißem Sand unter ständigem

Rühren etwa sieben Minuten lang. Dann werden sie aus dem Sand herausgesiebt und gemahlen. Dieses Mehl wird unter ständigem Rühren in Ghee gebraten. Zum Schluß wird etwas Zucker untergerührt und alles zu einer gleichmäßigen Masse verarbeitet. Diese Masse kann bis zu zwei Monate lang aufbewahrt werden. Man sollte täglich vier Eßlöffel davon essen.

2. Gegen weiße Leukorrhöe hilft die tägliche Einnahme von eineinhalb Teelöffel Kreuzkümmel *(Cuminum cyminum)* mit etwas zerstoßenem Kandiszucker.

3. Kochen Sie einen Sud aus der Rinde von Granatapfelwurzeln. Falls nicht erhältlich, können Sie auch die Schale der Frucht verwenden. Machen Sie mit diesem Sud eine Scheidenspülung. Anschließend behalten Sie ein in dem Sud getränktes Wattebäuschchen in der Scheide. Dieses Mittel hilft vor allem gut gegen weiße Leukorrhöe.

4. Ein weiteres Mittel besteht im Verzehr von täglich einer noch nicht ganz reifen Banane mit drei Teelöffeln Ghee. Es hilft gegen Vāta-und Pitta-Leukorrhöe.

5. Leukorrhöe, die mit einer gereizten Scheide einhergeht, kann mit Kurkuma- und Āmala-Pulver – zu gleichen Teilen – geheilt werden. Füllen Sie diese Mischung in ein Baumwollsäckchen, tränken Sie es mit Sesamöl und plazieren Sie es in Ihrer Scheide.

Āmala ist eine Frucht aus dem Himalaja, die verschiedene medizinische Qualitäten aufweist. Sie ist mittlerweile auch in einigen Reformhäusern in westlichen Ländern erhältlich.

*Achtung:* Gehen Sie vorsichtig mit dieser Mischung um, und bringen Sie sie nicht mit Ihrer Kleidung in Berührung. Sowohl Kurkuma als auch Āmala hinterlassen Flecken.

6. Leukorrhöe mit Spuren von Blut (Pitta) kann mit den Knospen des chinesischen Hibiskus geheilt werden. Zerkleinern Sie etwa zehn Knospen in einem Mörser zusammen mit etwas Milch. Verarbeiten Sie das Ganze zu einer feinen Paste, und essen Sie jeden Tag davon, bis die Beschwerden abgeklungen sind.

7. *Homöopathische Mittel*

a. *Argentum nitricum* ist angezeigt bei starkem und leicht blutigem Ausfluß (Pitta-Leukorrhöe). Dosis: 6X, dreimal täglich.
b. *Arsenicum album* hilft bei Leukorrhöe verbunden mit Brennen. Dosis: 6X, dreimal täglich.
c. *Iodum* wird bei beißendem Ausfluß verwendet (verbunden mit einem unangenehm stechenden Gefühl). Dosis: 3X, dreimal täglich.
d. *Ferrum iodatum* heilt Leukorrhöe, die sich durch weißen, dickflüssigen Ausfluß äußert (Kapha). Dosis: Dritte Titrierung, viermal täglich.
e. *Aurum muriaticum natronatum* hilft gegen Leukorrhöe verbunden mit Scheidenkontraktionen. Dosis: zweite Titrierung, viermal täglich.
f. *Mercurius* wirkt gegen Leukorrhöe mit grünlichem Ausfluß. Dosis: 12X, dreimal täglich.

## Verjüngung der Gebärmutter

Der Āyurveda verfügt über ein einzigartiges Konzept der inneren Reinigung zur Verjüngung verschiedener Körperteile. Der Uterus benötigt in dieser Hinsicht besonders viel Zuwendung, weil er ein großer Hohlraum und ständiger Veränderung unterworfen ist. Die rechtzeitige und konstante Pflege ist daher äußerst wichtig, denn nur so lassen sich Beschwerden und Leiden verhindern, die mit Menstruation, Geburt und Wechseljahren einhergehen können. Frauen sollten ihre Gebärmutter von Zeit zu Zeit einer Reinigung unterziehen, insbesondere vor der Empfängnis, nach der Geburt und vor der Menopause. Diese Behandlung sollte durch einige der bereits beschriebenen Yoga-Übungen zur Revitalisierung der Gebärmutter und der Scheide ergänzt werden. Die Kombination von Reinigung und Aktivierung durch Yoga-Übungen führt zu einer Verjüngung der Gebärmutter und der mit ihr verbundenen Organe.

Der Āyurveda kennt mehrere Rezepte zur Reinigung der Gebärmutter. Ich habe hier einige ausgewählt, die einfach zuzubereiten sind und deren Zutaten auch im Westen erhältlich sind.

1. Kressesamen *(Lepidium sativum)* sind fast überall erhältlich, denn Gartenkresse ist ein weitverbreitetes Nahrungsmittel. In Indien wird Kresse auch als Futter für Pferde und Kamele verwendet. Zur Reinigung der Gebärmutter sollte zwanzig Tage lang täglich ein halber Teelöffel der zerriebenen Samen mit etwas Ghee und Kandiszucker eingenommen werden. Dieses Mittel ist vor allem nach der Entbindung zu empfehlen, denn es regt auch die Funktion der Milchdrüse an.

2. Safran *(Crocus sativus)* wurde weiter oben schon als Mittel gegen verzögerte und schwache Menstruation beschrieben. In leicht erhöhter Dosierung (½ Gramm täglich drei bis vier Wochen lang) reinigt es die Gebärmutter. Diese Behandlung bekommen Frauen nach der Geburt in Nordwestindien. Safran bringt außerdem die Humore ins Gleichgewicht und ist deshalb auch ganz allgemein gesundheitsfördernd. Im Āyurveda gehört es zu den Verjüngungsmitteln

3. Ein aus Bambusblättern gekochter Sud (50 bis 70 Milliliter) sollte täglich zur Reinigung der Gebärmutter eingenommen werden.

4. Der Ashoka-Baum *(Sarca asoca)*, im Gebiet um Delhi und in ganz Nordindien weit verbreitet, besitzt verschiedene Heilqualitäten. Er reguliert die Funktionen der Fortpflanzungsorgane. Er heilt Leukorrhöe, schmerzhafte Menstruation und verjüngt die Gebärmutter und die Eierstöcke. Aus seiner Rinde wird ein Sud gekocht, von dem 50 Milliliter 15 Tage oder einen Monat lang täglich eingenommen werden sollten.

5. Spargel reinigt die Gebärmutter. Sie können aus Spargelsud einen Zuckersirup herstellen, der sich ein Jahr lang hält. Nehmen Sie dazu zwei Kilo Spargel, fügen Sie acht Liter Wasser hinzu und kochen Sie das Ganze auf ein Viertel ein. Dann streichen Sie alles durch ein Sieb und fügen ein Kilo Zucker bei. Reduzieren Sie noch einmal um die Hälfte. Wenn der Sirup abgekühlt ist, geben Sie 30 Gramm zerkleinerten Kardamom und 10 Gramm Pfeffer dazu. Es empfiehlt sich, täglich zwei Eßlöffel dieser Mixtur einzunehmen. Durch Vermischen mit gekühltem Wasser kann man auch ein Getränk herstellen. Sie sollten es mindestens einen Monat lang zur Reinigung und Verjüngung der Gebärmutter einnehmen. Dieses Mittel stimuliert auch die Funktion der Milchdrüsen und ist außerdem ein Aphrodisiakum.

6. Eine weitere einfache Methode zur Reinigung der Gebärmutter besteht in der Einnahme von 1½ Teelöffeln zerdrücktem Kreuzkümmel mit etwas Kandiszucker. Dies ist ein vielseitiges Tonikum, das die Gebärmutter reinigt und auch weißen Ausfluß (siehe oben) heilt. Außerdem ist es ein Aphrodisiakum und regt die Milchproduktion an. Deshalb ist seine Einnahme besonders nach der Entbindung zu empfehlen.

Der Vaginalraum kann mit der Mundhöhle verglichen werden und muß wie letztere regelmäßig gereinigt werden, damit keine Infektionen und schlechter Geruch entstehen. Es können sich Bakterien ansiedeln bzw. Pilzinfektionen oder andere Infektionen entwickeln, wenn man sie nicht regelmäßig reinigt oder die natürliche Scheidenflora gestört ist durch die Einnahme von Antibiotika. In gesundem Zustand befinden sich sogenannte Döderlein-Bakterien im Vaginalraum, welche Glykogen (eine Art Zucker, der von den Vaginalzellen ausgeschieden wird) in Milchsäure umwandeln, wodurch die Scheidenflora sauer bleibt. Das saure Milieu der Flora ist ungünstig für die Ansiedlung von Krankheitskeimen und bewahrt somit die Scheide vor Infektionen. Wenn die Döderlein-Bakterien jedoch durch die Einnahme von Antibiotika oder die Anwendung anderer Medikamente abgetötet werden, ist das natürliche Gleichgewicht gestört, und dann bietet die warme und feuchte Scheide einen optimalen Nährboden für Krankheitserreger jeder Art. Das führt zu Beschwerden wie Reizungen, Entzündungen und Wundsein.

Hier einige einfache Methoden zur Behandlung von kleineren Infektionen im Vaginalbereich. Wenn die Infektion dennoch nicht abklingt, sollten Sie unverzüglich einen Frauenarzt konsultieren.

1. Frische, unbehandelte Kuhmilch kann die natürliche Scheidenflora wiederherstellen und stärkt außerdem die Widerstandskraft gegen Krankheitskeime. Die Milch, mit Wasser vermischt, sollte als Scheidenspülung verwendet werden. Wiederholen Sie die Behandlung mehrmals.

2. Ein in Honig oder Ghee getränktes Wattebäuschchen sollte bei kleineren Reizungen in die Vagina eingeführt werden. Senf- oder Kokosöl können in ähnlicher Weise verwendet werden.

3. Zerriebene Lakritze, vermischt mit Ghee, hilft gegen Wundsein, hervorgerufen durch Parasitenbefall. Diese Paste sollte auf die Scheidenwände und im ganzen Vaginalraum aufgetragen werden.

4. Zerriebene Puffbohnensamen, vermischt mit Senföl, helfen ebenfalls bei kleineren Infektionen im Vaginalbereich. Zerstoßene Kressesamen, vermischt mit Kokosöl, dienen dem gleichen Zweck, können aber unter Umständen allergische Reaktionen hervorrufen.

### *Vaginalsekretion*

Es gibt viele Frauen, die beim Geschlechtsverkehr unter mangelnder Scheidensekretion leiden. Dies kann verschiedene Ursachen haben. Ist es krankheitsbedingt, zum Beispiel die Folge einer Entzündung oder Infektion, läßt sich das Problem nur im Rahmen einer entsprechenden Behandlung beheben.

Das Fehlen der Scheidensekretion kann aber auch psychische Ursachen haben – Angst, Beklemmung, mangelndes Interesse am Partner oder Sehnsucht nach einem anderen Mann etc. Sie sollten versuchen, die Gründe in Ihrem Fall herauszufinden, und dann das Übel an der Wurzel packen.

Laut indischer Überlieferung stammt das Scheidensekret oder *kāmal jal* (sexuelles Wasser) aus dem sogenannten Mondkanal (der linke Kanal der zwei wichtigsten, entlang der Wirbelsäule laufenden *nadīs*). Deshalb sollten Frauen, die Probleme damit haben, bei der Reinigung der Kanäle vor allem den Mondkanal beachten (siehe Anhang 2). Während dieser Behandlung sollten Sie sich auf den Vaginalbereich konzentrieren und Prāna dorthin leiten.

Zusätzlich können folgende Mittel angewendet werden:

1. Nehmen Sie ein weiches Gemüse, wie zum Beispiel Zucchini, schälen Sie es und schneiden Sie ein Stück ab. Tauchen Sie es in Honig, und plazieren Sie es für einige Zeit in der Scheide.

2. Milchhaut, zu gleichen Teilen vermischt mit Honig und zerriebener Lakritze, sollte auf die Scheidenwände aufgetragen werden.

3. Massieren der Handflächen und Fußsohlen durch Ihren Partner kann bei diesem Problem ebenfalls Abhilfe schaffen.

### *Rückbildung der Vagina*

Nach der Geburt oder in fortgeschrittenem Alter weitet sich manchmal die Vagina. Durch entsprechende Behandlung kann sie ihre ursprüngliche Verfassung zurückgewinnen. Es gibt mehrere traditionelle Rezepte dafür, von denen ich hier einige leicht nachvollziehbare ausgewählt habe.

1. Bereiten Sie eine Paste aus Lotos, den Sie mitsamt dem Stil unter Zugabe von etwas Milch zerreiben. Formen Sie daraus eine Tablette in der Größe einer Muskatnuß, und plazieren Sie diese für kurze Zeit in der Vagina.

2. Die zerriebenen Samen der Talmakhana-Pflanze *(Asteracantha longifolia)* werden zusammen mit Wasser zu einer Paste verarbeitet, die Sie auf die Scheidenwände auftragen. Machen Sie das mehrere Tage hintereinander. Diese Pflanze ist außerhalb von Indien allerdings nur schwer zu bekommen.

3. Frisches und zartes Holz des Butterbaums *(Madhuca indica)* strafft den Vaginalbereich. Das Holz muß zerrieben und mit Honig zu einer Paste verarbeitet werden. Streichen Sie den Vagi-

nalraum mit dieser Masse aus, und lassen Sie das Mittel einige Stunden lang einwirken.

4. Zerstoßen Sie die Samenkerne der Tamarinde zu einer feinen Paste, mit der Sie den Vaginalbereich ausstreichen. Machen Sie das mehrere Tage hintereinander.

*Parfümieren der Vagina*

Schlechter Geruch aus der Vagina ist nicht nur unangenehm, sondern auch ungesund. Deshalb sollte unbedingt etwas dagegen unternommen werden. Der schlechte Geruch kann durch bestimmte Speisen verursacht sein, denn der Schambereich ist wie die Achselhöhle ein Ort, an dem Substanzen, die der Körper aufgenommen hat, wieder ausgeschieden werden. Hier einige einfache Maßnahmen gegen schlechten Geruch im Vaginalbereich.

1. Erhitzen Sie zwei Teelöffel Ghee, geben Sie eine zerdrückte Gewürznelke uund zwei Stück Kardamom dazu und lassen Sie diese Mischung eine halbe Minute lang auf kleiner Flamme kochen. Nach dem Abkühlen streichen Sie die Mixtur auf Scheidenwände und Scheidenöffnung.

2. Verdünntes Sandelholzöl oder eine aus zerriebenen Holzfasern gewonnene Paste oder verdünntes Anisöl im Vaginalbereich auftragen.

3. Einige stark duftende Blumen wie Jasmin, Rose, Lavendel etc. auf kleiner Flamme in Sesamöl kochen. Dieses parfümierte Öl dann im ganzen Vaginalbereich verteilen, vor allem auf den Scheidenwänden.

## Schwangerschaft

### *Behandlung von Übelkeit*

Es ist allgemein bekannt, daß Frauen zu Beginn einer Schwangerschaft oft unter Übelkeit leiden. Durch entsprechendes Verhalten vor der Empfängnis und durch richtige Ernährung kann man diesem Problem jedoch in gewissem Maße vorbeugen. Die Intensität des Unwohlseins ist nicht nur von Person zu Person verschieden, sondern kann auch bei der gleichen Person von Schwangerschaft zu Schwangerschaft variieren. Hier einige vorbeugende und heilende Maßnahmen.

1. Haben Sie immer Kardamom bei sich, und kauen Sie die Samen, wenn Sie ein leichtes Unwohlsein verspüren und nach allen Mahlzeiten. Kardamom hilft, die drei Humore im Gleichgewicht zu halten und Pitta-Störungen zu beheben. Wenn Sie den Geschmack von Kardamom nicht mögen, können Sie ihn zusammen mit etwas Kandiszucker kauen.

2. Vermischen Sie 100 Gramm Kreuzkümmel und 15 Gramm Steinsalz gut mit Zitronensaft, und lassen Sie das Ganze trocknen. Nehmen Sie ein wenig davon, wenn Ihnen nicht wohl ist.

3. Bereiten Sie einen Sirup aus Kandiszucker, und vermischen Sie zwei geriebene Gewürznelken mit einigen Löffeln dieses Sirups. Fügen Sie etwas Wasser dazu, und trinken Sie diese Mischung, wenn Ihnen nicht wohl ist.

4. Vermeiden Sie den während dieser Zeit Verzehr von raffiniertem Zucker, und verwenden Sie Kandis zum Süßen Ihrer Getränke.

5. Frisch gepreßte Frucht- und Gemüsesäfte helfen auch bei diesem Problem. Achten Sie darauf, daß der Saft nicht zu sauer ist.

6. Granatäpfel sind ein äußerst wirksames Mittel gegen diese Beschwerden. Essen Sie aber nur reife Früchte, wenn Ihnen nicht gut ist, da unreife Früchte Blähungen hervorrufen können.

7. *Homöopathische Mittel*

a. *Ipeca cuanha* 30X sollte zweimal täglich sofort nach dem Aufstehen gegen Übelkeit und Erbrechen eingenommen werden. Lösen Sie zwei Tropfen in vier Eßlöffeln Wasser auf, und nehmen Sie jedesmal zwei Eßlöffel von dieser Mischung.
b. *Nux vomica* 30X sollte wie *Ipeca cuanha* eingenommen werden. Es hilft bei Übelkeit besser während oder kurz nach dem Essen.
c. *Natrium muriaticum* hilft bei Appetitlosigkeit, erhöhter Magensäure und erhöhter Speichelabsonderung. 30X sollte mit Wasser wie oben beschrieben drei Tage lang eingenommen werden. Die Behandlung sollte dann alle drei Tage wiederholt werden.

## *Verstopfung*

Verstopfung ist ebenfalls ein weitverbreitetes Problem bei Schwangeren, das vor allem gegen Ende der Schwangerschaft das Wohlbefinden erheblich beeinträchtigen kann. Neben dem Trinken von warmem Wasser jeden Morgen auf nüchternen Magen hier noch einige weitere Mittel gegen Verstopfung während der Schwangerschaft.

1. Zerstoßen Sie 20 Gramm Rosinen, 20 Gramm Trockenpflaumen und 10 Gramm Rosenblätter in einem Mörser, und verarbeiten Sie die Mischung zu einer Paste. Nehmen Sie davon ein bis zwei Teelöffel jede Nacht vor dem Zubettgehen.

2. Gebackene Äpfel oder gekochte Trockenpflaumen sorgen ebenfalls für einen regelmäßigen Stuhlgang.

### *Anregung der Milchdrüsenfunktion*

In Kapitel IV ist dieses Thema bereits behandelt worden. Hier einige zusätzliche Rezepte.

1. Kalongī, Spargel und Kreuzkümmel sind sehr geeignet zur Förderung der Milchproduktion. Zerreiben Sie Kalongī, Kümmelsamen und Spargel zu gleichen Teilen, und nehmen Sie von dieser Mixtur morgens und abends je zwei Teelöffel, vermischt mit Honig.

2. Ein halber Teelöffel zerstoßener Dillsamen sollte zweimal täglich zusammen mit einem Teelöffel Ghee und etwas Honig eingenommen werden.

3. Nehmen Sie 200 Gramm Jaggery (eine Art Malzzucker), jeweils 20 Gramm Kreuzkümmel, geriebenen Ingwer und Ajwāin *(Trachyspermum anuni)*, außerdem 50 Gramm abgezogene Mandeln. Erhitzen Sie vier Eßlöffel Ghee in einer Pfanne, und geben Sie erst die Gewürze und dann den Jaggery unter ständigem Rühren hinzu. Lassen Sie das Ganze etwa zwei Minuten lang auf kleiner Flamme köcheln, und geben Sie dann die kleingehackten Mandeln dazu. Rühren Sie kurz um, und schon ist die Mischung, die auch aufbewahrt werden kann, fertig. Sie fördert nicht nur die Milchproduktion, sondern ist außerdem

ganz allgemein ein gutes Tonikum, das die Gebärmutter reinigt und das sexuelle Verlangen stimuliert. Essen Sie soviel, wie Ihre Verdauung erlaubt.

4. *Homöopathische Mittel*

a. *Pulsatilla nigricans* 30X sollte dreimal täglich eingenommen werden, um den Milchfluß anzuregen.
b. *Aconitum napellus* 6X sollte alle vier Stunden verabreicht werden, wenn der Milchfluß stockt und die Frau gleichzeitig über Fieber, heiße trockene Haut, ständigen Durst etc. klagt.
c. *Coffea cruda* 30X sollte dreimal täglich eingenommen werden, falls weitere Symptome wie Nervosität und innere Erregung vorliegen.

## Probleme in den Wechseljahren

In Kapitel III, Sūtra 11, wurden schon einige Vorschläge gemacht, um die Probleme während der Menopause zu beheben. Hier möchte ich noch einmal kurz auf die häufigsten Symptome, die kurz vor Beginn der eigentlichen Wechseljahre auftreten können, eingehen sowie einige zusätzliche Behandlungsmethoden anführen.

Die Wechseljahre beginnen in einigen Fällen schon um das 40. Lebensjahr herum, die meisten Frauen jedoch spüren die entsprechenden Symptome um das 45. Lebensjahr herum. Es kommt zu Veränderungen im Menstruationszyklus, zu in kürzeren oder längeren Abständen wiederkehrenden Hitzewallungen und depressiven Verstimmungen. Manche Frauen leiden auch unter dem Gefühl, das Leben habe für sie keinen Wert und keinen Sinn mehr. Es kommt zu unmotivierten emotionalen Reaktionen – zum Beispiel den Betroffenen selbst unerklärlichen Wutausbrüchen, übergroßer Nervosität, hektischem Agieren, extremer Unsicherheit und plötzlicher Putzsucht.

Einige Frauen klagen über Kälteempfindlichkeit, Schmerzen (vor allem im Rücken), Magenprobleme und eine allgemeine Ruhelosigkeit. Andere leiden unter Schlaflosigkeit, Bluthochdruck, Herzklopfen oder extremer Schwäche und niedrigem Blutdruck. Manche nehmen zu, ohne ihre Ernährungsgewohnheiten geändert zu haben. Außerdem gibt es noch weitere unspezifische Symptome, die aber nicht unbedingt Krankheitscharakter haben.

Es ist sehr wichtig, sich die Probleme der Wechseljahre bewußt zu machen, sie als solche zu akzeptieren und alles daranzusetzen, sie zu lindern. Da ja jede Frau im Prinzip weiß, was da früher oder später auf sie zukommt, sollte diese Lebensphase sie eigentlich nicht unvorbereitet überraschen.

Achten Sie daher schon im Vorfeld genau auf alle Veränderungen im körperlichen und geistigen Bereich. Sie dürfen nicht ignoriert oder als unwichtig abgetan werden. Was die Veränderungen auf emotionaler Ebene betrifft, seien Sie verständnisvoll sich selbst gegenüber, und versuchen Sie, den Menschen um sich herum Ihren Zustand zu erklären und ihnen zu versichern, daß es nur ein vorübergehender ist – eine Art «Brücken-Zustand» auf dem Weg in einen neuen Lebensabschnitt.

Regelmäßige Yoga-Übungen stärken Körper und Geist, wie schon wiederholt festgestellt. Reinigung und Revitalisierung sollten spätestens ab vierzig ebenfalls regelmäßig erfolgen. Ab jetzt sollten Sie außerdem Verjüngungsmittel einnehmen, um Ihre Humore im Gleichgewicht zu halten und Ihre Ojas (Vitalität und Abwehrkräfte) zu steigern. Achten Sie vor allem auf Ihre Ernährung, und gewöhnen Sie sich an, regelmäßig zu essen. Essen Sie viele verschiedene frische Gemüsesorten und Früchte, nehmen Sie viel flüssige Nahrung zu sich – Suppen, Haferschleim, frische Säfte etc. Nutzen Sie Ihre geistige Kraft, und stärken Sie mit Hilfe von Yoga-Atemübungen und -Konzentrationsübungen Ihr inneres Gleichgewicht.

Neben den allgemein verjüngenden Mitteln, die auf den folgenden Seiten beschrieben werden, sollten Frauen bei Einsetzen der ersten Menopausen-Symptome ihre Ernährung zweckmäßig ergänzen. Während der Wintermonate nehmen Sie jeden zweiten Tag ¼ Teelöffel Kressesamen. (Kressesamen enthalten ein Östrogen-Derivat, das ein flüchtiger Bestandteil des in den Samen enthaltenen Öls ist. Aus diesem Grund sollten die Samen nie älter als ein Jahr sein.)

Während der Sommermonate ist ein Glas Spargel-Sharvat (Sirup mit Wasser vermischt) täglich empfehlenswert. Die Zubereitung dieser Mixtur wurde bereits beschrieben. Essen Sie acht bis zehn Mandeln täglich vor dem Frühstück. Die Mandeln sollten vorher eingeweicht und abgezogen werden, wie ebenfalls bereits beschrieben.

Wenn Sie unter häufigen Hitzewallungen leiden, vermeiden Sie pitta-verstärkende Speisen und trinken Sie täglich etwas bitteren Kräutertee. Fliegende Hitze wird nämlich durch momentane Pitta-Verschlechterung verursacht. Bei manchen Frauen kommt es dagegen zu plötzlichem Frösteln oder zu Schmerzattacken in verschiedenen Körperregionen. Diese Schwankungen kann man nicht regulieren, indem man die humorale Störung heilt, weil diese Störung oft nur vorübergehend ist. Um Beschwerden in den Wechseljahren erfolgreich zu bekämpfen, sind sowohl eine richtige Medikation als auch die verschiedensten persönlichen Bemühungen erforderlich.

Ab und zu sollten Sie zur Unterstützung Ihres Pitta-Gleichgewichts Abführmittel einnehmen. Es versteht sich von selbst, daß der Genuß von Kaffee, zuviel schwarzem Tee, Tabak und Alkohol das Ungleichgewicht verschlimmert. Außerdem sollten die Verjüngungsmittel mit Karotten, Äpfeln o. ä. (siehe unten) genommen werden, wenn man zu Bluthochdruck, Herzklopfen, Schwindelanfällen etc. neigt. Falls Sie unter solchen Beschwerden leiden, lassen Sie die Finger von starken Pharmazeutika, weil sich das Grundproblem, nämlich vorübergehendes humorales Ungleichgewicht, dadurch sogar noch verschlimmern kann. Es kommt immer wieder vor, daß Frauen nicht so sehr unter den eigentlichen Problemen der Wechseljahre leiden als vielmehr unter einer falschen Behandlung der Symptome. Zum Beispiel nehmen manche Frauen Medikamente gegen Bluthochdruck oder Schlaflosigkeit, wodurch die entsprechenden Symptome zwar zunächst unterdrückt werden. Diese Mittel vergiften jedoch den Körper und können sogar süchtig machen. Auf diese Weise gerät man in einen Teufelskreis und bleibt für den Rest des Lebens abhängig von Medikamenten.

Weiter oben wurde bereits erwähnt, daß der Ashoka-Baum viele Heilqualitäten besitzt. Es gibt ein alkoholisches Āyurveda-Präparat, das aus seiner Rinde gewonnen wird – Asokārista – und sehr wirksam ist bei Wechseljahrsbeschwerden. Dieses Präparat ist jedoch im Handel selten zu finden. Einige Vaidyās (Āyurveda-Ärzte) bereiten dieses Mittel selbst in kleinen Mengen zu und verabreichen es nur im Rahmen einer Behandlung.

Auch *homöopathische Mittel* helfen gut gegen Beschwerden während der Wechseljahre, vor allem wenn deren Ursache depressive Verstimmungen sind. Sie sollten einen Homöopathen konsultieren und mit ihm über Ihre Probleme im einzelnen sprechen. Hier einige bekannte Mittel, die bei den verbreitetsten Symptomen helfen.

a. *Amyl nitrosum:* Hitzewallungen, Beklemmungsgefühle und Herzklopfen. Dosis: 3X, viermal täglich.
b. *Lachesis muta:* Schwindelanfälle. Dosis: 30X, dreimal täglich.
c. *Digitalis:* allgemeine Schwäche, verbunden mit Gelenkschmerzen. Dosis: 30X, zweimal täglich.
d. *Ignatia amara:* Neigung zu Hysterie, Gereiztheit und Depressionen. Dosis: 30X, zweimal täglich.
e. *Aconitum napellus:* Beklemmungsgefühle, verbunden mit Schlaflosigkeit, Angst, Verdauungsstörungen etc. Dosis: 6X, alle vier Stunden.

f. *Sanguinaria canadensis:* Brennen der Handflächen und Fußsohlen, Blutandrang, Husten und Sodbrennen. Dosis: 6X, zweimal täglich.

g. Eine Kombination aus *Pulsatilla* und *Lachesis* hilft bei einer Vielzahl von Problemen in den Wechseljahren. Es handelt sich um ein äußerst effektives Mittel gegen Depressionen, Trockenheit in und um die Scheide, allgemeine Schwäche, Unsicherheit etc. Dosis: 30X *Pulsatilla,* dreimal täglich vier Tage lang. Nach einer Pause von vier Tagen nehmen Sie dann die gleiche Dosis *Lachesis*, ebenfalls vier Tage lang.

## Verjüngungsmittel

In den letzten Jahren ist die Weisheit des Āyurveda auch über die Grenzen Indiens hinaus bekannt geworden. Meistens werden jedoch nur einzelne Pflanzen, deren Verjüngungseffekt «ruchbar» geworden ist, in modernen wissenschaftlichen Labors untersucht, und dann hört man von ihrer «wunderbaren» Wirkung gegen das Altern und die damit verbundenen Beschwerden. Hier wird Āyurveda auf einen einzelnen Bereich – die pflanzlichen Mittel – reduziert, und andere Verjüngungsmethoden werden ignoriert. Die wichtigsten Pflanzen mit verjüngender Wirkung, die seit kurzem auch in westlichen Medien immer wieder auftauchen, sind *Chibulic myrobalan* (in Hindi: Harada), *Emblica officinalis* (Āmala), *Tinospora cordifolio* (Gilloye), *Commiphora mukul* (Guggul), *Terminalia bellirica* (Bahedā) und *Whithania somnifera* (Ashvagandhā).

Ich möchte betonen, daß die Einnahme von Verjüngungsmitteln andere Methoden der Verjüngung nicht ausschließt. Natürlich gibt es viel mehr Produkte mit verjüngender Wirkung als die oben genannten, und außerdem gibt es kaum Mittel, die auf nur einer einzigen Pflanze (oder einem Mineral oder einer anderen Substanz) basieren, was auch nicht sehr effektiv wäre. Verjüngungsmittel enthalten meistens viele Substanzen und sind so hergestellt, daß deren wichtigste Inhaltsstoffe nicht verlorengehen. Es versteht sich von selbst, daß die Einnahme von Verjüngungsmitteln bei gleichzeitiger ungesunder Lebensweise nicht sehr sinnvoll ist. Der Āyurveda empfiehlt zum Beispiel, daß man beim Essen den Magen nur bis zu ¾ mit fester und flüssiger Nahrung füllen soll. Wenn man zuviel in sich hineinstopft, womöglich noch ohne Rücksicht auf Fett und Kalorien, verschlechtern sich die Humore. Wenn man einerseits Verjüngungsmittel einnimmt und andererseits ungesund lebt, ist das, als ob man mit der einen Hand Öl ins Feuer gießt und mit der anderen Hand zu löschen versucht. Kurz – es ist äußerst wichtig, daß die Einnahme von Verjüngungsmitteln mit einer gesunden, āyurvedagemäßen Lebensweise einhergeht.

Verjüngung ist ein weites Feld und stellt einen der acht Teile des Āyurveda dar (Näheres dazu in meinen beiden Büchern über Āyurveda). In der Natur kommen viele verjüngende Substanzen vor, die sich nach Land und Region jedoch unterscheiden können. Hier einige einfache Rezepte, deren Zutaten auch außerhalb Indiens erhältlich sind.

1. Weichen Sie 200 Gramm Mandeln einige Stunden lang in Wasser ein, ziehen Sie die Haut ab und lassen Sie sie trocknen. Geben Sie die Mandeln mit der doppelten Menge Honig in ein Marmeladenglas, und verschließen Sie es. Nach zehn Tagen fügen Sie folgende Zutaten in zerstoßener Form bei: 50 Gramm Pfeffer, je 80 Gramm Spargel, Lakritze, Basilikum und Anissamen. Verarbeiten Sie das Ganze zu einem Brei, und nehmen Sie davon jeden Morgen vor dem Frühstück drei Teelöffel.

2. Nehmen Sie jeweils 100 Gramm Mandeln, Cashewnüsse und Kandiszucker, 50 Gramm Anis und 20 schwarze Pfefferkörner. Zerstoßen Sie jede Zutat separat. Anschließend vermischen Sie alles, geben es in ein Marmeladenglas und verschließen dieses.

Nehmen Sie täglich einen Eßlöffel davon mit heißer Milch. Wer keine heiße Milch mag, kann auch heißes Wasser oder Tee verwenden.

3. Kochen Sie je ein Kilo Karotten und Äpfel in etwas Wasser, bis sie zerfallen. Fügen Sie ½ Kilo Zucker hinzu, und kochen Sie die Masse etwa eine Stunde lang auf kleiner Flamme. Rühren Sie ab und zu um, bis Sie eine dicke Paste erhalten. Nach dem Abkühlen geben Sie folgende Zutaten in zerstoßener Form oder als Pulver zu: jeweils 50 Gramm Kardamom, Gewürznelken, Zimt, Basilikum, getrockneter Ingwer, Lorbeerblätter, Ājwain oder Thymiansamen und Dillsamen, 50 Gramm Pfeffer, je 40 Gramm Kümmel und Anis, 70 Gramm Āmala, Harada und Baheda (lateinische Namen siehe oben). Vermischen Sie alles gut, und rühren Sie am Schluß 500 Gramm Honig unter, was die Mischung haltbar macht. Nehmen Sie zwei Teelöffel davon jeden Morgen oder bevor Sie zu Bett gehen.

*Anmerkung:* Eine Mischung aus Āmala-, Harada- und Baheda-Früchten zu gleichen Teilen heißt im Āyurveda *trifalā* (wörtlich «Drei Früchte»). Sie unterstützt das Gleichgewicht der Humore und ist darüber hinaus ein vielseitiges Tonikum. Man kann täglich einen Teelöffel davon zusammen mit Honig nehmen, oder man löst es in einem Glas Wasser auf, läßt die Flüssigkeit über Nacht stehen und trinkt sie am nächsten Tag. Außerhalb Indiens sind diese Früchte nicht so ohne weiteres erhältlich. In diesem Fall beschränken Sie sich auf die restlichen Zutaten. Heutzutage gibt es schon viele Āyurveda-Produkte im Handel, und es ist gut möglich, daß sie Trifalā in einem Reformhaus finden.

4. Knoblauch ist sowohl ein Rasāyana (Verjüngungsmittel) als auch ein Aphrodisiakum. Sie sollten aber nicht mehr davon essen, als Ihre Konstitution erlaubt. Die tägliche Dosis liegt bei 1 bis 2 Gramm, je nach Belastbarkeit Ihrer Verdauungsorgane.

Mit Hilfe der Tabellen in Anhang 1 können Sie Ihre individuelle Belastbarkeit feststellen; dann nehmen Sie den Knoblauch wie folgt:

Vāta-dominierte Personen nehmen Knoblauch mit Ghee; pitta-dominierte Personen sollten den Knoblauch zusammen mit etwas Kandiszucker zerdrücken und mit kaltem Wasser zu sich nehmen. Kapha-dominierte Personen essen Knoblauch am besten mit Honig.

5. Wir haben bereits festgestellt, daß Safran ein Rasāyana ist. Zur vollen Entfaltung seiner Wirkung sollte er mit etwas zerriebenem Kandiszucker und Ghee vermischt und aufgeschlagen werden. Nehmen Sie täglich einen halben Teelöffel in heißer Milch.

## Aphrodisiaka

Es gibt Hunderte von Faktoren und Substanzen, die als Aphrodisiakum wirken, und es gibt genausoviele, die als Anaphrodisiakum wirken. Unter Anaphrodisiakum versteht man alles, was den sexuellen Ausdruck hemmt oder verringert. Folglich wirkt sich schon allein das Entfernen jeglicher anaphrodisischer Faktoren (zum Beispiel Mundgeruch) positiv auf alle sexuellen Aktivitäten aus. Vor der Einnahme oder Anwendung eines Aphrodisiakums sollte man also sicherstellen, daß alle Anaphrodisiaka beseitigt sind.

Ein weiterer wichtiger Punkt ist, daß man Aphrodisiaka nicht nur einnehmen sollte, um die eigene sexuelle Potenz zu steigern, sondern auch um seinem Partner in jeder Hinsicht näherzukommen. Das höchste Ziel dabei ist, daß man lernt, während des Geschlechtsakts mit seinem Partner auf körperlicher, geistiger und spiritueller Ebene zu kommunizieren. Wenn Sie Aphrodisiaka nur zur Potenzsteigerung verwenden, kommt es zu einem

Ungleichgewicht, weil sich Ihre ganze Vitalität darauf konzentriert, was letztlich nur Ihnen selbst schadet.

Zuviel sexuelle Energie ist genauso schlecht wie zuwenig, denn es kann zu Problemen mit dem Partner führen, einen selbst physisch und psychisch auslaugen und sogar bestimmte Krankheiten zur Folge haben. Übermäßige sexuelle Energie kann durch Yoga-Übungen in eine andere Richtung gelenkt werden (siehe dazu Anhang 2).

Man sollte Aphrodisiaka entsprechend den speziellen Bedürfnissen im Hinblick auf den Geschlechtsverkehr verwenden. So brauchen manche Frauen ein Mittel, um den sexuellen Höhepunkt schneller zu erreichen, während manche Männer etwas brauchen, das ihnen hilft, die Ejakulation hinauszuzögern. Es gibt gute aphrodisische Präparate, die gleichzeitig Ausdauer, Potenz und Sexualsekretion steigern.

Es gibt einige sehr einfache Faktoren, die als Aphrodisiaka wirken können. So steht zum Beispiel Nervosität einer erfüllten Sexualität im Wege, während ein entspannter Geist die sexuelle Energie frei fließen läßt. Man sollte die Fähigkeit entwickeln, sich vollkommen auf das sexuelle Beisammensein zu konzentrieren und dabei nicht an Vergangenheit und Zukunft zu denken. Durch verschiedene Yoga-Übungen kann man lernen, seine Gedanken entsprechend zu kontrollieren.

Massagen wirken gleichzeitig verjüngend und aphrodisisch. In unserer Zeit werden wir aufgrund von Hektik und falscher Ernährung meistens von Vāta dominiert. Massagen bringen diesen Humor wieder ins Gleichgewicht, stärken die Nerven und öffnen die Energiekanäle. Dabei sollte man eine Massage nicht als punktuelles sexuelles Stimulans mißverstehen. Im Gegenteil, sie sollte einem zu einem entspannten Geisteszustand verhelfen, so daß man sich dann mit Kraft und Enthusiasmus den sexuellen Aktivitäten widmen kann. Es geht nämlich nicht darum, die sexuelle Energie in einen Funken zu verwandeln, der zwar schnell entflammt, aber ebenso schnell wieder erlischt. Im

Gegenteil, Massagen sollen den sexuellen Ausdruck verbessern und die Ausdauer steigern. Ihr Ziel sollte sein, den anderen in einen Zustand völliger Entspannung zu versetzen.

Wenn der sexuelle Ausdruck durch allgemeine Erschöpfung beeinträchtigt ist, kann eine Ganzkörpermassage Abhilfe schaffen. Ansonsten sind in unserem Zusammenhang die wichtigsten Massagezonen die Handflächen, Fußsohlen, Ohren, Zehen, beide Seiten der unteren Nackenregion (siehe Abbildung 24)

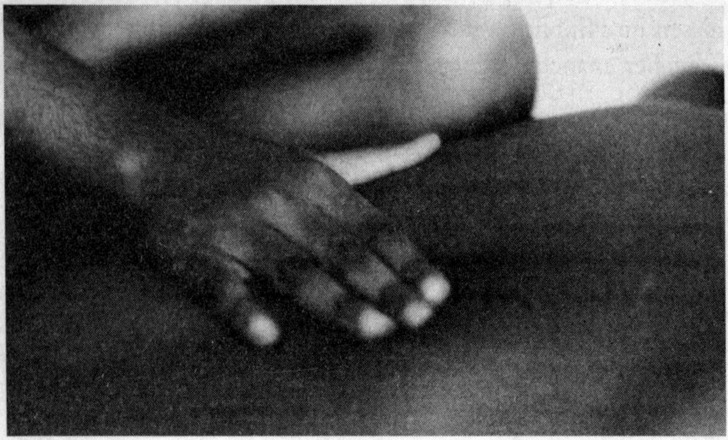

Abb. 24

und der Wirbelsäulenbereich. Letzterer ist besonders wichtig, weil dort die konzentrischen Energiepunkte liegen. Massieren Sie die ganze Wirbelsäule durch kreisförmige Preßbewegungen rund um jeden Wirbel (Abbildung 25). Danach konzentrieren Sie die Massage in ähnlicher Weise auf die fünf Chakra-Punkte entlang der Wirbelsäule (siehe Kapitel VIII).

Hier einige Rezepte für Aphrodisiaka:

1. Mandeln haben bei einer speziellen Zubereitung einen aphrodisischen Effekt. Nachdem sie über Nacht in Wasser eingeweicht wurden, werden sie abgezogen und zu einer sehr feinen

Paste zerstoßen. Die Paste soll so fein sein, daß sie, wie eine Creme aufgetragen, teilweise in die Haut einzieht. Fügen Sie die gleiche Menge Honig hinzu, und vermischen Sie das Ganze gut. Nehmen Sie drei bis vier Teelöffel von diesem Präparat täglich.

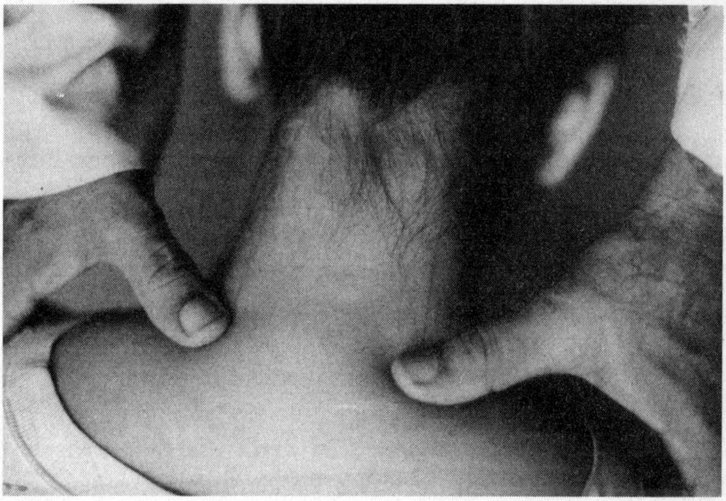

Abb. 25

Heiße Kuhmilch und Ghee haben ebenfalls eine aphrodisische Wirkung.

2. Essen Sie frischen, hochwertigen Knoblauch. Nach dem Entfernen der Haut zerdrücken Sie ihn und geben zweimal soviel Honig hinzu. Füllen Sie diese Masse in ein Glas, verschließen Sie es und bewahren Sie es 21 Tage lang an einem kühlen Ort auf. Nehmen Sie einen halben Teelöffel täglich.

3. Feines Lakritzpulver zusammen mit Ghee und Honig ist ebenfalls zu empfehlen. Pro Dosis nehmen Sie einen Teelöffel dieses Pulvers, geben jeweils einen Teelöffel Ghee und Honig dazu und vermischen alles gut.

4. Getrocknete und zerstoßene Āmala-Früchte sollten in Āmala-Saft eingeweicht und dann in der Sonne getrocknet werden. Wenn Sie im Laden keine frischen Früchte erhalten, können Sie etwas Früchtepulver in Wasser auflösen und nach einigen Stunden den Sud durch ein Baumwolltuch abgießen. So kann man den Fruchtsaft ersetzen. Vermischen Sie 100 Gramm dieses Extrakts mit jeweils zwei Eßlöffeln Ghee, Kandiszucker und Honig. Nehmen Sie täglich zwei Teelöffel davon ein.

5. Urad-Bohnen, die die gleiche Form haben wie Moong-Bohnen, aber schwarz anstatt grün sind, haben eine starke aphrodisische Wirkung. Im Gegensatz zu Moong-Bohnen, die ein Heilmittel gegen gestörte Humore sind, sind Urad-Bohnen ein kräftiges Nahrungsmittel und können die Humore sogar ins Ungleichgewicht bringen. Deshalb sollte aus diesen Bohnen ein ausgewogenes Präparat hergestellt werden.

Weichen Sie die Bohnen einige Stunden lang in Wasser ein, und ziehen Sie sie ab. Anschließend werden sie in mit Kandiszucker gesüßter Milch nochmals einige Stunden eingeweicht und dann zu einem Brei verarbeitet. Dieser Brei wird in ein dünnes Baumwolltuch gepackt und dann jeweils kleine, flache Fladen auf einen mit Ghee eingefetteten Teller gedrückt. Nach dem Trocknen kann man diese sogenannten *badis* ein Jahr lang aufbewahren. Kurz vor dem Essen werden sie in Ghee ausgebraten. Essen Sie davon soviel, wie Ihre Verdauung verträgt.

6. Zwei Teelöffel getrockneten, zerstoßenen Spargel sollten Sie täglich mit heißer, gesüßter Milch einnehmen.

7. Muskatnuß empfiehlt sich bei von Natur aus nervösen und hektischen Menschen. Männer sollten es zur Steigerung ihrer Fähigkeit, die Ejakulation zu verzögern, einnehmen. Die tägliche Dosis beträgt ½ Gramm geriebene Muskatnuß (ca. ¼ einer Frucht) oder ein bis zwei Tropfen Öl. Muskatnußpaste hilft

auch bei Impotenz. Die Paste sollte auf den Penis aufgetragen oder ein mit Muskatnußöl eingeschmiertes Mangoldblatt um den Penis gewickelt werden.

8. Einige Frauen haben Schwierigkeiten, den Höhepunkt zu erreichen bzw. ihn zur gleichen Zeit zu erreichen wie ihr Partner. Das Einreiben der Vagina mit einer Mixtur aus Honig, ein wenig Borsäure und Kampfer ist ein Mittel aus der Volksheilkunde, das da Abhilfe schafft.

9. Eine Mischung aus altem Jaggery, dem Fruchtfleisch der Tamarinde und etwas Pfeffer kann man ebenfalls zum Einreiben der Scheide verwenden. Dadurch wird der Höhepunkt schneller erreicht und die Produktion der Sexualsekrete gesteigert.

10. Um die Fähigkeit, den Höhepunkt hinauszuzögern, zu verbessern, essen Sie keine sauren oder stark gesalzenen Speisen, sondern statt dessen süße Nahrungsmittel mit Ghee und Milch.

11. Durch Zugabe von Sesam, Kokosnuß und Ingwer zum Essen wird die Produktion sexueller Sekrete angeregt.

12. Zur Heilung von Impotenz und zur Steigerung der Fähigkeit den Höhepunkt hinauszuzögern, werden die Samen der *Nux vomica* verwendet. Die tägliche Dosis beträgt 60 Gramm. Da *Nux vomica*-Samen giftig sind, sollte diese Behandlung unter Aufsicht eines Arztes oder eines pflanzenkundigen Apothekers durchgeführt werden.

Laut Āyurveda müssen *Nux vomica*-Samen vor Gebrauch gereinigt werden. Die Samen sollten sieben Tage lang in Kuhurin eingeweicht werden, dann sollte man die Schale entfernen. Anschließend kochen Sie die Samen einige Zeit in Kuhmilch, und danach braten Sie sie in Ghee aus Kuhmilch.

13. *Homöopathische Mittel*

a. *Agnus castus* empfiehlt sich bei Symptomen wie Angst vor Geschlechtsverkehr, gelbem Ausfluß und sexueller Melancholie. Bei Männern hilft es gegen mangelnde Erektion und mangelndes sexuelles Verlangen. Dosis: 6X, dreimal täglich.
b. *Phosphorus* sollte verabreicht werden, wenn nach einer Schwangerschaft kein sexuelles Verlangen mehr besteht oder allgemeine Schwäche durch das Stillen vorliegt.
c. *Natrium muriaticum* hilft bei psychisch bedingtem Mangel an sexuellem Verlangen. Gründe können Angst, Beklommenheit, Kummer, Schock etc. sein. Dosis: 200X, alle drei Tage.
d. *Sepia officinalis* sollte eingenommen werden, wenn fehlendes Verlangen auf Schmerzen während des Geschlechtsverkehrs zurückzuführen ist. Dosis: 200X, jeden zweiten Tag.

# *Schlußbemerkungen*

Draupadī ist eine der weiblichen Hauptfiguren des großen indischen Epos *Mahābhārata.* Draupadī hatte fünf Ehemänner, weil sie in ihrem vorherigen Leben Shiva um einen Ehemann gebeten hatte, der von allen Männern der Welt der rechtschaffendste, mutigste, in der Kunst des Bogenschießens hervoragendste, der schönste und kultivierteste sein sollte. Shiva erkannte angesichts der Grenzen der menschlichen Natur die Unmöglichkeit, Draupadī diesen Wunsch zu erfüllen, und segnete sie deshalb mit fünf Ehemännern, von denen jeder eine der genannten Eigenschaften besaß. Trotz ihrer fünf außergewöhnlichen Männer blieben Draupadī die Schmerzen und Gefahren des Lebens nicht erspart. Der Rechtschaffendste verlor sie in einem Schachspiel. Sie geriet in die Gewalt der Vettern ihres Mannes, die sie in diesem Spiel gewonnen hatten, und war allen möglichen Erniedrigungen von deren Seite ausgesetzt. Schließlich kam es zu einem großen Krieg zwischen den beiden Clans, in dem sie alle ihre fünf Söhne verlor.

Die Geschichte von Draupadī macht klar, daß das wirkliche Glück nicht darin liegt, den «besten Mann der Welt» oder gleich mehrere zu haben. Das Glück liegt in einem selbst und wird durch inneren Frieden, Zufriedenheit und Harmonie gewonnen, während das Verlangen nach mehr und immer mehr nur zu Frustration, Kummer und Disharmonie führt. Der Wunsch, einen ganz bestimmten schönen Augenblick festzuhalten und die Dinge so zu wollen, wie sie «immer waren», macht ebenso unglücklich wie die Unfähigkeit, eine unerfreuliche Erfahrung loszulassen. Allem und jedem sollte man sich mit offenem und freiem Verstand nähern – das gilt nicht zuletzt auch für jede sexuelle Beziehung und längerfristige Partnerschaft.

Wir sollten anderen Menschen – in unserem Zusammenhang vor allen den Männern unter ihnen – grundsätzlich positiv begegnen und sie nicht an unseren schlechten Erfahrungen, die wir vielleicht mit unserem Vater oder einem früheren Freund gemacht haben, messen. Wir müssen lernen, andere objektiv zu sehen. Unsere vergangenen Erfahrungen sollten uns bereichern, nicht einschränken. Wenn Sie mehrmals hintereinander eine ähnliche Art von schlechter Erfahrung gemacht haben, sollten Sie vielleicht einmal selbstkritisch prüfen, welche Fehler Sie möglicherweise immer wieder begehen, die diese negative Dimension in anderen wecken. Vergeuden Sie nicht Ihr Leben damit, nach dem Traummann bzw. der Traumfrau zu suchen – das schafft nur Probleme in ihrer realen Partnerschaft und Sexualität, denn Sie sind nicht in der Lage, den gegebenen Augenblick zu genießen. Indem man von dem lebt, was war oder was nicht war oder was hätte sein können oder was noch sein könnte, schadet man sich selbst am allermeisten.

Nicht zu unterschätzen sind natürlich die gesellschaftlichen Dimensionen aller Mann/Frau-Probleme. Auf diese näher einzugehen, ist ihm Rahmen dieses Buches natürlich nicht möglich, zumal sie auch noch von Land zu Land variieren. Auf jeden Fall kann nur die gemeinsame Anstrengung von Männern und Frauen zu positiver gesellschaftlicher Veränderung führen. Blinder Aktionismus und Aggressivität im privaten Bereich bringen da wenig. Und die Sexualität kann nicht isoliert gesehen werden, sondern nur als eine, wenn auch elementare Facette unserer Existenz. Ebenso können wir die Probleme, die aus der Sexualität herrühren, nicht unabhängig von den anderen Dimensionen unseres Daseins betrachten. Die Grundidee ist, daß wir unsere aus einem fragmentierten Denken stammenden modernen Begriffe revidieren und die Sexualität aus der Perspektive der kosmischen Ordnung sehen müssen. Erforderlich ist ein holistisch verstandenes, wechselseitiges sexuelles Geben und Nehmen auf der Grundlage einer holistischen Lebensführung. Wenn wir die

Probleme zwischen Mann und Frau verstehen wollen, müssen wir die Dinge in ihrer Ganzheit begreifen.

Dabei müssen wir auch unser altes Wertesystem überdenken und mit den Erfordernissen einer sich verändernden Zeit in Einklang bringen. Das gilt zum Beispiel auch für die Institution der Ehe. Jede Organisationsform ebenso wie jedes Wertesystem, ganz gleich ob religiös oder gesellschaftlich motiviert, wird eines Tages obsolet, wenn es sich nicht mit dem Wandel der Zeiten verändert. In unserem technologisch fortgeschrittenen Zeitalter hat sich unser Lebensstil rasant verändert. Irgendwie haben die alten Werte, die sich mit der Institution der Ehe verbinden, nicht recht Schritt damit gehalten. Auch hier ist die Situation natürlich von Land zu Land verschieden, aber wohl überall muß neu darüber nachgedacht werden, was eheliche Partnerschaft heutzutage heißen kann und heißen sollte.

Wie verheerend sich eine rigide geschlechtsspezifische Rollendefinierung im persönlichen wie gesellschaftlichen Bereich auswirken kann, zeigen Vergangenheit und Gegenwart zur Genüge – am krassesten in der ideologisch motivierten Unterdrückung und Ausbeutung der Frau. Es gehört zur Natur des Menschen, sich gegen Ungerechtigkeit zu schützen. Es ist ebenso ein zutiefst menschliches Bedürfnis, ein Minimum an Freiheit zu genießen. Wer der Ungerechtigkeit ausgeliefert ist, versucht den Umständen entsprechend dagegen zu kämpfen.

Wenn wir die drei Dimensionen einer Frau als gegeben akzeptieren (Kapitel V), können wir davon ausgehend in der Gesellschaft Harmonie und in der Beziehung zwischen Mann und Frau ein Gleichgewicht herstellen. Beide Geschlechter werden dadurch profitieren. Die Männer können lernen, die kreative und kluge Seite der Frau zu wecken, und sie können lernen, auch ihre destruktive Seite zu verstehen. Die Frauen können mit ihrer Weisheit den Männern helfen und sie lehren, zwischen ihren Eigenschaften ein Gleichgewicht herzustellen, indem sie Rajas durch Sattva ausgleichen.

Eines der wichtigsten Ziele dieses Buches ist es, den Frauen zu helfen, ihren Körper besser kennenzulernen, damit sie die spezifisch weiblichen gesundheitlichen Probleme verstehen und kleinere physische und psychische Störungen mit Hilfe einer sanften Medizin selbst beheben können. Alle Veränderungen im Leben einer Frau, die direkt oder indirekt mit ihrer Sexualität zu tun haben, kamen dabei zur Sprache, und es wurde gezeigt, wie es gelingt, unter den verschiedensten Umständen die sexuelle Energie sanft fließen zu lassen und Zufriedenheit und Wohlbefinden herzustellen.

Denn die Freude an der Sexualität nach der Entbindung oder während der Prämenopause wiederzuwecken bzw. zu erhalten, ist vor allem auch aus gesundheitlichen Gründen angezeigt.

Rhythmus und Abwechslung im sexuellen Ausdruck und die Bewahrung eines freien Flusses der sexuellen Energie mit Hilfe verjüngender und aphrodisischer Maßnahmen verhelfen nicht nur dem einzelnen zu einem sinnlichen, frohen und gesunden Leben, sondern tragen auch bei zur Stabilisierung und Harmonisierung der Gesellschaft insgesamt. Mangelnde Aufklärung über sexuelle Kommunikation und Partnerschaft, Halbwissen auf diesem Gebiet und fehlendes Verständnis für das andere Geschlecht sind mit die größten Hindernisse auf dem Weg zu einer gelungenen Mann/Frau-Beziehung.

Die Lösung von Beziehungsproblemen liegt daher meistens auch nicht in einem Partnerwechsel, sondern im gemeinsamen Angehen der Probleme. Es müssen Lösungen gefunden werden, die kreativ sind, die die körperlichen Möglichkeiten verbessern und dadurch die sexuelle Erfahrung reicher und befriedigender machen.

Letzteres hängt nicht davon ab, wie gut es Ihnen gelingt, ganz spezielle Positionen einzunehmen, von denen sie gehört oder gelesen haben, sondern inwieweit sie in der Lage sind, solche Positionen zu gegebener Zeit schöpferisch zu gestalten. Das ist vor allem auch wichtig im Hinblick auf die volle Entfaltung der sexuellen Ausdrucksmöglichkeiten mit dem Ziel spiritueller Erfahrung. Vor allem jedoch sollte sexuelle Energie niemals unterdrückt oder vergeudet, sondern kanalisiert und genutzt werden, um unsere Kreativität, Effizienz und Konzentrationsfähigkeit zu verbessern, Krankheiten rascher zu heilen sowie inneren Frieden und spirituelle Klarheit herbeizuführen.

Um hier noch einmal die Bedeutung dieser Feststellung zu unterstreichen, zitiere ich einen großen Weisen unserer Zeit, den Dalai Lama: «Ich werde oft gefragt, ob das Keuschheitsgelübde wirklich zu bejahen oder gar überhaupt möglich sei. Es möge genügen, wenn ich darauf hinweise, daß seine Befolgung nicht einfach eine Frage der Unterdrückung von sexuellen Sehnsüchten ist. Im Gegenteil, man muß diese Bedürfnisse voll und ganz akzeptieren und dann mit Hilfe des Denkvermögens transzendieren. Wenn das gelingt, dann erweist es sich als sehr wohltuend für den Geist ...

Die Erfüllung der sexuellen Bedürfnisse kann demgegenüber immer nur zeitlich befristete Befriedigung sein.»[1]

Die in Anhang 2 beschriebenen Methoden zur Kanalisierung von sexueller Energie können auch von Therapeuten zur Behandlung von sexuell bedingten Störungen angewendet werden.

Die Yoga-Haltungen und -Bewegungen, die in Anhang 2 beschrieben wurden, kommen nicht alle aus dem klassischen Yoga. Manchen liegen spezielle Untersuchungen über die Möglichkeiten der Stärkung der weiblichen sexuellen Energie und die damit verbundene Ausführung bestimmter, für den sexuellen Akt geeigneter Yoga-Positionen zugrunde.

Dieses Buch hat klargemacht, daß Frauen sehr viel komplexere Wesen sind als Männer, weil sie im Laufe ihres Lebens so vielen Veränderungen ausgesetzt sind. Jede dieser Veränderungen macht neue Anstrengungen erforderlich, um die Gesundheit zu erhalten und etwas für die Verjüngung zu tun. Und jede dieser Veränderungen steht, wie wir gesehen haben, in direktem Bezug zur Sexualität – eben auch Schwangerschaft und Stillzeit, auch wenn mancher das bisher nicht so verstanden hat. Dieses Kamasutra will Frauen in den verschiedenen Phasen ihres Lebens Führer und Begleiter sein und ihnen helfen, Kāma in all seinen Dimensionen zu genießen und das Gewebe ihrer Existenz in all seiner Schönheit und Komplexität zu verstehen.

# *Dank*

Voller Respekt möchte ich an dieser Stelle Patañjali, dem Meister aller Meister, danken. Die deduktive Klarheit und Stringenz seines Denkens und Schreibens waren mir Vorbild beim Schreiben dieses Buches.

Sehr dankbar bin ich meinem Vater, der mich gelehrt hat, Mut und Stärke zu entwickeln und diese beiden Tugenden für jede Art von Erfolg im Leben als die allerwichtigsten zu betrachten. Diese beiden Werte haben mir auch in den kritischsten Lebenslagen geholfen, und ich erinnere mich an keine einzige Situation, in der ich mich klein und hilflos fühlte, weil ich eine Frau bin. Sie haben mir geholfen, ein reiches und erfülltes Leben zu führen, ohne das ich dieses Buch nicht hätte schreiben können.

Mein inniger Dank geht an Dr. Kapila Vatsyayan vom Indira Gandhi National Centre for the Arts für die inspirierenden Gespräche, die wir geführt haben.

Mein wärmster Dank geht auch an Eckhard Biermann und Andrea Wolff-Biermann, die mich in ihrem Heim in Freiburg so freundlich aufnahmen, an Nancy Myerson-Hess in München für so viele gute und hilfreiche Gespräche sowie an Mahendra Kulsreshta für ihre editorische Unterstützung.

Meinem Bruder Kuldeep Verma möchte ich danken für die Fotos der verschiedenen Yoga-Stellungen.

Im übrigen möchte ich allen danken, die mich im Zuge meiner jahrelangen Forschungen und Untersuchungen in jeder Hinsicht unterstützt haben durch ihre persönlichen Kenntnisse, Anregungen und Hilfestellungen.

# Anmerkungen

## Vorwort

1 Näheres dazu in meinem Buch *Yoga Sūtras of Patañjali: A Scientific Exposition,* Clarion Books, Neu-Delhi 1992.
2 A. L. Basham: *The Wonder that was Indian,* Fontana Books, London 1971, S. 172.
3 Meine Ausführungen basieren auf dem Gedanken der kosmischen Einheit, der im alten Indien von verschiedenen Denkschulen vertreten wurde. Die Grundsätze der Sānkhya-Schule, welche die metaphysischen Prinzipien des Yoga und des Āyurveda erarbeitet hat, gelten auch für dieses Buch. Für ein besseres Verständnis dieser Zusammenhänge und für größere Klarheit in der Sache siehe Anhang 1.
4 *Atharvaveda* IX (2) 19, 21.
5 Ein Sūtra oder Aphorismus ist ein kurzer, markanter, leicht zu merkender Grundsatz. Dieses literarische Genre wurde in Indien vor mehr als dreitausend Jahren entwickelt, um zeremonielle Vorschriften ebenso kurzgefaßt wie wissenschaftlich korrekt formulieren zu können. Die ersten im Westen verfaßten Aphorismen werden im allgemeinen Hippokrates (5. Jahrhundert v. Chr.) zugeschrieben, der auf diese Weise seine medizinischen Lehren knapp und präzise wiedergab. Doch bereits in früherer Zeit wurden in Griechenland Aphorismen in Stein graviert: die sogenannte *lapidarii* (von *lapidus,* Stein) – eine Bezeichnung, die in unserem Begriff «lapidar» noch aufscheint.

## I Seiner selbst gewahr werden

1 Die Intensität der Mütterlichkeit, in der alle diese Qualitäten enthalten sind, hängt natürlich davon ab, welches «Mischungsverhältnis» zwischen männlichem und weiblichem Prinzip besteht. Weiter unten wird dies ausführlicher behandelt werden.
2 Detaillierte Argumente für diese Position finden sich bei Carolyn Merchant, *Death of Nature,* Harper & Row, New York 1980.
3 Die Klage darüber, daß die Frau sexuell nicht mehr aktiv ist und nach einigen Jahren der Partnerschaft und besonders, nachdem sie Kinder

bekommen hat, weder körperlich noch psychisch reagiert, ist sehr verbreitet. Die Standardantwort der Frauen auf die Aufforderung ihres Partners zu sexueller Vereinigung: «Ich hab Migräne», Stoff für zahlreiche Witze, läßt sich in vielen Fällen ganz einfach mit Übermüdung erklären. Die Frauen sollten sich davor hüten, ein Nachlassen ihres sexuellen Interesses allzu sorglos hinzunehmen. Es können sich sonst schwerwiegende Probleme für die Beziehung ergeben.

4 Viele Frauen sind davon überzeugt, daß sie mit Maschinen nicht umgehen oder Arbeiten nicht ausführen können, die bestimmte mechanische Fertigkeiten erfordern. Das ist nur eine mentale Blockade. Sie sollten solchen Gedanken niemals erlauben, sich festzusetzen, und stets offen sein für Neues.

5 Im Āyurveda heißt es, daß die höchste Priorität dem Leben selber zukommt, weil ohne Leben auch keine Ziele verfolgt werden können. An zweiter Stelle steht die Beschaffung des Lebensunterhalts, weil ohne ausreichende Lebens-Mittel ein langes Dasein sehr elend sein kann. Erst nach Erreichen dieser beiden Ziele sollte man dem Weg der Spiritualität folgen (siehe *Charaka Samhitā*, «Sūtrasthāna», XI, 3–6).

6 V. Verma: *Total gesund und fit durch Yoga,* Windpferd, Aitrang i. Allg. 1988.

## *II Der Einklang von männlichen und weiblichen Prinzipien*

1 Die drei Eigenschaften sind wie die drei Seiten eines Dreiecks; jede ist mit den anderen verbunden, und wenn eine länger oder kürzer wird, geraten die andern dadurch aus der Balance. Die drei im Gleichgewicht zu halten ist schwieriger, als zwei Gegensätze auszugleichen. Die drei Eigenschaften dürfen deshalb nicht mit den aus der chinesischen Tradition bekannten Yin und Yang verwechselt werden, denn bei diesen handelt es sich um zwei entgegengesetzte Pole in einem Energiefeld. Der Ausgleich von zwei Gegensätzen ist tatsächlich leichter zu verstehen als der von drei Eigenschaften. Ersteres ist wie die beiden Seiten einer Waage: Keine sollte schwerer sein. Aber das kann ebenso dadurch erreicht werden, daß man sehr wenig in die beiden Schalen füllt, wie dadurch, daß man sehr viel hineingibt. Die Leser sollten versuchen, den Begriff des Gleichgewichts der drei Eigenschaften zu verstehen, indem sie deren verschiedene Ebenen begreifen. So steht zum Beispiel die Ruhe, die durch die Meditation erzeugt wird, auch im Gegensatz zur Bewegung, aber sie ist nicht dasselbe wie Tamas, weil es sich bei der Meditation, anders als bei Tamas, nicht um die Ruhe des Schlafs handelt, sondern um eine andere Ebene. Die Erfahrung des Schlafs vollzieht sich auf der körperlichen Ebene, wobei der Geist weiter aktiv bleibt, während Meditation der

Zustand ist, in dem die Denktätigkeit aussetzt. Das ist eine andere Ebene – jenseits der körperlich erfahrbaren Welt, geistig.

2 Näheres dazu siehe in Anhang 1 sowie in folgenden Büchern:
V. Verma: *Āyurveda. Der Weg des gesunden Lebens,* O. W. Barth, Bern/München 1992.
V. Verma: *Der sanfte Weg zur inneren Harmonie,* Aurum, Braunschweig 1992.

## *III Menstruation, Menopause und Sexualität*

1 Für wissenschaftliche Details siehe meinen Artikel «Ultrastructural Changes in Human Endometrium at Different Phases of the Menstrual Cycle and Their Functional Significance», in: *Gynecologic and Obstetric Investigation,* 15, 193–212 (1983), S. Karger, Basel.

2 Siehe dazu meine in Kapitel II, Anmerkung 2, genannten Bücher.

## *IV Schwangerschaft, Geburt und Sexualität*

1 Siehe dazu meine in Kapitel II, Anmerkung 2, genannten Bücher.

2 *Charaka Samhitā,* «Sharīrasthānam», III, 9.

3 Ebenda IV, 19.

4 Siehe dazu meine in Kapitel II, Anmerkung 2, genannten Bücher.

5 *Charaka Samhitā,* IV, 19.

6 Ebenda, VIII, 40.

## *VI Körperkraft und Sexualität*

1 Näheres dazu in: Verma: *Āyurveda,* S. 108–133.

2 Näheres dazu in: Verma: *Āyurveda,* S. 108–133.

3 Näheres dazu in: Verma: *Āyurveda,* S. 134–148.

4 Näheres über Aphrodisiaka in: Verma: *Der sanfte Weg zur inneren Harmonie,* S. 134–148.

5 *Rigveda,* I (3), 25–27.

6 Näheres dazu in: Verma: *Total gesund und fit durch Yoga.* Dort finden Sie den achtfachen Weg des Yoga, eine Einführung in Prānāyāma sowie einen neunwöchigen Kurs, um den Körper geschmeidiger zu machen.

## *VIII Atmosphäre, Rituale und Sexualität*

1 Details finden Sie in Tantra-Büchern; z. B. in den Werken von Ashley Thirleby: *Das Tantra der Liebe*, Bern/München, Scherz, [6]1986, und *Der Tantra-Reigen der vollkommenen Lust*, Bern/München [5]1991.

## *IX Rhythmus und Abwechslung in der Sexualität*

1 Siehe dazu: V. Verma: *Āyurveda*, S. 153–159.
2 Näheres dazu in: Rupert Sheldrake: *Die Wiedergeburt der Natur*, Bern/München, Scherz, SA 1993.

## *X Verjüngung und Aphrodisiaka*

1 *Rigveda*, X, 129, 4.
2 Alain Daniélou: *The Gods of India – Hindu Polytheism*, Inner Tradition International Ltd., New York 1985, S. 16. Linga, Symbol Shivas und männliches Prinzip, wird immer in Yoni, dem Symbol des weiblichen Prinzips (siehe Kapitel VIII, Abbildung 5), dargestellt. Zusammen weisen sie auf die Vereinigung und die Einheit der beiden Prinzipien hin, die der Urgrund für die Welt der Phänomene sind.
3 *Yogatattva Upanishad*, 1, 31.
4 Näheres dazu in: Verma: *Āyurveda*, S. 121–133.
5 Näheres dazu in: Verma: *Āyurveda*, S. 248–254.
6 Zur Herstellung der verschiedenen Aphrodisiaka siehe Anhang 3 sowie Verma: *Der sanfte Weg zur inneren Harmonie*, S. 146–152.
7 *Charaka Samhitā, Chikitsāsthānam*, 11 (1), 50, 51.

## *Anhang 1*
## *Philosophische und spekulative Grundlagen des Kamasutra für Frauen*

1 Die Übersetzung von «Darshana» mit «spekulativem Denken» geht zurück auf *Kapila Vatsyayan, The Square and Circle of the India Arts*, Roli Books International, Neu-Delhi 1983, S. 4.
2 Der Begriff Meditation oder Samādhi hat im vorliegenden Kontext eine ganz spezifische Bedeutung. Man versteht darunter die letzte der drei Stufen des Geistes nach Erlangen eines gedankenfreien Zustands. Näheres zu diesem Thema in: Verma: *Yoga-Sūtras of Patañjali.*

## *Anhang 2*
## *Yoga-Übungen und Sexualität*

1 Näheres in: Verma: *Total gesund und fit durch Yoga.*

## *Schlußbemerkungen*

1 Dalai Lama: *Das Buch der Freiheit.* Die Autobiographie des Friedensnobelpreisträgers, Lübbe Verlag, Bergisch Gladbach 1990.

# Register